高等院校电子商务系列教材

（第4版）

电子商务安全与电子支付

杨立钒　万以娴 ◎ 编著

Electronic Commerce
Security and Payment

机械工业出版社
China Machine Press

图书在版编目（CIP）数据

电子商务安全与电子支付 / 杨立钒，万以娴编著 . —4 版 . —北京：机械工业出版社，2020.2
（2024.7 重印）
（高等院校电子商务系列精品规划教材）

ISBN 978-7-111-64655-6

I. 电⋯　II. ①杨⋯　②万⋯　III. ①电子商务 - 安全技术 - 高等学校 - 教材　②电子商务 - 支付方式 - 高等学校 - 教材　IV. F713.36

中国版本图书馆 CIP 数据核字（2020）第 022883 号

　　电子商务安全贯穿电子商务运作的整个流程，关系到电子商务的成败，而电子支付又是电子商务安全的重中之重。本书以电子商务运作流程为主线，从技术、管理和法律三个方面对电子商务交易安全的理论和实践问题进行了全面论述，主要涉及交易安全保障的基本思路和框架体系，密匙、认证和防火墙技术、标准系统、法律保护等内容。在此基础上，本书着重讲解了电子支付系统和模式，介绍了第三方平台结算支付和移动支付，探讨了电子支付安全的技术、管理和法律保障方法。

　　本书可以作为普通高等院校本科生和研究生的专业教材，也可作为电子商务企业与从业人士的参考读物。

出版发行：机械工业出版社（北京市西城区百万庄大街 22 号　邮政编码：100037）
责任编辑：程天祥　　　　　　　　　　　　　责任校对：李秋荣
印　　刷：固安县铭成印刷有限公司　　　　　版　　次：2024 年 7 月第 4 版第 6 次印刷
开　　本：185mm×260mm　1/16　　　　　　印　　张：17.75
书　　号：ISBN 978-7-111-64655-6　　　　　定　　价：49.00 元

客服电话：（010）88361066　68326294

版权所有·侵权必究
封底无防伪标均为盗版

第 4 版前言

中国互联网络信息中心（CNNIC）发布的第 43 次《中国互联网络发展状况统计报告》指出，中国网络发展十分迅速，截至 2018 年 12 月，我国网民规模为 8.29 亿人，其中手机网民占比达 98.6%，互联网普及率达 59.6%。网络应用的普及，促进了电子商务的大发展。2018 年，我国电子商务交易额达到 31.63 万亿元，比上年增长 8.5%；网络购物用户规模达到 6.1 亿人，较上年增长了 14.4%，网络购物使用率提升至 73.6%。

伴随着电子商务的蓬勃发展，电子商务安全问题越来越引起各部门的重视。2019 年 1 月 1 日实施的《中华人民共和国电子商务法》第六十九条专门强调：国家维护电子商务交易安全，保护电子商务用户信息，鼓励电子商务数据开发应用，保障电子商务数据依法有序自由流动。

电子商务安全主要集中在三个方面：网络系统安全、支付安全、信息安全。

网络系统安全直接影响整个交易流程。交易系统的漏洞、网站后门、拒绝服务攻击、远程命令执行等都是网络系统安全需要高度重视的问题。2019 年 5～12 月，中央网信办、工业和信息化部、公安部、市场监管总局四部门联合开展全国范围的互联网网络安全专项整治工作。专项整治工作将对未备案或备案信息不准确的网站进行清理，对攻击网站的违法犯罪行为进行严厉打击，对违法违规网站进行处罚和公开曝光。通过加大对未履行网络安全义务、发生事件的网站运营者的处罚力度，督促其切实落实安全防护责任，加强网站安全管理和维护。

支付安全对于电子商务应用推广影响最直接。特别是随着移动互联网技术的快速发展和应用，移动支付成为电子商务用户网上购物的主要形式。2019 年上半年，国家互联网应急中心对 105 款互联网金融 App 进行检测，发现安全漏洞 505 个，其中高危漏洞 239 个。在这些高危漏洞中，明文数据传输漏洞数量有 59 个（占高危漏洞数量的 24.7%），网页视图（Webview）明文存储密码漏洞有 58 个（占 24.3%），源代码反编译漏洞有 40 个（占 16.7%）。这些安全漏洞可能威胁交易授权和数据保护，存在数据泄露风险，其中部分安全漏洞影响应用程序的文件保护，不能有效阻止应用程序被逆向或者反编译，进而使应用暴露出多种安全风险。

信息安全问题也是一个不可忽视的重大问题。网页仿冒、网页篡改、信息内容被篡改、虚假广告等都影响电子商务交易信息的真实可靠。电子商务网站强制授权、过度索权、超范围收集个人信息的现象大量存在，违法违规使用个人信息的问题十分突出，广大电子商务参与者对此反应强烈。2019年在全国范围组织开展的违法违规收集使用个人信息专项治理，有效指导了电子商务运营者加强个人信息保护，规范市场秩序。

本次再版，笔者有意识地从上述三个方面加强了有关的阐述。

第1章中增加了电子商务安全体系结构图，重新撰写了电子支付中存在的主要问题。

第2章补充了下一代防火墙的功能构架、生物识别技术、在线身份认证模式。

第3章对信息安全标准和国内外电子商务标准进行了更新，重新撰写了网络信息服务管理规范，根据新修订的《广告法》重新撰写了对互联网广告的管理要求，强调了网上专用标识制度的执行。

第4章从计算机与网络安全和电子商务交易安全两个方面介绍了有关的法律法规，重点补充了近年来新颁布的相关法律法规，包括《网络安全法》《全国人大常委会关于加强网络信息保护的决定》《电子商务法》《邮政法》《快递暂行条例》等，重点介绍了第三方交易平台的法律责任。

第5章新增加了中国银联跨行清算体系，更新了国内外支付体系的有关内容。

第7章深入讨论了第三方支付平台运行模式面临的风险，补充了二维码应用的法律规范。

第8章增加了移动支付发展的新特点，增加了移动二维码的支付模式，补充了手机病毒的若干防范方法。

第9章增加了网络安全等级保护制度。

第10章调整更新了相关案例。

本书由杨立钒修改了第1～3章、第5～8章、第10章，万以娴修改了第4章和第9章；杨坚争审校了全书。

在本书第4版的修订过程中，笔者参阅了大量的国内外资料，机械工业出版社的编辑提供了多方面的指导和帮助。国家社会科学基金重大项目（13&ZD178）、国家自然科学基金项目（70973079）、上海市教育委员会重点学科建设项目（S30504）、上海市高峰高原学科建设项目、香港杏范教育基金会给予了资助。牛天娇、邢晶晶同学参加了校对和配套教辅的制作。在此，谨向资料的提供者、本书的合作者和资助者表示真诚的感谢，并希望广大读者对本次再版提出宝贵意见。

杨立钒

2019年12月15日于上海

E-mail: cnyanglifan@163.com

第 3 版前言（摘要）

笔者曾看到一个颇引人深思的幻灯片，题目是"未来三年，中国将巨变，看不懂会输得很惨"[⊖]。其中谈到四点重要的内容：一是"这世界变化太快了"。当摩托罗拉还沉醉在 V8088 的时候，不知道诺基亚已迎头赶上；当中国移动沾沾自喜为中国最大的移动运营商时，浑然不觉微信客户已突破 6 个亿；当很多商场还在希望利用传统节日促销的时候，电商利用"光棍节"创造出了天价零售成交额。二是"整合已经开始"。360 利用免费手段，一统分散的杀毒软件市场；淘宝网、京东商城市场份额的急剧扩大，逼迫苏宁、国美这些传统零售巨头不得不向线上转型，连发了卫星的沃尔玛也需要通过购并"一号店"跻身网络市场。未来的竞争已不仅仅是产品的竞争和渠道的竞争，更是资源整合的竞争和终端消费者的竞争。三是"机会已经到来"。20 年前说互联网能改变人们生活的人，都被认为是骗子。那些说别人是骗子的人，生活没有变化，而那些当年所谓的"骗子"却成了时代的标志！四是"现在开始加油吧"。Sanders 60 多岁创建了肯德基快餐连锁商业帝国；乔布斯在 42 岁的时候回苹果接任 CEO，公司负债 10 亿美元，他用 14 年时间让苹果成为全球最伟大的、市值最高的公司！事实说明，只要你不抛弃梦想，梦想永远不会抛弃你！

电子支付作为电子商务中三个基本环节之一，其安全问题变得越来越突出。俗话说，"除了割肉痛，就是丢钱痛"，电子支付中的安全问题不仅困扰着电子商务企业的发展，也对广大消费者产生巨大的伤害。电子支付环境复杂，安全隐患内外夹击，关键是要有能力去管理风险，特别是对客户资金风险、信息风险、信用风险的管理。2015 年，工业和信息化部加强了电子支付领域保密技术的研发，大量新的安全技术在该领域得到应用和推广；中国人民银行加强了电子支付的监管工作，从电子银行、电子资金划拨、电子货币、第三方支付等多方面加强了管理，收到很好的效果。

杨立钒

2016 年 2 月 15 日于上海

E-mail：cnyanglifan@163.com

[⊖] 易企秀. 未来三年，中国将巨变，看不懂会输得很惨 [EB/OL].(2016-01-22)[2016-01-23]. http://e.eqxiu.com/s/8a2GQMwQ?from=singlemessage&isappinstalled=0.

第 2 版前言（摘要）

伴随着电子商务的快速发展和网络支付的广泛应用，电子商务的安全问题越来越突出。2009 年网络安全事件给国内 21.2% 的网民带来直接经济损失，网民处理安全事件所支出的服务费用共计 153 亿元；在实际产生费用的人群中，人均费用约 588.9 元；费用在 100 元及以下的占比 51.2%；如按国内 3.84 亿网民计算，人均处理网络安全事故花费约为 39.9 元。[一]

2008 年以来，中国人民银行切实改进金融服务，会同商业银行和其他各有关方面，大力推进金融信息化基础设施建设，取得了明显成效：电子化的资金汇划网络系统已趋于完整，并在许多方面达到了国际先进水平。

随着电子支付规模的迅速扩大，相关安全问题也逐渐显露出来。仅 2009 年，我国信用卡非法套现金额就高达 25.8 亿元，成为我国电子支付最主要的风险形式之一；公安机关受理信用卡诈骗案件上万起，同比增长 88%，涉案金额 5 亿元。[二]为加强电子支付的安全管理，2005 年 10 月，中国人民银行发布了《电子支付指引（第一号）》；2010 年 6 月，中国人民银行又发布《非金融机构支付服务管理办法》，将第三方支付行业正式纳入监管范围。国际上，美国、欧盟等多数经济体从维护客户合法权益角度出发，要求具有资质的机构有序、规范从事支付服务。欧盟 2009 年再次对《电子货币指令》进行修订，进一步强调电子货币安全的监管。韩国、新加坡、泰国等亚洲经济体先后颁布法律规章，对电子货币发行的资本要求、使用的业务限制等问题进行规范。

本书第 2 版围绕电子商务和电子支付的安全问题进行更深入的探讨，更新了电子商务的发展状况、电子商务的安全技术、电子支付的安全管理等方面的内容，旨在为读者提供更全面、更符合发展实际的专业读本。

杨坚争
2010 年 8 月 10 日于上海
E-mail：cnyangjz@163.com

[一] 中国互联网络信息中心，国家互联网应急中心. 2009 年中国网民网络信息安全状况调查报告 [R/OL]. [2010-08-01]. http://www.cnnic.net.cn/html/Dir/2010/03/30/5805.htm.

[二] 张涛. 在中国信用卡产业发展论坛上的讲话 [EB/OL]. (2010-06-03)[2010-08-01]. http://www.china-cba.net/bencandy.php?fid=169&id=5491.

第1版前言（摘要）

网络时代给我们的工作和生活带来了前所未有的改变，数字化和信息化的生存模式以及工业生产革命，使整个世界的经济面临新的机遇和挑战。电子商务的出现，极大地改变了社会经济运作模式，在变革现有社会价值结构过程中创造着新的社会价值。

电子商务作为一种全新的商务形式，为全球客户提供了更简捷的交易方法和更低廉的交易成本。然而，安全问题仍然是阻碍其发展的最大障碍。1999年7月，当中国互联网络信息中心第一次对热点问题"用户认为目前网上购物最大的问题"进行问卷调查时，30%的网民认为安全性是网上购物的最大问题。[一] 7年后即2006年7月的调查显示，网民不进行网上交易的原因中，担心交易安全性得不到保障的仍然高达61.5%。[二] 很明显，网上交易的安全问题直接涉及消费者、企业、电子商务网站的切身利益，影响到电子商务的发展，关系到国家的经济安全和社会的稳定，是电子商务发展中不容忽视的问题。

交易安全保障是保证现代经济正常运作的重要基础和支点。现阶段电子商务之所以推广有困难，关键在于电子支付安全问题没有得到很好的解决。电子支付风险的有效控制，将会从根本上扭转这种状况。

本书在认真总结国外电子商务安全管理经验的基础上，全面阐述了电子商务交易安全综合防范的思路，从技术、管理和法律三方面着手，介绍了符合我国实际情况的安全电子商务的发展思路和途径，并对电子支付问题进行了深入的研究，提出了安全电子支付的具体措施。

杨坚争

2006年11月10日

E-mail: cnyangjz@163.com

[一] 中国互联网络信息中心. 中国互联网络发展统计报告 [R/OL]. (1999-07-01)[2010-08-01]. http://research.cnnic.cn/html/1242872417d457.html.

[二] 中国互联网络信息中心. 中国互联网络发展统计报告 [R/OL]. (2006-07-22)[2010-08-01]. http://research.cnnic.cn/html/1245046529d629.html.

教学建议

教学目的

  电子商务安全是电子商务正常运作的根本保障，而电子支付是电子商务安全中最容易出现问题的环节。本课程将两者结合起来学习有两个目的：一是让学生从整体上了解电子商务安全管理的基本内容，了解我国实际的安全电子商务的发展思路和途径，掌握电子商务交易安全的技术保障、管理保障和法律保障手段，并能够在实际交易中使用；二是使学生熟悉电子支付的全部过程，能够运用电子商务安全保障的理念和手段处理电子支付中的特殊安全问题，为电子商务营造安全的支付环境。

本课程的基本要求

  本课程是电子商务专业的专业课，要求全面介绍我国电子商务安全的整体概况，介绍电子商务安全与电子支付的基本理论和方法，使学生了解我国电子支付的各种形式和存在的安全问题，使学生掌握电子商务安全保障的各类措施。

  有关电子商务交易安全和电子支付的案例较多，本书在每章章首展示一个相关案例，教师可以将理论讲授与案例分析结合起来，帮助学生加深对所学知识的理解，也可以组织课堂讨论，以提高学生分析问题和解决问题的能力。

前期需要掌握的知识

  学习本课程应具备电子商务概论和计算机及网络基础知识。

课时分布建议

教学内容	学习目标	课时安排	案例使用建议
第1章 电子商务安全 与电子支付 概论	（1）了解学习本课程的目的，对电子商务建立起一定的认识 （2）掌握电子商务安全问题分类和电子商务中的各类交易风险 （3）了解电子商务安全保障体系的基本思想和框架 （4）掌握电子商务的基本流程 （5）掌握电子支付的应用范围和电子支付中存在的问题 （6）基本概念：电子商务、电子商务安全要素、电子支付	3	第1章案例
第2章 电子商务安全 的技术保障	（1）了解电子商务安全技术保障的主要手段 （2）掌握常用的防病毒技术及其工作原理 （3）了解主要的加密体系，掌握对称密码和公钥密码的加密原理 （4）了解主要的认证技术，掌握数字证书的类型和工作原理 （5）了解如何建立安全的电子商务交易系统 （6）基本概念：防火墙、入侵检测、安全扫描、PKI、数字签名、数字证书、CA	4	第2章案例
第3章 电子商务安全 的管理保障	（1）认识电子商务标准管理的意义，掌握电子商务标准管理的内容 （2）了解计算机信息系统管理的内容 （3）掌握网络服务管理和网络用户管理的内容 （4）了解网络广告管理 （5）了解数字认证，了解CFCA认证体系结构 （6）基本概念：电子商务标准、计算机信息系统安全、接入服务、域名管理	4	第3章案例
第4章 电子商务安全 的法律保障	（1）了解电子商务立法的主要内容和特点 （2）了解电子签名法的相关法律规定，掌握电子签名的使用范围和方法 （3）了解电子合同的概念以及如何保证电子合同的安全使用 （4）了解电子资金划拨的特点以及由此引发的法律问题，掌握电子支付当事人的权利和义务 （5）了解电子交易中民事、行政及刑事法律责任的相应规定 （6）基本概念：电子签名法、电子合同法、法律责任	4	第4章案例
第5章 电子支付系统	（1）了解电子支付系统的构成和功能 （2）了解ATM和POS的支付流程 （3）掌握我国银行系统的主要支付结算工具和支付体系 （4）掌握我国支付系统的功能 （5）了解我国银行互联互通的发展历史 （6）掌握现代化支付系统的组成和结构 （7）了解swift和chips主要的服务 （8）基本概念：电子支付、电子支付系统、互联网支付系统	4	第5章案例
第6章 电子支付的 基本模式	（1）掌握电子支付的划分基础及电子支付的主要类型 （2）了解电子支付工具及其主要特点 （3）了解传统电子支付模式与互联网致富的主要区别 （4）掌握互联网支付的主要模式及其特征 （5）掌握第三方平台结算支付的类型和支付流程 （6）了解信用卡在线支付的两种模式，掌握它们的主要优缺点 （7）了解移动支付的相关概念，掌握移动支付的流程和主要特点 （8）基本概念：电子支付工具、电子现金、电子票据、第三方平台结算、EFT、SSL、SET	4	第6章案例

（续）

教学内容	学习目标	课时安排	案例使用建议
第7章 第三方平台 支付服务	（1）了解第三方平台支付服务的发展背景 （2）掌握第三方平台支付服务的基本概念和特点 （3）掌握第三方平台支付服务模式的分类和流程 （4）了解如何从管理和法律角度规范第三方平台支付服务 （5）基本概念：非金融机构、第三方平台、支付服务、支付网关、账户支付	3	第7章案例
第8章 移动支付	（1）掌握移动支付的概念和分类 （2）掌握移动支付模式，了解各种模式的主要特点 （3）了解两种移动支付传输技术的区别及各自特点 （4）掌握移动支付安全风险来源，了解主要的无线网络标准的安全隐患 （5）基本概念：移动电子商务、移动支付、空中交易、广域网交易	3	第8章案例
第9章 电子支付安全 管理	（1）了解电子支付安全管理的主要内容及目的 （2）了解电子支付安全技术保障的主要手段和一般应用方法 （3）掌握电子支付安全管理保障的内容及存在问题 （4）了解《电子支付指引（第一号）》内容，掌握其适用范围及存在意义 （5）了解《电子银行业务管理办法》，掌握其中关键问题 （6）基本概念：电子支付网络平台、身份认证、单因子认证、双因子认证	4	第9章案例
第10章 电子支付应用 案例	（1）掌握微信支付的原理和流程 （2）掌握招商银行网上银行的支付模式 （3）了解 PayPal 的功能，掌握 PayPal 的支付机制 （4）了解快钱和汇天下的应用模式 （5）基本概念：Visa 验证 3D-Secure、企业网上银行、个人网上银行	2	综合案例
复习考试		2	
	课时总计	37	

说明：

1. 在课时安排上，讲课时间为35个学时，复习考试为2个学时；非电子商务专业的本科生若开设该课程，可以按照48学时设计，以便补充相关的专业知识。
2. 案例分析、课堂讨论等时间已经包括在各个章节的教学时间中。
3. 第10章案例分析可以采用课堂讨论的方式。

目录

第 4 版前言
第 3 版前言（摘要）
第 2 版前言（摘要）
第 1 版前言（摘要）
教学建议

第 1 章　电子商务安全与电子支付概论 ·· 1

学习目标 ·· 1
开篇案例　微信抢红包引起的诈骗陷阱 ·· 1
1.1　电子商务发展概况 ··· 3
　　1.1.1　世界各国电子商务发展概况 ··· 3
　　1.1.2　我国电子商务发展情况 ·· 5
1.2　电子商务安全概述 ··· 7
　　1.2.1　电子商务面临的安全威胁 ··· 7
　　1.2.2　电子商务的安全要素 ·· 13
　　1.2.3　电子商务安全体系结构 ··· 15
　　1.2.4　科学认识电子商务的安全问题 ··· 15
1.3　电子商务基本流程 ·· 18
　　1.3.1　电子商务的基本概念 ·· 18
　　1.3.2　参加电子商务活动的主要角色和主要工具 ·· 19
　　1.3.3　网络商品直销的流转程式 ·· 19
　　1.3.4　企业间网络交易的流转程式 ·· 20
　　1.3.5　网络商品中介交易的流转程式 ··· 21
1.4　电子商务中的电子支付 ··· 22
　　1.4.1　电子支付的应用范围 ·· 22

1.4.2　电子支付中存在的问题 23
开篇案例回顾 26
本章小结 27
思考题 27

第2章　电子商务安全的技术保障 28

学习目标 28
开篇案例　黑客入侵售票系统盗取信息诱骗改签事件 28
2.1　防火墙技术 29
　　2.1.1　防火墙技术及访问控制技术 29
　　2.1.2　入侵检测技术 37
　　2.1.3　安全扫描技术 39
　　2.1.4　下一代防火墙的功能构架 41
2.2　加密技术 42
　　2.2.1　加密技术概述 42
　　2.2.2　对称密码体制 44
　　2.2.3　公钥密码体制 46
　　2.2.4　PKI加密技术 47
　　2.2.5　数字签名技术 49
2.3　电子认证技术 52
　　2.3.1　电子认证技术概述 52
　　2.3.2　客户认证 52
　　2.3.3　身份认证 53
　　2.3.4　通过电子认证服务机构认证 54
　　2.3.5　带有数字签名和数字证书的加密系统 58
　　2.3.6　在线身份认证模式 59
2.4　电子商务交易系统安全模型及具体实现 60
　　2.4.1　电子商务交易系统的安全需求问题分析 60
　　2.4.2　电子商务交易系统的安全管理 60
　　2.4.3　电子商务交易系统网络层安全解决方案 61
　　2.4.4　电子商务交易系统应用层安全解决方案 64
开篇案例回顾 66
本章小结 67
思考题 67

第3章 电子商务安全的管理保障 ··· 68

学习目标 ··· 68

开篇案例 网络虚假广告案 ··· 68

3.1 电子商务标准管理 ··· 69
3.1.1 电子商务标准的作用 ··· 69
3.1.2 电子商务标准的研究现状及发展趋势 ··· 71
3.1.3 电子商务标准的制定原则 ··· 74
3.1.4 电子商务标准的体系结构 ··· 74

3.2 计算机信息系统管理 ··· 76
3.2.1 计算机信息系统安全概述 ··· 76
3.2.2 计算机信息系统安全的内容 ··· 77

3.3 网络服务和网络用户的管理 ··· 77
3.3.1 接入服务管理规范 ··· 78
3.3.2 域名服务管理规范 ··· 78
3.3.3 网络信息服务管理规范 ··· 80
3.3.4 网络用户法律规范 ··· 81

3.4 网络广告管理 ··· 81
3.4.1 网络广告组织的管理 ··· 81
3.4.2 网络广告内容的管理 ··· 85

3.5 电子认证服务机构管理 ··· 86
3.5.1 电子认证服务提供者 ··· 86
3.5.2 我国电子认证服务机构的建设与发展 ··· 87
3.5.3 我国电子认证机构发展中存在的问题 ··· 91
3.5.4 电子认证机构的管理 ··· 92

开篇案例回顾 ··· 93

本章小结 ··· 94

思考题 ··· 95

第4章 电子商务安全的法律保障 ··· 96

学习目标 ··· 96

开篇案例 网络购物的合同相对方和平台责任 ··· 96

4.1 国际组织电子商务立法的基本概况 ··· 98
4.1.1 联合国电子商务法的沿革及发展 ··· 98
4.1.2 国际电子商务立法的主要内容和特点 ··· 99

4.2 我国保护计算机与网络安全的主要法律法规 ··· 100

  4.2.1 我国涉及计算机刑事犯罪的法律法规 ················· 100
  4.2.2 我国涉及网络安全的法律法规 ····················· 102
  4.2.3 我国涉及网络信息保护的法律法规 ················· 103
 4.3 我国保护电子商务交易安全的主要法律法规 ············· 104
  4.3.1 我国涉及交易安全的法律法规 ····················· 104
  4.3.2 我国涉及电子商务交易安全的主要法律法规 ········· 105
 4.4 电子签名法 ··· 106
  4.4.1 电子签名的有关概念 ····························· 106
  4.4.2 电子签名的适用前提与适用范围 ··················· 107
  4.4.3 电子签名的法定要求 ····························· 107
  4.4.4 电子签名人的行为规制 ··························· 108
  4.4.5 电子签名依赖方的行为规制 ······················· 109
 4.5 电子合同法律规范 ······································· 109
  4.5.1 电子合同的有关概念 ····························· 109
  4.5.2 电子合同的法律效力 ····························· 110
 4.6 电子支付法律规范 ······································· 112
  4.6.1 国外有关电子支付的立法 ························· 112
  4.6.2 我国电子支付立法 ······························· 116
 4.7 电子商务物流法律规范 ··································· 120
  4.7.1 安全要求 ······································· 120
  4.7.2 实物产品配送的法律规范 ························· 121
  4.7.3 信息产品交付的法律规范 ························· 122
  4.7.4 损失赔偿 ······································· 122
 4.8 电子交易过程中的法律责任归属 ························· 123
  4.8.1 电子商务中的民事法律责任 ······················· 123
  4.8.2 电子商务中的刑事法律责任 ······················· 126
开篇案例回顾 ··· 130
本章小结 ··· 130
思考题 ··· 131

第 5 章　电子支付系统 ··· 132
 学习目标 ··· 132
 开篇案例　利用支付宝行骗的新型网络犯罪 ················· 132
 5.1 电子支付系统概述 ······································· 133
  5.1.1 电子支付系统的构成 ····························· 133

		5.1.2 电子支付系统的功能	135
		5.1.3 传统电子支付系统	135
		5.1.4 互联网支付系统	140
	5.2	国内电子支付体系	141
		5.2.1 我国支付清算系统概述	141
		5.2.2 我国支付清算网络体系	142
		5.2.3 中国国家金融网络	143
		5.2.4 电子资金划拨系统	144
		5.2.5 中国银联银行卡跨行交易清算系统	147
		5.2.6 中国银联提供的服务种类	149
	5.3	国际电子支付体系	149
		5.3.1 国际电子汇兑系统	149
		5.3.2 卡基支付网络	153
开篇案例回顾			154
本章小结			155
思考题			156

第6章 电子支付的基本模式 157

学习目标			157
开篇案例 国美在线的电子支付业务			157
	6.1	电子支付相关概念	158
		6.1.1 电子支付的定义	158
		6.1.2 电子支付的特点	160
		6.1.3 电子支付的类型	160
	6.2	电子支付工具	163
		6.2.1 银行卡	163
		6.2.2 电子现金	164
		6.2.3 电子票据	166
		6.2.4 电子资金划拨	168
	6.3	电子支付的一般模式	168
	6.4	合并账单支付模式	170
		6.4.1 合并账单支付流程	170
		6.4.2 合并账单支付模式的优缺点	171
	6.5	信用卡在线支付 SSL 模式	171
		6.5.1 信用卡在线支付SSL模式简介	171

6.5.2 信用卡在线支付SSL模式的工作流程 172
　　　6.5.3 信用卡在线支付SSL模式的优缺点 173
　6.6 信用卡在线支付SET模式 173
　　　6.6.1 信用卡在线支付SET模式简介 173
　　　6.6.2 信用卡在线支付SET模式的工作流程 175
　　　6.6.3 信用卡在线支付SET模式的优缺点 176
　开篇案例回顾 176
　本章小结 177
　思考题 177

第7章 第三方平台支付服务 178

　学习目标 178
　开篇案例　支付宝爆发式的成长历程 179
　7.1 第三方平台支付服务的发展 180
　　　7.1.1 第三方平台支付服务的历史沿革 180
　　　7.1.2 第三方平台支付服务发展现状 180
　7.2 第三方平台支付服务概述 182
　　　7.2.1 第三方支付平台的定义及特点 182
　　　7.2.2 第三方支付平台存在的意义 182
　7.3 第三方平台的支付流程与分类 183
　　　7.3.1 第三方支付平台的支付流程 183
　　　7.3.2 第三方支付的分类 184
　　　7.3.3 第三方支付平台模式运行面临的风险 186
　7.4 第三方平台支付服务中的管理规范 188
　　　7.4.1 《关于促进互联网金融健康发展的指导意见》 188
　　　7.4.2 《电子支付指引（第一号）》 188
　　　7.4.3 《非金融机构支付服务管理办法》 188
　　　7.4.4 《非银行支付机构网络支付业务管理办法》 189
　　　7.4.5 《条码支付业务规范（试行）》 191
　开篇案例回顾 194
　本章小结 195
　思考题 195

第8章 移动支付 196

　学习目标 196
　开篇案例　非法获取他人信息绑定银行卡获利被判刑 196

8.1 移动支付概述 197
    8.1.1 什么是移动支付 197
    8.1.2 移动支付的基本流程与系统架构 199
    8.1.3 我国移动支付的发展 201
8.2 移动支付模式 204
    8.2.1 银行独立支付模式 204
    8.2.2 移动近场支付模式 205
    8.2.3 移动远程支付模式 206
    8.2.4 移动二维码支付模式 206
8.3 移动支付面临的安全威胁及其防范 211
    8.3.1 无线网络标准中的漏洞 211
    8.3.2 移动终端的安全隐患 216
    8.3.3 手机病毒 217
开篇案例回顾 219
本章小结 219
思考题 220

第9章 电子支付安全管理 221

学习目标 221
开篇案例 3D打印人脸能否骗过支付宝刷脸支付 221
9.1 电子支付安全技术保障 223
    9.1.1 电子支付网络平台的技术管理 223
    9.1.2 建立基于身份认证技术的密钥系统 225
    9.1.3 落实网络安全等级保护制度 228
9.2 电子银行安全管理 228
    9.2.1 电子银行安全评估 228
    9.2.2 电子银行业务管理 230
    9.2.3 电子银行信用体系建设 232
9.3 加强电子支付安全综合管理 233
    9.3.1 电子支付管理的基本思路 233
    9.3.2 营造电子支付应用安全环境 233
    9.3.3 健全电子支付安全体系 234
    9.3.4 完善电子支付法律规范 234
开篇案例回顾 235
本章小结 235
思考题 235

第 10 章　电子支付应用案例 236

学习目标 236
开篇案例　Simpay 公司在支付领域遭遇"滑铁卢" 236

10.1　微信支付系统 237
10.1.1　微信 237
10.1.2　微信支付 238

10.2　招商银行电子支付解决方案 241
10.2.1　招商银行简介 241
10.2.2　网上企业银行 242
10.2.3　网上企业银行的网络支付模式 243
10.2.4　网上个人银行 244

10.3　Visa 电子支付系统 245
10.3.1　Visa简介 245
10.3.2　Visa公司的主要业务 246
10.3.3　Visa验证 247

10.4　PayPal 电子支付系统 250
10.4.1　概述 250
10.4.2　系统工具 251
10.4.3　服务用户协议 252

10.5　快钱电子支付解决方案 253
10.5.1　快钱简介 253
10.5.2　快钱的产品和服务 253
10.5.3　快钱行业解决方案示例 255

10.6　中国银行电子支付安全的实践 257
10.6.1　中国银行的科技进步 257
10.6.2　电子支付安全面临的困境 258
10.6.3　问题解决的思路 258
10.6.4　网御系统（交易反欺诈）的研发 259

开篇案例回顾 260
本章小结 261
思考题 261

附录　我国部分电子商务国家标准 262

参考文献 265

第1章
电子商务安全与电子支付概论

学习目标

- 了解学习本课程的目的，对电子商务建立起一定的认识。
- 掌握电子商务安全问题的分类和电子商务中的各类交易风险。
- 了解电子商务安全保障体系的基本思想和框架。
- 掌握电子商务的基本流程。
- 掌握电子支付的应用范围和电子支付中存在的问题。
- 基本概念：电子商务、电子商务安全要素、电子支付

2018年，互联网应用风靡全球，"互联网+"行动在我国各个行业广泛开展。作为互联网应用的核心之一，电子商务在国民经济发展和人们的工作、生活中占据了越来越重要的地位，成为当今中国经济快速、健康、持续发展的火车头，成为主动适应新常态、引领新常态的新动能、新力量。与此同时，电子商务的安全问题也越来越引起人们的高度关注。本章作为全书的概述，以某网络欺诈案例导入，研究电子商务的发展情况、相关概念、面临的各类安全问题及其产生原因。

开篇案例　微信抢红包引起的诈骗陷阱⊖

据媒体报道，家住南京的周女士经常参与微信"抢红包"活动。几天前，她的一名"好友"给她发来一个红包，红包还包含"开抢500元代金券"的链接。

周女士点击链接，发现自己竟抢到了"500元代金券"的头等奖，立即喜滋滋地点击指定网址领奖，并输入了身份证号、手机号、微信账户等一大堆个人信息。输完信息后，对方还要求她扫描一个二维码。周女士虽有些犹豫，但想到是朋友发来的，还是决

⊖ 公安部. 节日期间防范"微信假红包"、"购票钓鱼网站"诈骗 [EB/OL]. (2016-01-22)[2019-07-23]. http://www.gov.cn/xinwen/2016-02/04/content_5039192.htm.

定扫码。扫完码刚几分钟,周女士就收到一条银行短信,银行卡里被转走了1万元。

周女士立即打电话向好友核实情况,好友告诉周女士,她的微信号被盗了。周女士这才发现自己上当受骗,立即拨打电话报警。

经公安机关检测,周女士扫描的二维码里藏有木马程序。嫌疑人利用木马程序窃取了周女士的个人信息,又通过木马转发周女士的支付验证短信,盗刷了1万元。

随着网络技术和移动互联网的普及,不法分子很容易在微信等App互动界面中嵌入钓鱼网址,一旦用户打开链接,其个人信息便被盗取。微信红包更被众多不法分子利用,这些人会潜藏在人数较多的微信群或朋友圈中,通过分发嵌入钓鱼网站、木马程序下载地址的红包,盗取用户信息,甚至控制用户手机。2016年春节期间,蚂蚁金服公众与客户沟通部就提醒喜欢发红包或抢红包的朋友们,可能会有一些人打着红包娱乐的名义,对消费者实施一些欺诈行为。所以,消费者必须警惕陌生人红包,不论是在购物还是聊天,不管是用什么聊天工具,都不要轻易点击一些不明的链接,避免陷入钓鱼网站的风险。

微信抢红包活动中可能存在6种陷阱。

(1)需要个人信息的红包。领取红包时,要求输入收款人的信息,比如姓名、手机号、银行卡号,这种操作很可能是诈骗。而事实上,正规的微信红包,一般点击就能领取,自动存入微信钱包中,不需要烦琐地填写个人信息。

(2)分享链接的红包。看到朋友圈分享的红包,比如送话费、送礼品、送优惠券等,点开链接后要求先关注,还得分享给朋友,这种红包涉嫌诱导分享和欺诈用户,应点击举报。

(3)与好友共抢的红包。朋友圈有不少跟好友合体抢红包的活动,要求达到一定金额(比如100元)才能提现。玩这种游戏要格外注意,红包页面的开发者是否正规,很可能只是一种吸引粉丝的骗局。

(4)金额较高的红包。单个微信红包的限额是200元,因此如果收到比如"666""888"之类的大红包,基本上可以确定就是骗子。

(5)"AA红包"。还有一种"AA红包"也要警惕,此类红包往往对微信AA收款界面进行轻微改动,加上"送钱""现金礼包"等字样,让用户误以为是在领红包。正规的微信红包有自己的专属橙红色界面,不需要进入AA收款界面。

(6)要求拆红包输密码的红包。如果有商家或者朋友发来一个微信红包,领取时却要输密码,那就要警惕了,因为这可能是假红包。真正的微信红包在收的时候是绝对不需要输入密码的。因此,切勿轻易点击微信群中来历不明的红包、优惠券等,以免个人隐私信息的泄露。

1.1 电子商务发展概况

1.1.1 世界各国电子商务发展概况

1. 世界网络使用人数突破 40 亿

根据 Internet World Stats 的统计数据，截至 2018 年 12 月 31 日，全球共有网民 4 312 982 270 人，互联网普及率提高到 55.6%，较 2000 年增长了 1095.0%。[一]我国网民规模达 8.29 亿人，互联网普及率达 59.6%；手机网民规模达 8.17 亿人，网民通过手机接入互联网的比例高达 98.6%。[二]如此庞大的网民人数，为电子商务的持续发展奠定了坚实的基础。

2. 世界互联网站数目超过 2.3 亿个

根据 Netcraft 的调查，2020 年 3 月 Netcraft 一共收到了 1 263 025 546 个网站和来自 9 659 223 个网络主机的响应。[三]有关网站数目增长的情况如图 1-1 所示。

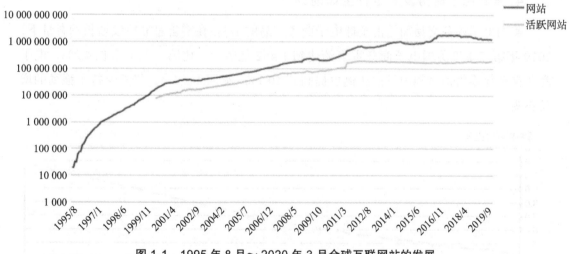

图 1-1 1995 年 8 月～2020 年 3 月全球互联网站的发展

资料来源：Netcraft 网站，2020 年 3 月。

3. 全球网络零售和服务额达到 24 万亿美元

2018 年全球通过互联网实现的零售和服务额已经达到 23.956 万亿美元，同比增长

[一] Internet World Stats. Internet Usage Statistics [EB/OL]. (2019-03-15)[2019-03-20]. https://www.internetworldstats.com/stats.htm.

[二] 中国互联网络信息中心. 第 43 次中国互联网络发展状况统计报告 [R/OL]. (2019-02-28)[2019-04-23]. http://cnnic.cn/gywm/xwzx/rdxw/20172017_7056/201902/t20190228_70643.htm.

[三] Netcraft. February 2015 Web Server Survey[EB/OL]. (2020-03-20)[2020-03-23]. https://news.netcraft.com/archives/2019/02/28/february-2019-web-server-survey.html.

4.5%，预计 2019 年全球网络零售额将达到 25.038 万亿美元（参见图 1-2）[1]。

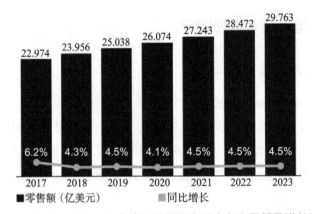

图 1-2 2017～2023 年全球网络零售电子商务交易额及增长预测

注：不包括旅游和活动门票、支付（如账单支付）、缴税或者资金转账、饮食服务和饮料酒吧销售、赌博和其他副产品销售。

资料来源：eMarketer.

4. 美欧电子商务发展走在全球前列

美国电子商务交易额约占全球电子商务交易的 1/4。在零售总额持续增长的背景下，2019 年第二季度美国电子商务零售额达到 1 462 亿美元，比第一季度增长 4.2%，电子商务在全部零售销售额中所占比例也提高到 10.7%（见图 1-3）[2]，仍然保持了强劲的增长势头。

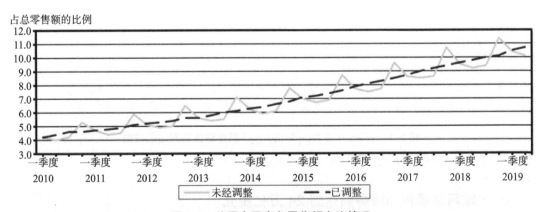

图 1-3 美国电子商务零售额占比情况

资料来源：美国统计局。

根据欧洲统计局 Eurostat 的数据，欧盟通过网络购买商品和订购服务的网民比例逐

---

[1] eMarketer. Ecommerce Continues Strong Gains Amid Global Economic Uncertainty [R/OL]. (2019-06-30) [2019-07-23]. https://www.emarketer.com/content/ecommerce-continues-strong-gains-amid-global-economic-uncertainty?ecid=NL1016.

[2] U.S. Census Bureau. QUARTERLY RETAIL E-COMMERCE SALES 2nd QUARTER 2019 [R/OL]. (2019-08-19) [2019-08-20]. https://www.census.gov/retail/mrts/www/data/pdf/ec_current.pdf.

年上升，2018年已经达到50%。其中，英国达到77%、丹麦达到73%。图1-4显示了2017年欧盟各国网络购物（含手机App）占整个市场的比例[⊖]。

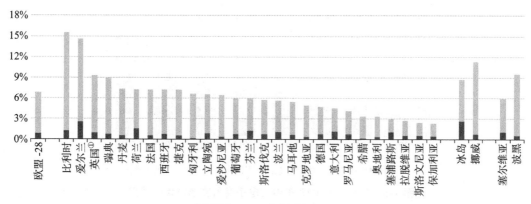

图1-4　2017年欧盟各国通过网络购买商品和订购服务的网民比例

① 英国已于2020年1月31日正式脱欧。另外，图中没有显示创始成员国卢森堡的数据。
资料来源：欧洲统计局。

1.1.2　我国电子商务发展情况

1. 网络购物使用率超过60%

截至2018年12月底，我国网络购物用户规模达到6.1亿人，较2017年年底增长了14.4%，网络购物使用率提升至73.6%，网络购物市场保持快速发展（参见表1-1）。[⊖]

表1-1　中国网购用户规模与网络购物使用率（2013～2018年）

年份	网购用户（亿人）	网购使用率（%）	增长率（%）	年份	网购用户（亿人）	网购使用率（%）	增长率（%）
2013	3.02	48.9	27.8	2016	4.67	63.8	12.9
2014	3.61	55.7	21.8	2017	5.33	69.1	14.3
2015	4.13	60.0	14.3	2018	6.10	73.6	14.4

资料来源：中国互联网络信息中心。

2. 电子商务交易额超过30万亿元

国家统计局电子商务交易平台调查显示，2018年全国电子商务交易额为31.63万亿元，比上年增长8.5%；其中商品、服务类电商交易额30.61万亿元，增长14.5%；合约

⊖ Eurostat. Individuals having ordered/bought goods or services for private use over the internet in the last three months [EB/OL]. (2019-03-13)[2019-04-20]. https://ec.europa.eu/eurostat/web/digital-economy-and-society/data/database.
⊖ 中国互联网络信息中心. 第43次中国互联网络发展状况统计报告 [R/OL]. (2019-02-28)[2019-04-23]. http://cnnic.cn/gywm/xwzx/rdxw/20172017_7056/201902/t20190228_70643.htm.

类电商交易额 1.02 万亿元，下降 51.3%（见图 1-5）。①

图 1-5　2011～2018 年中国电子商务交易额增长情况

资料来源：商务部《中国电子商务报告 2018》。

在 2018 年电子商务交易中，我国网上零售额达到 90 065 亿元，比上年增长 23.9%。其中，实物商品网上零售额 70 198 亿元，增长 25.4%，占社会消费品零售总额的比重为 18.4%；在实物商品网上零售额中，吃、穿和用类商品分别增长 33.8%、22.0% 和 25.9%。②通过海关跨境电子商务管理平台零售进出口商品总额 1 347 亿元，增长 50%，其中出口 561.2 亿元，增长 67%；进口 785.8 亿元，增长 39.8%。③

2018 年，银行业金融机构共处理电子支付④业务 1 751.92 亿笔，金额 2 539.70 万亿元。其中，网上支付业务 570.13 亿笔，金额 2 126.30 万亿元，同比分别增长 17.36% 和 2.47%；移动支付业务 605.31 亿笔，金额 277.39 万亿元，同比分别增长 61.19% 和 36.69%。非银行支付机构发生网络支付业务⑤ 105 306.10 亿笔，金额 208.07 万亿元，同比分别增长 85.05% 和 45.23%。⑥

2018 年，我国快递服务企业业务量累计完成 507.1 亿件，同比增长 26.6%，继续稳

---

① 中国信息报. 2018 年全国电商交易额增长 8.5% [EB/OL]. (2019-02-21)[2019-06-23]. http://www.zgxxb.com.cn/jqtt/201902200054.shtml.
② 国家统计局. 2018 年 1～12 月社会消费品零售总额增长 9.0%[R/OL]. (2019-01-21)[2019-06-23]. http://www.stats.gov.cn/tjsj/zxfb/201901/t20190121_1645784.html.
③ 国务院新闻办. 国新办举行 2018 年进出口情况新闻发布会 [EB/OL]. (2019-01-14)[2019-06-23]. http://www.stats.gov.cn/tjsj/zxfb/201901/t20190121_1645784.html.
④ 电子支付是指客户通过网上银行、电话银行、手机银行、ATM、POS 和其他电子渠道，从结算类账户发起的账务变动类业务笔数和金额。它包括网上支付、电话支付、移动支付、ATM 业务、POS 业务和其他电子支付等 6 种业务类型。
⑤ 非银行支付机构处理网络支付业务量包含支付机构发起的涉及银行账户的网络支付业务量，以及支付账户的网络支付业务量，但不包含红包类等娱乐性产品的业务量。自 2018 年 4 月 1 日起，中国人民银行发布的《条码支付业务规范（试行）》正式实施，自 2018 年第二季度起，实体商户条码支付业务数据由网络支付调整至银行卡收单进行统计。
⑥ 中国人民银行. 2018 年支付体系运行总体情况 [EB/OL]. (2019-03-18)[2019-06-22]. http://www.pbc.gov.cn/zhifujiesuansi/128525/128545/128643/3787878/index.html.

居世界第一。其中，国际/港澳台业务量累计完成 11.1 亿件，同比增长 34%。快递业的快速发展，有力地支持了电子商务的发展，特别是跨境电子商务的发展。

1.2 电子商务安全概述

1.2.1 电子商务面临的安全威胁

电子商务是一种基于信息网络的商务活动，活动的全过程涉及顾客、销售商、供应商、银行金融系统、政府机构、配送中心、网络中介服务机构等众多参与者，活动的全部或部分的环节是通过网络进行的，且在很多情况下是不见面进行的。电子商务的这些特点对运行的环境提出了非常高的要求，很多因素都能够成为电子商务安全运行的障碍。我国现阶段存在三个方面的安全问题。

1. 电子商务系统风险

（1）电子商务硬件系统的物理安全问题。电子商务硬件系统是指电子商务交易系统的硬件部分，包括计算机本身的硬件和各种接口、相应的外部设备、计算机网络的通信设备、线路和信道等。其物理安全是网络信息安全的最基本保障，是整个安全系统不可或缺和不容忽视的组成部分。电子商务硬件系统的物理安全是指在物理介质层次上对存储和传输的网络交易信息的安全保护，也就是保护计算机硬件系统、网络设备及其他配套设施免遭人为或自然因素的危害（包括地震、水灾、火灾等环境事故，人为操作失误或错误，各种计算机破坏行为等）。对计算机设备和网络设施（包括机房建筑、供电、空调等）等采取适当的安全措施，主要包括环境安全、设备安全和数据安全三个方面的内容。

1）环境安全。主要是对电子商务硬件系统所在环境的区域保护和灾难保护。2015 年 5 月 27 日下午 5 点 30 分左右，支付宝出现网络故障，账号无法正常登录，故障是由于杭州市萧山区某地光纤被挖断，只得采取紧急措施，将用户请求切换至其他机房。晚上 7 点 20 分网络恢复正常，全程历时两个多小时。所以，电子商务硬件系统要有防火、防水、防盗措施和设施，有拦截、屏蔽、均压分流、接地防雷等设施，有防静电、防尘等设备，保证温度、湿度和洁净度在一定的控制范围。

2）设备安全。主要是对电子商务硬件系统设备的安全保护，包括设备的防毁、防盗、防止电磁信号辐射泄漏、防止线路截获；对 UPS、存储器和外部设备的保护等。在

中华人民共和国国家邮政局. 国家邮政公布 2018 年邮政行业运行情况 [EB/OL]. (2019-01-16)[2019-03-27]. http://www.spb.gov.cn/xw/dtxx_15079/201901/t20190116_1746179.html.

国家互联网应急中心. 关于近日支付宝等网络故障的有关情况通报 [EB/OL]. (2015-06-09)[2019-06-20]. https://www.cert.org.cn/publish/main/11/2015/20150609104532944711017/20150609104532944711017.html.

5G环境下,大量物联网设备将会暴露在公开的环境中,这使得安全威胁从原先多发生在网络边界开始向不设防的硬件层次转移,攻击者也更容易针对设备发起拒绝服务攻击(DoS)攻击、侧信道攻击等。

3)数据安全。现有骨干网络大都采用光纤技术通信,而最新的光纤窃听技术可以在不影响原有数据通信的基础上轻易获取通信信息。而在交易数据的安全传递、删除和销毁过程中也存在很多问题。随着云计算的普及,相当多的企事业单位把自己的系统部署到了"云"上。"云平台"访问流量的复杂性给攻击者提供了更易于隐蔽的便捷性。根据国家互联网应急中心监测数据,2018年针对"云平台"的网络攻击、木马和恶意程序占到整个网络安全事件的50%以上,云平台已成为发生网络攻击的重灾区。⊖为保证电子商务交易系统的物理安全,除了对网络规划和场地、环境等的要求之外,还要防止系统信息在空间的扩散,通常是在物理上采取一定的防护措施,来减少或干扰扩散出去的空间信号。

(2)网络安全问题。在网络安全问题中,最重要的是内部网与外部网之间的访问控制问题,在这个环节上经常发生问题,这也是黑客最容易攻击的地方。另外一个问题是内部网不同网络安全域的访问控制问题。不同内部网具有重要性不同的信息资料,因而,内部犯罪人员往往利用内部网管理上的漏洞,寻找盗窃或破坏的机会。表1-2反映了网络安全所涉及的各个方面。

表 1-2　网络安全所涉及的各个方面

	硬件安全	软件安全	安全手段	安全设计
系统	系统(主机、服务器)安全	反病毒	系统安全检测	审计分析
运行	网络运行安全	备份与恢复	应急	
控制	局域网、子网安全	访问控制(防火墙)	网络安全检测	

工信部统计⊖显示,2019年第一季度,恶意程序、各类钓鱼和欺诈网站仍不断出现,全行业共处置网络安全威胁约967万个,包括恶意IP地址、恶意域名等恶意网络资源近170万个,木马、僵尸程序、病毒等恶意程序约698万个,网络安全漏洞等安全隐患约4.8万个,主机受控、数据泄露、网页篡改等安全事件约93.5万个。

(3)电子商务网站自身的漏洞问题。随着电子商务的发展以及互联网消费的普及,大型电子商务网站、大型金融机构网站、第三方在线支付站点、大型社区交友网站自身的漏洞成为网络仿冒、黑客攻击的主要对象,网络安全漏洞仍然是网站和系统面临的主要安全威胁之一。监测发现,2018年第四季度多家互联网企业由于网站或系统的安全漏洞被利用,造成存储的用户信息泄露。同时,通过对约2 000个政府网站及重要行业信息系统进行安全检测,共发现弱口令、Struts 2系列漏洞、WebLogic反序列化漏洞等

⊖ 国家互联网应急中心. 2018年我国互联网网络安全态势报告[EB/OL]. (2019-04-17)[2019-06-20]. https://www.venustech.com.cn/article/1/8778.html.

⊖ 工信部网安局. 2019年第一季度信息通信行业网络安全监管情况通报[EB/OL]. (2019-05-22)[2019-06-20].

近 2 400 个；对 54 个工业互联网平台、200 多万个联网工业控制设备进行持续监测，发现疑似弱口令、SQL 注入、信息泄露等风险 2 433 个。同时，监测发现针对工业互联网平台的 SQL 注入、跨站脚本等网络攻击 1 000 余起○。这些事件导致了获取后台系统管理权限、信息泄露、恶意文件上传等危害，甚至导致主机存在被不法分子远程控制的风险。

2. 电子商务交易风险

（1）商业信用风险。美国的商业信用体系早在 100 多年前就开始建立，发展至今已成为一个金字塔式的完善体系。金字塔的基石是政府立法，向上依次为行业协会、信用评估机构和信用消费者。我国社会信用体系建设虽然取得一定进展，但与经济发展水平和社会发展阶段不匹配、不协调、不适应的矛盾仍然突出。存在的主要问题包括：覆盖全社会的征信系统尚未形成，社会成员信用记录严重缺失，守信激励和失信惩戒机制尚不健全，守信激励不足，失信成本偏低；信用服务市场不发达，服务体系不成熟，服务行为不规范，服务机构公信力不足，信用信息主体权益保护机制缺失；社会诚信意识和信用水平偏低，履约践诺、诚实守信的社会氛围尚未形成，重特大生产安全事故、食品药品安全事件时有发生，商业欺诈、制假售假、偷逃骗税、虚报冒领、学术不端等现象屡禁不止，政务诚信度、司法公信度离人民群众的期待还有一定差距等。○

截至 2019 年 5 月底，全国法院累计发布失信被执行人名单 1 409 万人次，累计限制购买飞机票 2 504 万人次，限制购买动车高铁票 587 万人次，422 万失信被执行人慑于信用惩戒主动履行法律义务；○截至 2018 年 5 月末，中国人民银行金融信用信息基础数据库个人征信系统和企业征信系统法人接入机构分别为 3 347 家和 3 283 家，累计收录 9.62 亿自然人和 2 530 万户企业以及其他组织的信用信息；1 月至 5 月累计查询 6.90 亿次和 4 062 万次，个人日均查询量达到 460 多万次，企业日均查询量达到 27 多万次。○

商务诚信建设是社会信用体系建设的重点。为落实国务院《国务院关于印发社会信用体系建设规划纲要（2014—2020 年）的通知》的要求，商务部发布了《商务部关于深入推进商务信用建设的指导意见》（2018 年 12 月），央行发布了《中国人民银行关于进一步加强征信信息安全管理的通知》（2018 年 4 月），国家市场监管总局发布了《工商总局办公厅关于进一步做好严重违法失信企业名单管理工作的通知》（2018 年 12 月），海

○ 工信部网安局. 2018 年第四季度网络安全威胁态势分析与工作综述 [EB/OL]. (2019-02-21)[2019-06-20]. http://www.miit.gov.cn/n1146285/n1146352/n3054355/n3057724/n3057728/c6650317/content.html.
○ 国务院. 国务院关于印发社会信用体系建设规划纲要 (2014—2020 年) 的通知 [EB/OL].(2014-06-14)[2019-07-23]. http://www.gov.cn/zhengce/content/2014-06-27/content_8913.htm.
○ 新华社. 加强信用监管 更大程度激发市场活力 [EB/OL]. (2019-06-21)[2019-07-23]. http://www.samr.gov.cn/xyjgs/gzdt/201906/t20190621_302543.html.
○ 中国人民银行. 征信市场"政府＋市场"双轮驱动的发展模式初步形成 [EB/OL]. (2018-07-03)[2019-07-23]. http://www.pbc.gov.cn/zhengxinguanliju/128332/128352/128402/3570533/index.html.

关总署启动了《中华人民共和国海关企业信用管理暂行办法》(2014年12月)。

(2) 虚假网络广告问题。网络作为信息的传播媒体,不仅覆盖面广、不受时间和地域限制,而且反应快、使用便利、成本低廉,再加上其互动性,使广告发布商与消费者有了相互沟通和更亲密的接触。因此,网络广告不仅成为广告产业的一次重要变革,而且成为现代企业营销的主要手段,更成为网站经营者重要的营利手段。2018年全球广告支出总额达到6 250亿美元,较2017年增长4.1%。其中,数字媒体广告支出达到2 315亿美元,占广告支出总额的38.5%,首次超过电视媒体广告支出(35.4%);移动广告支出增长最为强劲,达到25.8%。㊀ 2018年中国广告经营额为7 991.48亿元,较上年同比增幅达到15.88%,占国内生产总值(GDP)的0.88%。2018年互联网广告总收入为3 694.23亿元,年增长率为24.2%,保持了较快的增长速度。广告经营额前十的互联网公司占比由2017年的91%上升至2018年的93%。㊁

在网络广告快速发展的同时,虚假网络广告的问题也越来越突出。在国家市场监督管理总局公布的2018年第四批典型虚假违法广告的20个案件中,其中有12个案例是涉及网络广告的,占比达到66%。例如,上海百问堂健康咨询有限公司通过网站、微信公众号和印刷品发布含有"平均抑瘤率在93.3%以上"等内容的保健食品广告,"2017年经过100万患者亲身验证"等内容的虚假广告和未经审查发布的"岩痛克微电子治疗贴"医疗器械广告,违反了《中华人民共和国广告法》(以下简称《广告法》)第十八条、第二十八条和第四十六条的规定。2018年11月,上海市徐汇区市场监督管理局做出行政处罚,责令停止发布违法广告,并处罚款80万元。㊂

为强化互联网广告监测监管,2019年国家市场监督管理总局深入推进互联网广告整治,继续以社会影响大、覆盖面广的门户网站、搜索引擎、电子商务平台、移动客户端和新媒体账户等互联网媒介为重点,部署开展互联网广告整治行动,研究有效措施,加强对互联网用户公众账号、移动App广告等新业态的监测监管;组织修订《互联网广告管理暂行办法》,压实互联网平台主体责任,进一步加大对违法互联网广告的惩治力度,营造良好互联网广告市场秩序;依托全国互联网广告监测中心等监测平台对1 000家网站、1 000个移动App和1 000个自媒体账号的互联网广告实施抽查监测,及时通报有关监测结果。

(3) 网络商业数据保护问题。计算机和网络技术为人们获取、传递、复制信息提供了方便,但网络的开放性和互动性又给商业数据的保护带来麻烦。在线消费(购物或

㊀ 电通安吉斯集团. 2018全球广告支出预测报告 [EB/OL]. (2019-01-14)[2019-03-20]. https://www.digitaling.com/articles/97537.html.

㊁ 中国市场监管报. 广告业走出上扬曲线 年经营额接近8 000亿元 [EB/OL]. (2019-04-25)[2019-06-20]. http://www.samr.gov.cn/ggjgs/sjdt/gzdt/201904/t20190425_293125.html.

㊂ 国家市场监督管理总局. 国家市场监督管理总局公布2018年第四批典型虚假违法广告案件 [EB/OL]. (2019-01-19)[2019-06-20]. http://www.samr.gov.cn/xw/zj/201901/t20190110_280199.html.

接受信息服务）均需要将个人资料传送给银行和商家，而对这些信息的再利用成为网络时代的普遍现象。如何规范银行和商家的利用行为，保护商业数据和消费者的隐私权成为一个新的棘手问题。由于我国在网上商业数据的采集、生成、整理、传输、使用、交换、修改和处理等方面缺乏基本的规范和标准，因此产生的违约和侵权纠纷日益增多，这种状况十分不利于网络商业活动的正常进行。

近年来，数据安全事件大量出现。仅 2018 年全球公开的数据泄露事件就超过 6 500 起，其中涉及人数超过 1 亿的就有 12 起，包括万豪国际旗下喜达屋酒店被黑客入侵，导致 5 亿客户数据泄露[1]，圆通、顺丰十几亿条个人信息在暗网被出售，12306 数百万条旅客信息在网上被出售等。[2] App 在采集和泄露数据信息方面出现了不少安全问题，个人信息泄露总体情况比较严重，遇到过个人信息泄露情况的人数占比高达 85.2%。经营者未经授权收集个人信息和故意泄露信息是个人信息泄露的主要途径，包括未经本人同意收集个人信息，经营者或不法分子故意泄露、出售或者非法向他人提供个人信息，网络服务系统存有漏洞造成个人信息泄露，不法分子通过木马病毒、钓鱼网站等手段盗取、骗取个人信息，经营者收集不必要的个人信息等。[3]

2019 年 5 月，国家互联网信息办公室发布《数据安全管理办法（征求意见稿）》，对网络运营者在数据收集、处理使用、安全监督管理等方面提出了要求。2019 年 6 月，工信部办公厅印发《电信和互联网行业提升网络数据安全保护能力专项行动方案》，以解决数据过度采集、滥用、非法交易及用户数据泄露深化、App 违法违规收集个人信息等数据安全问题，加快推动构建行业网络数据安全综合保障体系。

（4）网上欺诈犯罪。骗子们利用人们的善良天性，在电子交易活动中频繁欺诈用户。随着网络和电子商务技术的发展，假冒伪劣产品更加猖獗，利用电子商务欺诈已经成为一种最危险的犯罪活动。2018 年，公安部组织侦破各类网络犯罪案件 5.7 万余起，抓获犯罪嫌疑人 8.3 万余名，行政处罚互联网企业及联网单位 3.4 万余家次，清理违法犯罪信息 429 万余条，专项打击整治工作取得了显著成效。[4] 2018 年 3 月，重庆市公安局打假总队成功侦破江北陈某利用互联网销售有毒有害保健食品案，抓获犯罪嫌疑人 20 名，捣毁窝点 5 处，现场查获"五谷化糖""百草稳压肽"等有毒有害食品 100 余种、

---

[1] 新华社."数字经济"快速发展 数据安全亟待"上锁" [EB/OL]. (2019-06-30)[2019-07-20]. http://www.gov.cn/xinwen/2019-05/30/content_5396245.htm.

[2] 经济日报. 为个人数据安全加把锁 [EB/OL]. (2019-06-04)[2019-06-20]. http://www.gov.cn/zhengce/2019-06/04/content_5397213.htm.

[3] 中国消费者协会. App 个人信息泄露情况调查报告 [EB/OL]. (2018-08-29)[2019-06-20]. http://www.cca.org.cn/jmxf/detail/28180.html.

[4] 公安部. 通报公安机关开展"净网 2018"专项行动相关情况 [EB/OL]. (2019-03-07)[2019-07-10]. http://www.mps.gov.cn/n2253534/n2253875/n2253877/index.html.

2 000余盒，案值1 800余万元。○

为了纵深推进防范治理电信网络诈骗工作，2019年7月9日，工业和信息化部网络安全管理局会同公安部刑事侦查局、中央网信办网络综合协调管理和执法督查局，组织阿里巴巴、腾讯、百度、京东、字节跳动、拼多多、新浪微博、58同城、美团、世纪佳缘、网宿科技等11家单位，签订"重点互联网企业防范治理电信网络诈骗责任书"，进一步压实企业主体责任，切实加强社会监督和行业自律，积极净化网络通信环境。○

3. 管理与法律风险

（1）管理风险。严格管理是降低网络交易风险的重要保证，特别是在网络商品中介交易的过程中。客户进入交易中心，买卖双方签订合同，交易中心不仅要监督买方按时付款，还要监督卖方按时提供符合合同要求的货物。在这些环节上，都存在大量的管理问题。防止此类问题的风险需要有完善的制度设计，形成一套相互关联、相互制约的制度群。

人员管理常常是在线商店安全管理上最薄弱的环节。近年来，我国计算机犯罪大都呈现内部犯罪的趋势，主要是因为人员职业道德修养不高，安全教育和管理松懈所致。一些竞争对手还利用企业招募新人的方式潜入该企业，或利用不正当的方式收买企业网络交易管理人员，窃取企业的用户识别码、密码、传递方式及相关的机密文件资料。

由于一般计算机的安全识别工作是靠使用者的用户名和密码，企业内的员工往往为了便于记忆而采用一个永不改变的简单密码，诸如自己的英文名、常用的英文词，或是电话号码等。还有人害怕忘记密码而将它写在自己电脑的文件中，使得网络的入侵者只要在磁盘上搜索密码这个字，就能抓出其他电脑的密码，十分危险。

除了将电脑配置、密码等设定错误，造成网络上的安全漏洞之外，企业内的员工如果没有经过网络安全的教育训练，常常不知道要如何保守公司内部的重要商业机密，很可能无心地利用电子邮件或者文件传输的方式将重要商业机密外泄；或是在浏览万维网时，把一些电脑病毒或是假冒伪劣的程序下载到企业内部的电脑系统之中。

信息管理制度是大数据时代网络信息安全的基础，具有重要的保障作用。然而，在发展过程中，由于信息安全管理制度建设不到位，导致企业和其他机构的电子商务交易制度建设不到位，主要表现为网络防护层级建设不明确，没有确定相关责任制度，没有科学的防护网络等，从而影响电子商务交易的正常进行。

（2）法律风险。电子商务的技术设计是先进的、超前的，具有强大的生命力。但必

○ 公安部. 国务院食品安全办、公安部、市场监管总局联合公布8起食品保健食品整治欺诈和虚假宣传重大案件 [EB/OL]. (2019-02-22)[2019-07-10]. http://www.mps.gov.cn/n2253534/n2253535/c6408789/content.html.

○ 工信部网络安全管理局. 工业和信息化部会同相关部门组织重点互联网企业签订防范治理电信网络诈骗责任书 [EB/OL]. (2019-07-10)[2019-07-20]. http://www.miit.gov.cn/n1146285/n1146352/n3054355/n3057724/n3057728/c7029469/content.html.

须清楚地认识到，电子商务交易仍然存在很大的风险。在过去的几年里，联合国公布了三个重要的电子商务文件：《联合国贸易法委员会电子商业示范法》（以下简称《电子商业示范法》）⊖、《联合国国际贸易法委员会电子签字示范法》（简称《电子签字示范法》）⊜、《联合国国际合同使用电子通信公约》⊜。许多国家参照联合国文件，颁布了一些电子商务相关法律法规。我国于 2005 年 4 月开始实施《中华人民共和国电子签名法》（以下简称《电子签名法》），2017 年 6 月开始实施《中华人民共和国网络安全法》（以下简称《网络安全法》），2019 年 1 月修正《电子签名法》。国务院有关部门和各地政府对网络安全和电子商务交易也相继颁布了一些法规条例。这些法律法规对于电子商务的健康发展发挥了重要作用。但在电子商务交易细节方面，诸如电子商务交易双方责任、电子商务交易平台、电子支付、电子合同、网络交易纠纷、网络广告方面还没有形成具有可操作性的实施细则。因此，在电子商务交易发生问题时，往往只能依据现有的法律法规和相关判例进行裁决，其判决的准确性和法律效力大打折扣。

1.2.2 电子商务的安全要素

电子商务随时面临的威胁引发了对电子商务的安全需求。一个安全的电子商务系统要求做到真实性、保密性、有效性、完整性和不可抵赖性等。

1. 真实性（身份可认证性）

在传统的交易中，交易双方往往是面对面的，这样很容易确认对方的身份。即使开始不熟悉、不能确信对方，也可以通过对方的签名、印章、证书等一系列有形的身份凭证来鉴别。如果采用电话，也可以通过声音信号来识别对方身份。然而，在进行网上交易时，情况就大不一样了，因为网上交易的双方可能素昧平生，相隔千里，并且在整个交易过程中有可能不谋一面。因此，如果不采取任何新的保护措施，就要比传统的商务活动更容易引起假冒、诈骗等违法活动。例如，在进行网上购物时，对于客户来说，如何确信计算机屏幕上显示的页面就是大家所说的那个有声誉的网上商店，而不是居心不良的假网站冒充的呢？同样，对于商家来说，怎样才能相信正在选购商品的客户不是一个骗子，而是一个当发生意外事件时能够承担责任的客户呢？因此，在进行电子商务交

⊖ United Nations. Model Law on Electronic Commerce of the United Nations Commission on International Trade Law[R/OL]. (1996-12-16)[2010-06-20]. UN Website: http://daccess-dds-ny.un.org/doc/UNDOC/GEN/N97/763/57/PDF/N9776357.pdf?OpenElement.

⊜ United Nations. Model Law on Electronic Signatures of the United Nations Commission on International Trade Law [R/OL]. (2002-01-22)[2010-06-20]. UN Website: http://daccess-dds-ny.un.org/doc/UNDOC/GEN/N01/490/26/PDF/N0149026.pdf?OpenElement.

⊜ United Nations. United Nations Convention on the Use of Electronic Communications in International Contracts [R/OL]. (2005-12-09)[2010-06-20]. UN Website: http://daccess-dds-ny.un.org/doc/UNDOC/GEN/N05/488/80/PDF/N0548880.pdf?OpenElement.

易时首先要保证身份的可认证性。这就意味着，在双方进行交易前，首先必须明确对方的身份，交易双方的身份不能被假冒或伪装。

2. 保密性

在传统的贸易中，一般都是通过面对面的信息交换，或者通过邮寄封装的信件或可靠的通信渠道发送商业报文，达到保守商业机密的目的。而电子商务是建立在一个开放的网络环境（主要是互联网）上的，当交易双方通过互联网交换信息时，如果不采取适当的保密措施，那么其他人就有可能知道他们的通信内容；另外，存储在网络上的文件信息如果不加密，也有可能被黑客窃取。上述种种情况都有可能造成敏感商业信息的泄露，导致商业上的损失。例如，如果企业的订货和付款信息被竞争对手获悉，就可能丧失商机；如果客户的信用卡账号和用户名被人知悉，就可能被盗用。因此，电子商务另一个重要的安全需求就是信息的保密性。这需要对敏感信息进行加密，使得别人即使截获或窃取了数据，也无法识别信息的真实内容。

3. 有效性

有效性是指贸易数据在确定的时刻、确定的地点是有效的。上面所讨论的信息保密性，是针对网络面临的被动攻击一类威胁而提出的安全需求，但它不能避免针对网络所采用的主动攻击一类的威胁。所谓被动攻击，就是不修改任何交易信息，但通过截获、窃取、观察、监听、分析数据流和数据流模式获得有价值的情报。而主动攻击就是篡改交易信息，破坏信息的有效性，以达到非法的目的。例如，乙给甲发了一份报文："请于 2015 年 11 月 2 日给丙汇壹万元钱。乙。"报文在转发过程中经过了丁之手，丁就把"11 月"改为"12 月"。这样甲收到的就成了"请于 2015 年 12 月 2 日给丙汇壹万元钱。乙"，结果是丙不能在要求的时间内得到这 1 万元钱，篡改使信息失去了其有效性。

4. 完整性

保证信息的完整性也是电子商务活动中一个重要的安全需求。完整性意味着交易各方收到的信息没有出现部分丢失或乱码，即信息在数据发送、传输和接收过程中始终保持原有的状态。例如，乙给甲发了一份报文："请于 2015 年 11 月 2 日给丙汇壹万元钱。乙。"报文在传递过程中数字都变成了乱码，这样甲收到的就成了"请于 ××××年 ×× 月 × 日给丙汇壹万元钱。乙"，结果是甲由于获得的信息不完整而不能开展相应的操作。

5. 不可抵赖性

保证交易过程中的不可抵赖性也是电子商务安全需求中的一个重要方面。由于商情千变万化，交易合同一旦达成就不能抵赖。在传统的贸易中，贸易双方通过在交易合同、契约或贸易单据等书面文件上手写签名或印章，确定合同、契约、单据的唯一性并预防抵赖行为的发生，这也就是人们常说的"白纸黑字"。在无纸化的电子交易中，交易双方通过电子签名和留痕技术来预防抵赖行为的发生。这意味着，在电子交易过程的各个环节中都必须保存完整的记录并且不可更改。交易一旦达成，合同一旦签署，发送方不能否认他发送的信息，接收方也不能否认他所收到的信息。

1.2.3 电子商务安全体系结构

电子商务安全体系可以分为 16 大安全领域和 64 个细分领域（参见图 1-6）。之所以有如此多的分类，是因为电子商务交易安全有一个非常明显的特征，即碎片化。电子商务交易业务受到监管部门、行业划分、IT 普及程度、应用场景等各种环境条件的影响，从而导致相关安全技术应用和产品非常复杂。

1.2.4 科学认识电子商务的安全问题

1. 电子商务交易安全保障体系是一个复合型系统

电子商务是活动在互联网平台上的一个涉及信息、资金和物资交易的综合交易系统，其安全对象不是一般的系统，而是一个开放的、人在其中频繁活动的、与社会系统紧密耦合的复杂巨系统（complex giant system）。它由商业组织本身（包括营销系统、支付系统、配送系统等）与信息技术系统复合构成，而系统的安全目标与安全策略是由组织的性质与需求决定的。电子商务交易安全保障不是一般的管理手段的叠加和集成，而是综合集成（metasynthesis），两者的本质区别在于后者强调人的关键作用。只有通过人网结合、人机结合，充分发挥各自优势的方法，才能经过综合集成，使系统表现出新的安全性质——整体大于部分之和。

与电子商务交易系统相适应，电子商务交易安全是一个系统工程，不是几个防火墙、几个密码器就可以解决问题的。它需要根据商品交易的特点来制定整个过程的安全策略，在安全策略指导下，构建一个立体的、动态的安全框架，在这个框架下再选择、确定提供哪些安全服务，制定哪些相应的安全机制，开发哪些有关的产品或者加强有关的产品，来满足整体的需要，保证安全策略的实施。

笔者认为，网络交易安全需要一个完整的综合保障体系，采用综合防范的思路，从技术、管理、法律等方面去认识，去思考，根据我国的实际和国外的经验，提出行之有效的综合解决的办法和措施。

一个完整的网络交易安全体系，至少应包括三类措施，并且三者缺一不可。①技术方面的措施，包括防火墙技术、网络防毒、信息加密存储通信、身份认证、授权等，但只有技术措施并不能保证百分之百的安全。②管理方面的措施，包括交易的安全制度，交易安全的实时监控，提供实时改变安全策略的能力，对现有的安全系统漏洞的检查以

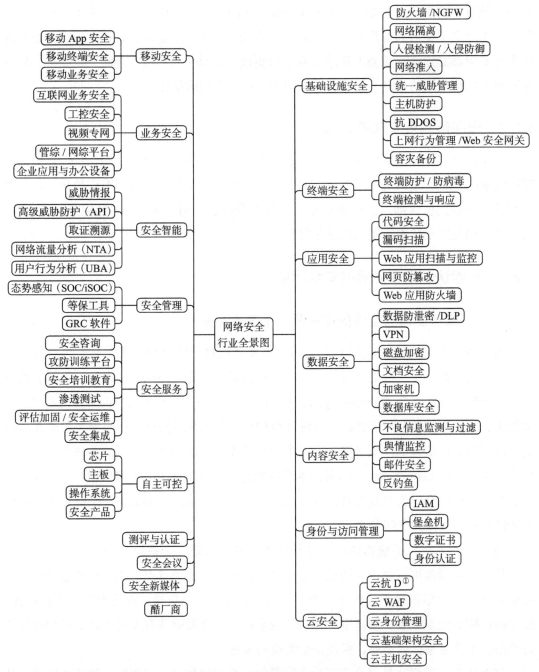

图 1-6　电子商务安全体系结构

① 抗 D 服务是指有效防御任何类型的 DDoS、CC 攻击的一类专业防御攻击的产品。云抗 D 指利用云计算的抗 D 服务。

资料来源：199IT. 安全牛：2018 年 7 月网络安全行业全景图 [EB/OL]. 2018-07-22[2019-06-22]. http://www.199it.com/archives/752437.html.

及安全教育等。在这方面，政府有关部门、企业的主要领导、信息服务商应当扮演重要的角色。③社会的法律政策与法律保障。只有从上述三方面入手，才可能真正实现电子商务的安全运作。

2. 人网结合是电子商务安全保障的本质特征

人是网络的建设者和使用者，网上内容的提供者和消费者。互联网作为网络是在自组织机制上发展起来的，极大数量的用户互联、互动使之产生了全新的网络动力学特征。目前，网络存在的主要问题是结点和连接很不均匀，在用户点击行为偏好、通信价格规模效应的交互作用下，互联网形成了少数结点（路由器或 Web 界面）集中了大量的连接（线路或 URL）的状况，这就是非指数型的拓扑结构。

2002 年，美国的复杂性理论家经过计算得出结论，这种不均匀的非指数型的网络结构对随机和散落的黑客攻击有很强的抗损力，因此，互联网基本上是正常运转的。甚至在"9·11"事件（2001）后电话线瘫痪的一段时间内，互联网成了主要的通信手段。但是，攻击目标如果集中在关键网站或关键结点上，又采取集团攻击的方式，那么互联网就很容易形成大范围的损伤。此外，一个复杂巨系统不是一个简单的非线性系统，时常表现出"联动性"。局部一个微小的扰动，如有人释放了一个病毒，要是没有类似的防疫机制（检测、诊断、隔离等防止传染的措施），就会突现为大面积的病毒侵害；人在网上的一次误操作往往也会突现为雪崩式的灾难（如近年几次大的电网事故）。

电子商务交易安全是一个过程，而不是一个产品。用户的需求是希望业界人士多提供一些安全保障性能强的产品，使用者可以完全依赖这种产品。这种看法是不正确的。安全产品非常重要，但要形成一个全面的电子商务交易安全解决方案，决不仅仅是一两件技术产品所能够解决的问题。从整体上考虑，电子商务交易安全的保障起码需要三个层次：第一个层次是人的因素，因此，人需要培训和教育，从而提高安全意识；第二个层次是技术上的层次，涉及安全产品的开发和实施，比如防火墙，不是买一个防火墙安上去就能起作用，能不能适合企业的自身情况，是否满足动态的、发展的需要都要考虑；第三个层次需要管理机关制定相应的法规和政策。

从实践情况来看，人为因素造成的网络信息安全问题尤其值得重视。这些方面包括：工作失误，如误操作；心理不健全，如当好心把自己的账号告诉朋友时，却遭到有意报复；人事经理通知某人被解雇时，因为系统管理员没有及时清除其账号，该人离开公司后通过远程登录破坏能找到的一切文件；等等。

人们往往十分注意网络的硬件环境是否可靠、软件是否正常，却忽视了人在保证信息安全中的重要作用。特别是对待电子商务，当用户没有享受电子商务的便利时，对其充满惧怕心理，但使用习惯后，却又忽视安全使用的问题。我们经常在公用计算机上发现某人的电子邮件没有关闭，就是这方面最典型的例子。

针对目前普遍存在的安全意识淡薄的问题，有必要在推进电子商务的同时，把电子商务交易安全教育提到应有的位置，加强这方面的宣传教育，尽快提高网络用户的安全防范意识。

3. 电子商务交易安全是一个动态过程

与静态的安全概念不同，电子商务交易安全是一个需要不断分析、不断改进、不断完善的动态过程，是一个不断实施"保护—反馈—修正—再保护"的过程。

需要说明的是，在这里，安全不是 0 与 1 的关系。绝对的安全是没有的，因为交易过程是一个不断变化的过程。交易安全永远是相对的。计算机安装了防火墙，提供了一般的安全性，但如果遭遇超级黑客的攻击，那就不安全了。我们不会因为防火墙被超级黑客攻击而去怀疑它的安全性。同样，安全是发展的、动态的。今天安全，明天就不一定很安全，因为网络技术的攻防是此消彼长的，道高一尺、魔高一丈的事情经常发生。尤其是安全技术，它的敏感性、竞争性及对抗性都是很强的，这就需要不断地检查、评估和调整相应的安全策略。如果想一劳永逸，通过一次的安全措施使电子商务交易永远不受攻击，不出安全问题是不可能的。对此，我们要正确的认识。

同样，我们也必须认识到，安全是有成本和代价的。无论是 B2B 还是 B2C 交易，都要考虑到安全的代价和成本的问题。如果只注重速度，就必定要以牺牲安全作为代价；如果把安全性放在很重要的地位，速度就得慢一点，当然这与电子商务的具体应用有关。如果不直接牵涉支付等敏感问题，对安全的要求可以低一些；反之，如果牵涉支付问题，对安全的要求就要高一些，所以安全是有成本和代价的。作为一个经营者，应该综合考虑这些因素；作为安全技术的提供者，在研发技术时也要考虑到这些因素。

1.3 电子商务基本流程

1.3.1 电子商务的基本概念

《中华人民共和国电子商务法》（以下简称《电子商务法》）规定，本法所称电子商务，是指通过互联网等信息网络销售商品或者提供服务的经营活动。[一]

本书认为，电子商务系指交易当事人或参与人利用现代信息技术和计算机网络（主要是互联网）所进行的各类商业活动，包括货物贸易、服务贸易和知识产权贸易。

电子商务的理解，应从"现代信息技术"和"商务"两个方面考虑。一方面，"电子商务"概念所包括的"现代信息技术"应涵盖各种以电子技术为基础的通信方式；另一方面，对"商务"一词应做广义解释，使其包括不论是契约型还是非契约型的一切商务性质的关系所引起的种种事项。如果将"现代信息技术"看作一个子集，"商务"看作另一个子集，则电子商务所覆盖的范围应当是这两个子集所形成的交集，即"电子商务"标题之下可能广泛涉及的互联网、内部网和电子数据交换在贸易方面的各种用途

[一] 全国人大常委会. 中华人民共和国电子商务法 [EB/OL]. (2018-08-31)[2019-02-20]. http://www.npc.gov.cn/npc/xinwen/2018-08/31/content_2060172.htm.

(参见图 1-7)。

从图 1-7 可以看出，电子商务是将现代信息技术同商务运行结合起来的一种全新的经济模式，因此，它的安全问题也主要涉及两方面的内容：一是采用信息技术给电子商务系统带来的安全问题；二是传统商务活动中存在的安全问题在电子商务交易中的表现。

《电子商务法》为了法律规制的操作性要求，其定义将金融类产品和服务、信息内容服务等排除在外。但本书仍需要涉及这类产品和服务的安全问题。

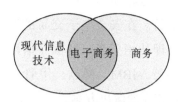

图 1-7　电子商务是"现代信息技术"和"商务"的交集

1.3.2　参加电子商务活动的主要角色和主要工具

参加电子商务活动的主要角色包括该活动过程中涉及的各个方面的人和机构，主要有：顾客（购物者、消费者）、销售商店（或电子商业销售商）、商业银行（参与电子商务的银行，顾客和销售商都在银行中有账号或开设账户）、信用卡公司（顾客使用卡的服务公司）、认证中心等。

电子商务活动中的主要工具有：终端（包括顾客使用的计算机、数据交换设备和数据通信设备），电子钱包（用保密口令保密），信用卡（采用保密算法加密），货物，电子订货账单（上面有销售商店对顾客的编号），电子收据（销售商店利用计算机和网络为已经购完货物的顾客发送的电子收据）。

1.3.3　网络商品直销的流转程式

网络商品直销，是指消费者和生产者或者需求方和供应方，直接利用网络形式所开展的买卖活动。B2C 电子商务基本属于网络商品直销的范畴。这种交易的最大特点是供需直接见面，环节少、速度快、费用低，其流转程式可以用图 1-8 加以说明。

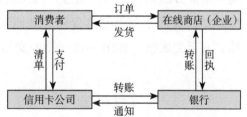

图 1-8　网络商品直销的流转程式

由图 1-8 可以看出，网络商品直销的流转程式可以分为以下 6 个步骤。

（1）消费者进入互联网，查看在线商店或企业的主页。

（2）消费者通过购物对话框填写订单。

（3）消费者选择支付方式，如使用信用卡，也可选用其他支付手段。

（4）信用卡公司通知银行，银行通知厂家汇款到位。

（5）厂家发货，给银行发回执。

（6）银行通知信用卡公司，信用卡公司给消费者发送收费清单。

为保证交易过程的安全，需要有一个认证机构对参与网络交易的各方进行认证，以确认他们的真实身份（见图1-9）。

上述过程应当在电子商务安全协议下进行。在安全电子交易的四个环节中，即从消费者、商家、信用卡公司到银行，IBM、微软、甲骨文等公司均有相应的解决方案。

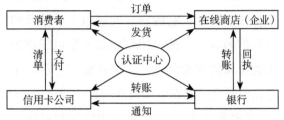

图 1-9 认证中心介入后的网络商品直销的流转程式

网络商品直销的诱人之处，在于它能够有效减少交易环节，大幅度降低交易成本，从而降低消费者所得到商品的最终价格。同时，网络商品直销还能够有效地减少售后服务的技术支持费用。网络商品直销的不足之处主要表现在两个方面：一方面由于交易双方缺乏信用机制，因此不实交易时有发生；另一方面，由于网络支付机制仍然存在安全隐患，会部分地打击消费者的积极性。

1.3.4 企业间网络交易的流转程式

企业间网络交易是B2B电子商务的一种基本形式。交易从寻找和发现客户出发，企业利用自己的网站或网络服务商的信息平台发布买卖、合作、招投标等商业信息。借助互联网超越时空的特性，企业可以方便地了解到世界各地其他企业的购买信息，同时也有可能随时被其他企业发现。通过商业信用调查平台，买卖双方可以进入信用调查机构申请对方的信用调查；通过产品质量认证平台，可以对卖方的产品质量进行认证。然后在信息交流平台上签订合同，进而实现电子支付和物流配送。最后是销售信息的反馈，直至完成整个B2B的电子商务交易流程，具体如图1-10所示。

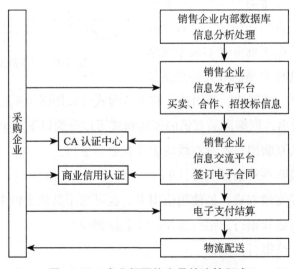

图 1-10 企业间网络交易的流转程式

1.3.5 网络商品中介交易的流转程式

网络商品中介交易是通过网络商品交易中心，即虚拟网络市场进行的商品交易。这是 B2B 电子商务的另一种形式。在这种交易过程中，网络商品交易中心以互联网为基础，利用先进的通信技术和计算机软件技术，将商品供应商、采购商和银行紧密地联系起来，为客户提供市场信息、商品交易、仓储配送、货款结算等全方位的服务。其流转程式如图 1-11 所示。

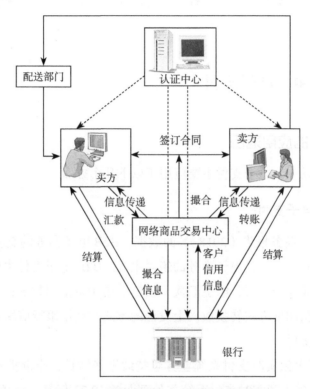

图 1-11 网络商品中介交易的流转程式

网络商品中介交易的流转程式可分为以下几个步骤。

（1）买卖双方将各自的供应和需求信息通过网络告诉给网络商品交易中心，网络商品交易中心通过信息发布服务向参与者提供大量的、详细准确的交易数据和市场信息。

（2）买卖双方根据网络商品交易中心提供的信息，选择自己的贸易伙伴。

（3）网络商品交易中心从中撮合，促使买卖双方签订合同。

（4）买方在网络商品交易中心指定的银行办理转账付款手续。

（5）指定银行通知网络交易中心买方货款到账。

（6）网络商品交易中心通知卖方将货物发送到离买方最近的交易中心配送部门。

（7）配送部门送货给买方。

（8）买方验证货物后通知网络商品交易中心货物收到。

（9）网络商品交易中心通知银行买方收到货物。

（10）银行将买方货款转交卖方。

（11）卖方将回执送交银行。

（12）银行将回执转交买方。

通过网络商品中介进行交易具有许多突出的优点：网络商品中介为企业提供了无形的巨大市场；网络交易中心提供的认证服务和交易流程可以降低买卖双方的交易风险；网络交易中心的统一结算模式，可以提高资金的风险防范能力，避免资金的截留、占用及挪用。

1.4 电子商务中的电子支付

1.4.1 电子支付的应用范围

在电子商务活动中，电子支付主要应用于以下几个方面。

1. B2B 中的电子支付

根据《中国电子商务报告（2018）》的数据，B2B 电子商务的交易额占到整个中国电子商务交易额的 60%，[⊖] 是电子商务的绝对主流。B2B 电子支付主要有两类形式：一种是电子支票类，如电子支票、电子汇款（EFT）、电子资金划款等；另一种是电子信用证类，即把传统的信用证方式转换成网上发证的方式，利用银行信用和网上银行转账完成买卖双方的网上支付。

2018 年，我国大额实时支付系统业务量持续平稳增长，小额批量支付系统业务金额稳中有升。2018 年大额实时支付系统共处理业务 10.73 亿笔，金额 4 353.48 万亿元，同比分别增长 15.13% 和 16.66%；2018 年小额批量支付系统共处理业务 21.83 亿笔，金额 35.53 万亿元，笔数同比下降 13.64%，金额同比增长 7.21%。[⊖] 上述数据从支付角度反映了 B2B 电子商务的发展情况。

本书第 6 章将对 B2B 电子支付工具做详细介绍。

2. B2C 与 C2C 中的电子支付

B2C 与 C2C 中资金流的流动方向如图 1-12 所示。

⊖ 商务部. 中国电子商务报告 (2018)[R/OL]. (2019-05-30)[2019-09-23]. http://dzsws.mofcom.gov.cn/article/ztxx/ndbg/201905/20190502868244.shtml.

⊖ 中国人民银行. 2018 年支付体系运行总体情况 [R/OL]. (2019-03-18)[2019-08-20]. http://www.pbc.gov.cn/zhifujiesuansi/128525/128545/128643/3787878/index.html.

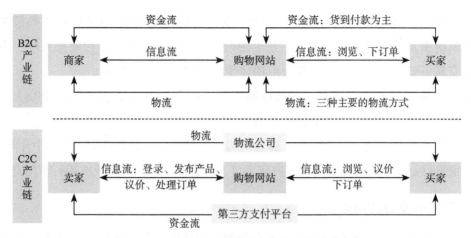

图 1-12　B2C、C2C 电子商务的资金流动方向

资料来源：艾瑞咨询．http://report.iresearch.cn/1242.html．

B2C 与 C2C 中电子支付的主要应用是网络购物活动中发生的资金转移。目前，B2C 与 C2C 的交易额增长非常迅速。商务大数据显示，2018 年 B2C 零售额占我国网络零售额的比重为 62.8%，较上年提升 4.4 个百分点。⊖

除网络购物外，电子支付在游戏点卡购买、网络视频点播、音乐下载、航空客票订购、电信缴费、生活缴费、网上订票等领域也都得到广泛的应用。

1.4.2　电子支付中存在的问题

1. 信用卡信息泄露

典型的电子商务一般是通过信用卡在网上完成支付的。从目前情况来看，这种方式主要有以下 4 种风险。

（1）通过电信网络手段窃取银行卡信息。一是搭建免费 Wi-Fi "陷阱"，引诱受害人接入，窃取受害人在手机和电脑上使用过的银行卡信息。二是散播隐藏木马的图片、链接或恶意应用程序（App），控制受害人的手机或电脑，窃取手机和电脑中使用过的银行卡信息。三是冒充亲朋好友、公检法、通信运营商、银行和商户发送诈骗短信，以借钱、涉案、退税、中奖、积分兑换、退款等为由，诱使受害人点击短信中的诈骗链接，登录钓鱼网站，输入银行卡信息。2019 年 7 月，日本便利店 7-11 上线 3 天的在线支付系统被盗刷 5 500 万日元，反映出电子支付的漏洞。⊖

（2）攻击相关系统窃取银行卡信息。一是攻击网络服务系统，如招聘网站、电子邮件服务器、医院和学校等互联网服务系统，将大量数据交叉碰撞匹配后整理出银行卡信

⊖ 商务部．中国电子商务报告 (2018)[M]．北京：中国商务出版社，2019．
⊖ 移动支付网．日本 JCB 联手 7 巨子收割支付业务，率先进入 "数字托拉斯" 时代 [EB/OL]．(2019-07-16) [2019-07-27]．http://www.mpaypass.com.cn/news/201907/16104839.html．

息。二是攻击非银行支付机构（以下简称"支付机构"）和电子商务平台业务系统，直接窃取系统中留存的银行卡信息。三是攻击航空公司、电子商务平台业务系统，窃取受害人的交易信息，以退票、退款等为由诱使受害人提供银行卡信息。

（3）改装银行卡 POS 机具。安装电路板和通用分组无线服务技术（GPRS）发射模块，在受害人刷卡付费时侧录银行卡磁道信息。

（4）内外勾结。通过电商平台、商业机构、医疗机构、教育机构、房屋中介等机构，以及个别银行业金融机构、支付机构内部人员、外包单位工作人员获取银行卡信息。

2. 二维码支付的风险

二维码移动支付为大众提供了方便高效的支付体验，但二维码支付平台自身的安全技术存在着诸多漏洞，以及木马、钓鱼网站等网络安全问题，从而导致用户支付信息泄露和资金被恶意盗刷等事件频发。

（1）系统风险。相关企业在向市场推广二维码支付系统时，采用的设备不能满足日益增加的业务量的要求，比如处理机运行速度变慢，系统存储能力不足等都会对业务发展造成影响。另外，硬件的突发情况也是难以预测的，硬盘任何一个重要部位出现损坏都可能导致整个支付系统暂停运营，短时间内又是无法恢复的，因此维护硬件正常运行显得尤为重要。特别是在购物节，例如"双十一"零点时，同一时间使用支付系统的用户达到数据库承载能力的上限时，便可能出现数据库崩溃的情况，无法进行操作。

（2）网络安全风险。今天的二维码支付是与金融行业相互融合的。在线交易量逐年激增使这个领域被不法分子盯上，从而极有可能引发连锁反应，影响整个社会的金融安全和信息安全。

移动支付终端环境复杂，遭到恶意攻击的方式较多，难以确保支付安全。目前没有有效的监管，其本身存在的安全漏洞会被不法分子利用。通过木马病毒或者钓鱼网站生成一个二维码，再以诱导的方式让客户进行扫描，进入一个仿冒的支付页面（整个网页同真实的几乎没有差别），然后要求用户输入账号、密码，让用户不知不觉中招，从而达到恶意划款的目的。

二维码本身只是一个信息载体，并不存在病毒，但它背后很容易串联上某些吸钱的链接。一部分人出于支付习惯，见码就扫，却忽视了其中的安全问题，不法分子获取用户的账号和密码等信息后，便会马上划走其账户中的所有存款，给用户带来难以弥补的损失。

二维码支付是基于第三方支付平台，缺少对资金流向真实性的监管，容易造成资金套现。以常日支付为例，商户和客户之间在没有真实交易的情况下，客户通过手机扫描商家的二维码，输入将要套现的金额，选择信用卡进行支付。随后，商家会将现金交于客户，从而达到套取现金的目的，也逃避了现实生活中商户传统 POS 机受银行监管的规制。

二维码支付的资金也经常通过第三方支付平台进行交易，具有匿名性和隐蔽性，轻松绕开银行反洗钱的监测，用小额批量转账，使钱进入对方的支付平台账户，再通过提现的方式把钱打到各张银行卡中，从而达到洗钱、行贿、诈骗、转移赃款等目的，严重扰乱了金融管理秩序，从而直接危害到正常的社会经济秩序。

在二维码支付过程中，绝大多数客户选择支付宝、微信进行支付，这些第三方支付平台账户里将会产生大量的沉淀资金，随着用户数量的增长，资金沉淀量会非常巨大。由于第三方支付企业出于逐利的动机，或将沉淀资金用作风险投资，且不说投资失败，就算一些短期固定收益投资也无法保证将沉淀资金及时收回，那么第三方支付平台将面临重大流动性风险，势必造成金融机构间的资金紧张。

3. 智能 POS 机的问题

POS 机是指安装在商户端，能通过与金融机构联网而实现非现金消费、预授权、余额查询、转账等功能的电子设备。智能 POS（Smart Point of Sale）则是相对于传统 POS 而言的同类型电子设备，它具备智能操作系统，除了能实现传统 POS 刷卡交易之外，通常还包含扫描二维码支付，验证核销会员卡券，结合商户后端 CRM 系统进行客户客单精细化管理、大数据分析等功能。

在终端形态上，智能 POS 机目前主要分为手持式、桌面台式和组合式三大类，其中手持式最为常见。与后两者相比，手持智能 POS 机一般体形更小，能更好地满足移动化需求。主流手持智能 POS 机可以视为一部安卓手机加上 NFC 天线、磁头感应、条码识别、打印盒等交易相关配置。常用的智能 POS 机如图 1-13 所示。

图 1-13　常用的智能 POS 机

智能 POS 机使用时最常出现的问题是二维码盗刷。当顾客打开手机调出二维码等待付款时，窃贼打开自己的智能 POS 机读取，款项则直接划拨到窃贼的账户中。2019年 4 月至 5 月，重庆市公安局江北区分局连续破获 4 起类似的案件⊖。

⊖ 北京青年报. 二维码付款遭身后人盗刷 重庆半月连发 4 起 [EB/OL]. (2019-05-28)[2019-07-27]. http://www.chinanews.com/sh/2019/05-28/8848759.shtml.

为进一步强化移动 POS 手机刷卡器等移动设备外接受理终端的管理，2019 年 3 月，中国银联业务管理委员会发布了《关于进一步加强移动设备外接受理终端合规管控的函》，要求合规开展移动支付终端相关业务，进一步强化移动支付终端品牌报备管理，定期发布移动支付终端报备信息。

4. 安全机制问题

网络支付系统首要解决的问题就是系统安全性。我们发现，很多使用最先进技术的银行系统，同样会发生资金被盗取的案例，而且从目前的网络盗窃案件中，我们注意到只有极少数情况是由于银行系统漏洞导致的，更多的案件是由于管理漏洞或是用户自身的麻痹大意。由此，为了最大限度地保护网络支付安全，除了使用最先进的技术外，还需要规范管理流程，并不断对用户进行安全教育，建立由业务到技术到用户的多重安全机制。

目前，我国仍然存在支付终端产品质量良莠不齐、交易报文不规范、关联业务系统合规性不足等问题，需要综合运用大数据、加解密、安全单元（SE）等技术，建立支付受理终端全生命周期管理机制，提升支付风险防控能力。

中国网络支付结算体系的技术标准、认证中心和支付网关的发展滞后，制约着网络支付系统的建设。行业需要龙头企业制定行业标准，实现标准的权威性和通用性。特别是第三方支付的标准化工作，应当随着第三方支付活动的规范全面加强。

开篇案例回顾

通过第 1 章的学习，我们再次分析开篇案例可以得出以下几点结论。

（1）电子商务安全是一个系统工程。一个安全的网络购物环境必须由政府、交易平台提供商及网络交易者几方面共同努力建设才有可能实现。在本案例中，消费者一方的盲信和疏忽是造成损失的重要原因之一。

（2）网络消费者必须熟悉网络活动的流程。在目前国内信用体系还不健全的情况下，消费者首先要学会保护自己。在本案例中，如果消费者能够在现有活动流程下，对参与的活动进行分析，并了解交易活动的基本流程，损失原本是可以避免的。

（3）网络交易风险存在于各个方面。网络交易者应该注意到所有的风险来源，并尽量规避。其中，特别应当注意各类信息上传的要求和信息来源的可靠性等，避免因贪婪而忽视交易安全。

（4）在网络交易过程中，要注意交易凭证的保存，且交易凭证须符合现行法律的规定。C2C 交易过程中的信息传递，一般是通过即时消息工具进行的，这种形式的信息是不受法律保护的。虽然一部分交易平台将这些信息作为解决纠纷的凭证，然而事实上，这些凭证并不具有法律效力，取证也比较困难。因此在这类交易中，有必要对每一步进行复制和记录。

本章小结

1. 讲述了电子商务在世界各国发展的概况及发展过程中存在的主要问题。
2. 从网络、交易、管理及政策几个方面对电子商务安全问题的风险来源进行了分析。
3. 对电子商务安全体系结构进行了分析,并阐明了电子商务安全的实质。
4. 系统分析了电子商务的基本流程,并对常见的几种电子商务模式进行了简单的介绍。
5. 分析了电子商务中的支付行为,并对目前电子支付应用中的主要问题进行了分类。

思考题

1. 我国的电子商务发展受到了哪些因素的制约?其中影响最大的是哪个?
2. 互联网络从哪几个方面影响了电子商务的安全?
3. 电子商务交易风险包括哪些内容?
4. 电子商务交易是如何进行的?涉及哪些工具?
5. 网络交易有几种流转模式?它们之间各有什么异同?
6. 电子支付有什么特点?存在哪些风险?

第 2 章
电子商务安全的技术保障

学习目标

- 了解电子商务安全技术保障的主要手段。
- 掌握常用的防病毒技术及其工作原理。
- 了解主要的加密体系,掌握对称密码和公钥密码的加密原理。
- 了解主要的认证技术,掌握数字证书的类型和工作原理。
- 了解如何建立安全的电子商务交易系统。
- 基本概念:防火墙、入侵检测、安全扫描、PKI、数字签名、数字证书、CA

从技术角度来讲,电子商务交易安全的需求突出表现为网络系统的硬件、软件及其系统中的数据受到保护,不受偶然的或者恶意的原因而遭到破坏,系统连续可靠地运行,网络上的信息(包括静态信息的存储和传输)都是安全的。为了保证上述各方面的安全,电子商务网站或从事电子商务的企业通常会采用一些网络安全技术措施。本章重点介绍了防火墙技术、加密技术、认证技术等。这些安全技术的使用可以从一定程度上满足网络安全需求,但不能满足整体的安全需求,因为它们只能保护特定的某一方面。如防火墙最主要的功能是访问控制,加密技术可以保证信息传输的安全性。对于电子商务系统,还需要一套整体的安全策略,这套策略不仅包括安全技术,还应包括安全管理、实时监控、响应和恢复等措施。本章利用电子商务交易系统安全模型,深入讨论了有关方面的问题。

开篇案例 黑客入侵售票系统盗取信息诱骗改签事件[一]

2015 年 8 月 22 日,某航空公司报案,称其公司网上销售机票 B2B 系统在 7 月 31

[一] 南方日报. 黑客入侵航空公司售票系统盗取信息诱骗改签 [EB/OL]. 2015-12-16[2016-01-23]. http://tech.southcn.com/t/2015-12/16/content_138991542.htm.

日至 8 月 20 日期间遭受黑客攻击，非法下载 160 万条订单信息。同时，该航空公司客服中心接到大量关于航班变更短信诈骗的旅客投诉，部分旅客被骗金额从几百元到几万元不等。

广州网警调查发现，嫌疑人先通过扫描该航空公司销售机票 B2B 系统漏洞，暴力破解了两个代理商账号，然后使用代理商账号登录订票系统，利用订单页面信息中包含的一个获取旅客信息的 XSQL 技术请求漏洞，使用黑客爬虫软件非法下载 160 万条包含航班号、姓名、身份证号和手机的旅客订单信息，最后嫌疑人群发短信给旅客，谎称"飞机出故障，航班取消"，诱骗旅客交纳机票改签手续费，造成数百名旅客被骗，同时因旅客退票造成航空公司直接经济损失 8 万多元。

11 月 11 日，广州警方开展收网行动，在大连市抓获嫌疑人张某宇（男，19 岁，黑龙江人），现场缴获作案的笔记本电脑 1 台、收款的银行卡 2 张及赃款 110 多万元。

2.1 防火墙技术

2.1.1 防火墙技术及访问控制技术

1. 防火墙的概念与分类

所谓防火墙，就是在内部网（如内联网）和外部网（如互联网）之间的界面上构造一个保护层，并强制所有的连接都必须经过此保护层，由其进行检查和连接。它是一个或一组网络设备系统和部件的汇集器，用来在两个或多个网络间加强访问控制、实施相应的访问控制策略，力求把那些非法用户隔离在特定的网络之外，从而保护某个特定的网络不受其他网络的攻击，但又不影响该特定网络正常的工作。

防火墙技术的基本思想并不是要对每台主机系统进行保护，而是让所有对系统的访问都通过所设的保护层，并且对这一保护层加以防护，尽可能地对外界屏蔽所保护网络的信息和结构。它是设置在可信任的内部网络和不可信任的外部网络之间的一道中间屏障，可以实施较为广泛的安全政策来控制信息流，防止各种潜在的、不可预料的入侵破坏。

防火墙是网络安全政策的有机组成部分，它通过控制和监测网络之间的信息交换和访问行为来实现对网络安全的有效管理。从总体上来看，防火墙应具以下五大基本功能：

（1）过滤进出网络的数据；

（2）管理进出网络的访问行为；

（3）封堵某些禁止的业务；

（4）记录通过防火墙的信息内容和活动；

（5）对网络攻击进行检测和告警。

防火墙技术是建立在现代通信网络技术和信息安全技术基础上的应用性安全技术，目前已广泛应用于电子商务交易中。2007年，我国企业级网络安全产品（主要是防火墙和入侵检测系统/入侵防御系统）⊖市场规模还只有53.01亿元人民币，但到了2018年，我国IT安全市场的规模达到35.3亿美元（约合人民币244.2亿元），安全内容管理（SCM）、防火墙（Firewall）、入侵检测与防御（IDP）、统一威胁管理（UTM）、虚拟专用网（VPN）构成了IT安全硬件市场的主体。㊀

根据防火墙在网络上的物理位置和在开放式系统互联参考模型（Open System Interconnect，OSI）七层协议中的逻辑位置以及所具备的功能，可做以下的分类。

（1）线路级网关。此类防火墙放置的位置在互联网和私有网之间，逻辑工作位置在OSI协议的下三层。根据客户要求及网络安全需要，开通或封闭基于TCP/IP协议的连接，使得连接直接建立于信息源和传输目的地之间。此类网关主要适用于网络内部对外部的访问限制，不能实施强制验证和协议过滤。

（2）包过滤路由器。这是一个检查所通过数据包合法性的路由器，它对外部用户传入局域网的数据包加以限定。通常根据网络协议。按照特定规则，用IP地址和端口号来进行限制处理。该路由器允许那些符合协议和规则的IP地址的某些端口号通过路由器，而对其他IP地址的端口号加以限制。由于包过滤是在七层协议的下三层实现的，数据包的类型也可以进行拦截、检验和登录，所以它比其他类型的防火墙更易于实现。

（3）应用网关。此类防火墙的物理位置与前述的包过滤路由器一样，但它的逻辑位置是在OSI七层协议的应用层上。它主要采取应用协议代理服务的工作方式实施安全策略。

（4）双重基地型网关。此类防火墙使用了一个含有两个网络接口的应用网关，并将其接在内部网和包过滤路由器之间，信息服务器则接在二者之间。

（5）屏蔽主机防火墙。此类防火墙的应用网关只需要单个网络端口，并以物理方式连接在包过滤路由器的网络总线上。但是其工作的逻辑位置仍然是在应用层，所有的通信业务都要通过它的代理服务。信息服务器可被看作所有网络对外开展信息发布工作的数据中心，它被"挂"在主网之外，又处于包过滤路由器和应用网关的安全保护之内，因而具备了较强的隐蔽性和安全防护能力。

（6）屏蔽主网防火墙。此类防火墙使用了两个包过滤路由器，从而形成了一个子网的态势。从理论上来说，该种防火墙当然可以连接多个子网，构成一个完善的综合防御体系。

除了上述的基于技术层面的分类，根据对防火墙技术的综合分析，还可以将其分为包过滤型防火墙（Packet Filter）和代理服务器型防火墙（Proxy Service）两大类型，

⊖ 入侵检测系统（Intrusion Detection Systems，IDS）；入侵防御系统（Intrusion Prevention System，IPS）。
㊀ IDC. 2018年中国IT安全硬件市场规模为35.3亿美元同比增长26.51% [EB/OL]. (2019-04-09)[2019-07-01]. http://www.199it.com/archives/859058.html.

以及最近几年来将上述两种类型的防火墙加以结合而形成的新产物——复合型防火墙（Hybrid）。

2. 包过滤型防火墙

包过滤型防火墙是最简单的防火墙，一般在路由器上实现。包过滤型防火墙通常只包括对源和目的 IP 地址及端口的检查，其工作原理如图 2-1 所示。包过滤型防火墙的安全性是基于对包的 IP 地址的校验。包过滤型防火墙将所有通过的数据包中发送方 IP 地址、接收方 IP 地址、TCP 端口、TCP 链路状态等信息读出，并按照预先设定的过滤原则过滤数据包。那些不符合规定的 IP 地址的数据包会被防火墙过滤掉，以保证网络系统的安全。

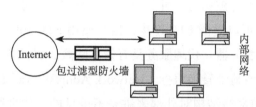

图 2-1 包过滤型防火墙的工作原理

包过滤型防火墙通常被安装在路由器上，而且许多常用的商业路由器缺省配置了包过滤型防火墙。此外，若使用 PC 机作为路由器，同样可以安装包过滤型防火墙；并且，在 PC 平台上的防火墙将具有更为强大的功能。包过滤型防火墙一般都具有日志功能，这就具备了更为可靠的安全性。不同种类的包过滤型防火墙使用起来非常方便，只需根据自己的网络访问原则稍加修改，就可以获得符合特定网络要求的包过滤型防火墙。

包过滤型防火墙的最大优点就是其对于用户来说是透明的，也就是说不需要用户名和密码来登录。这种防火墙的优点是速度快而且易于维护，通常作为第一道防线。包过滤型防火墙的弊端也是很明显的，通常它没有用户的使用记录，从而无法从访问记录中发现黑客的攻击记录。另外，包过滤型防火墙需从建立安全策略和过滤规则集入手，需要花费大量的时间和人力，还要根据新情况不断更新过滤规则集。同时，规则集的复杂性又没有测试工具来检验其正确性，这些都是不方便的地方。对于采用动态分配端口的服务，如很多 RPC（远程过程调用）服务相关联的服务器在系统启动时随机分配端口的，包过滤防火墙很难进行有效的过滤。

3. 代理服务器型防火墙

代理服务器型防火墙又叫应用层网关（Application Gateway）防火墙，通过一种代理（Proxy）技术参与到一个 TCP 连接的全过程。从内部发出的数据包经过这样的防火墙处理后，就好像是源于防火墙外部网卡一样，从而可以达到隐藏内部网结构的作用。

这种类型的防火墙被网络安全专家和媒体公认为最安全的防火墙。它的核心技术就是代理服务器技术。所谓代理服务器，是指代表客户处理在服务器连接请求的程序。当代理服务器得到一个客户的连接意图时，它将核实客户请求，并经过特定的安全化的 Proxy 应用程序处理连接请求，将处理后的请求传递到真实的服务器上，然后接收服务器应答，并做进一步处理后，将答复交给发出请求的最终客户。代理服务器在外部网络向内部网络申请服务时发挥了中间转接的作用。

代理服务器型防火墙接收客户请求后会检查验证其合法性，如果其合法，则代理服务器型防火墙就会像一台客户机一样，取回所需的信息再转发给客户。它将内部系统与外界隔离开来，从外面只能看到代理服务器型防火墙而看不到任何内部资源。代理服务器型防火墙只允许有代理的服务通过，而其他所有服务都完全被封锁住。这一点对系统安全是很重要的，只有那些被认为"可信赖的"服务才允许通过防火墙。另外，代理服务还可以过滤协议，如可以过滤 FTP 连接，拒绝使用 FTP put（放置）命令，以保证用户不能将文件写到匿名服务器。代理服务具有信息隐蔽、保证有效的认证和登录、简化了过滤规则等优点。网络地址转换服务（Network Address Translation，NAT）可以屏蔽内部网络的 IP 地址，使网络结构对外部来讲是不可见的。代理服务器型防火墙非常适合那些根本就不希望外部用户访问企业内部的网络，同时也不希望内部的用户无限制地使用或滥用互联网。采用代理服务器型防火墙，可以把企业的内部网络隐蔽起来，内部的用户需要验证和授权之后才可以去访问互联网。代理服务器型防火墙包含两大类：一类是电路级网关，另一类是应用级网关。

电路级网关又称线路级网关，它工作在会话层，其工作原理如图 2-2 所示。电路级网关在两主机首次建立 TCP 连接时创立一个电子屏障。它作为服务器接收外来请求，转发请求；与被保护的主机连接时则扮演客户机的角色，起代理服务的作用。它监视两主机建立连接时的握手信息，如 SYN（同步信号）、ACK（应答信号）和序列数据等是否合乎逻辑，判定该会话请求是否合法。一旦会话连接有效后，网关仅复制、传递数据，而不进行过滤。电路级网关中特殊的客户程序只在初次连接时进行安全协商控制，其后就透明了。只有懂得如何与该电路级网关通信的客户机才能到达防火墙另一边的服务器。

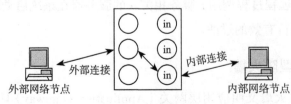

图 2-2　电路级网关

电路级网关常用于向外连接，这时网络管理员对其内部用户是信任的。电路级网关的优点是堡垒主机⊖可以被设置成混合网关。对于进入的连接使用应用级网关或代理服务器，而对于出去的连接使用电路级网关。这样使得防火墙既能方便内部用户，又能保证内部网络免于外部的攻击。

总的来说，电路级网关的防火墙的安全性比较高，但它仍不能检查应用层的数据包以消除应用层攻击的威胁。

应用级网关使得网络管理员能够实现比包过滤防火墙更严格的安全策略。应用级网关的工作原理如图 2-3 所示，它不用依赖包过滤工具来管理互联网服务在防火墙系统中的进出，而是采用为每种所需服务在网关上安装特殊代码（代理服务）的方式来管理互联网服务。如果网络管理员没有为某种应用安装代理编码，那么该项服务就不支持也不能通过防火墙系统来转发。同时，代理编码可以配置成只支持网络管理员认为必需的部分功能。例如，telnet proxy 负责 telnet 在防火墙上的转发，http proxy 负责 WWW，ftp proxy 负责 ftp 等，管理员可以根据自己的需要安装相应的代理。每个代理相互无关，即使某个代理工作发生问题，只需将它简单地卸载，不会影响其他的代理模块，同时也保证了防火墙的失效安全。

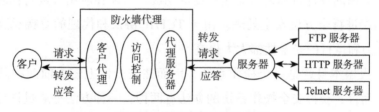

图 2-3 应用级网关工作原理

部署应用级网关有许多优点。应用级网关能够让网络管理员对服务进行全面的控制，因为代理应用限制了命令集并决定哪些内部主机可以被该服务访问。同时，网络管理员可以完全控制提供哪些服务，因为没有特定服务的代理就表示该服务不提供。应用级网关有能力支持可靠的用户认证并提供详细的注册信息。另外，用于应用层的过滤规则相对于包过滤防火墙来说更容易配置和测试。

应用级网关最大的缺点是要求用户改变自己的行为，或者在访问代理服务的每个系统上安装特殊的软件。比如，透过应用级网关 Telnet 访问，要求用户通过两步而不是一步来建立连接。不过，特殊的端系统软件可以让用户在 Telnet 命令中指定目的主机而不是应用级网关来使应用级网关透明。另外，为每种所需服务在网关上安装特殊代码（代理服务）会带来附加的费用；而且，由于缺少透明性而导致友好性降低，提供给用户的服务水平也有所下降。

⊖ 堡垒主机（bastion host）是一台运行防火墙软件的计算机，其作用是转发应用、监督通信、提供服务。其优点是能运行复杂的应用，同时防止在 Internet 和内部系统之间建立的任何直接的边疆，可以确保数据包不能直接从外部网络到达内部网络，反之亦然。

无论是电路级网关还是应用级网关都具有登记、日记、统计和报告的功能，除了有很好的审计功能，还可以具有严格的用户认证功能。先进的认证措施，如 RADIUS（远程拨号用户认证服务）验证授权服务器、智能卡、认证令牌、生物统计学和基于软件的工具已被用来克服传统口令的弱点。尽管认证技术各不相同，但它们产生认证信息不能让通过非法监视连接的攻击者重新使用。代理服务器型防火墙提供了详细的日志和审计功能，大大提高了网络的安全性，也为改进现有软件的安全性能提供了可能。代理服务软件和特定的应用程序密切相关，只要应用程序升级，代理服务软件也必须一同升级。此外，代理服务软件能够设置常用服务和非标准服务。作为一种网络安全技术，代理服务器型防火墙具有简单实用的特点，可以在不修改原有网络应用系统的情况下达到一定的安全要求。但是，如果防火墙系统被攻破，则防火墙所保护的系统将处于无任何保护的危险状态。另外，代理服务器型防火墙常常会使网络性能明显下降，在网络通信负载较高时，这一矛盾显得尤为突出。

4. 复合型防火墙

复合型防火墙的设计目标是既有包过滤的功能，又能在应用层进行代理，能从数据链路层到应用层进行全方位安全处理。由于 TCP/IP 协议和代理的直接相互配合，使系统的防欺骗能力和运行的安全性都大大提高。

复合型防火墙本身就是一个操作系统，因而在安全性上较之前两种防火墙有了质的提高。一般而言，获得安全操作系统的方法有两种：一种方法是通过许可证方式获得操作系统的源代码，另一种方法就是通过固化操作系统的内核来提高其安全可靠性。复合型防火墙的设计综合了包过滤技术和代理技术，克服了二者在安全方面的缺陷，从 TCP/IP 协议的数据链路层一直到应用层施加全方位的控制，将网关与安全系统合二为一。

复合型防火墙的系统构成如图 2-4 所示。

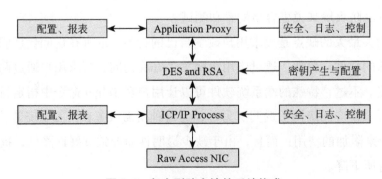

图 2-4　复合型防火墙的系统构成

从图 2-4 可知，该防火墙既不是单纯的代理防火墙，又不是纯粹的包过滤。从数据链路层、IP 层、TCP 层到应用层都能施加安全控制，且能直接对网卡操作，对出入的数据进行加密或解密。

（1）Application Proxy。该模块提供 TCP/IP 应用层的服务代理，如 HTTP、FTP、E-mail 等代理。它接收用户的请求，在应用层对用户加以认证，并可由安全控制模块加以控制。

（2）DES and RSA。该模块主要针对进出防火墙的数据进行加密和解密，并可产生密钥。这是一个可选项。它采用 DES 和 RSA 两种加密算法。

（3）TCP/IP Process。该模块能在 TCP/IP 协议层进行各项处理，如 TCP、UDP、IP、ICMP 和 ARP 等。利用它，可以避免 TCP/IP 协议本身的安全隐患，增强网络的安全性。它可以提供比过滤路由器更广泛的检查。

（4）Raw Access NIC。该模块的功能主要是对网卡的直接读写，可以控制底层协议。它对收到的数据进行封装与拆封，并可监听网上数据。

（5）安全、日志。这个模块分为两个层次，一个是在应用层，另一个是在 TCP/IP 协议层。前者可以在应用层施加预定的各项安全控制，产生各种日志，后者则是在底层（TCP/IP 协议层）产生日志。

（6）配置、报表。通过这个模块，可以配置该防火墙系统，制定安全规则，并可产生各种报表。

目前，市场上可选用的防火墙种类很多，国内获得公安部许可证的防火墙产品已有几十种，如华为安全、新华三、思科、H3C、深信服、天融信、飞塔、绿盟等厂商的产品在市场上具有一定的竞争优势。

5. 物理隔离技术

物理隔离技术是近年来发展起来的防止外部黑客攻击的有效手段。物理隔离产品主要有物理隔离卡和隔离网闸。

物理隔离卡主要分为单硬盘物理隔离卡和双硬盘物理隔离卡。单硬盘物理隔离卡的主要工作原理是通过把用户的一个硬盘分成两个区，一个为公共硬盘/区（外网），另一个为安全硬盘/区（内网），将一台普通计算机变成两台虚拟计算机，每次启动进入其中的一个硬盘/区。它们分别拥有独立的操作系统，并能通过各自的专用接口与网络连接。在外网时，操作系统对于数据交换区可以任意读写，我们可以把外网的数据（如从互联网上下载的有用资料或应用程序）复制到数据交换区中。当切换到内网时，操作系统对于数据交换区是只读的，无法写入任何数据，但这时我们可以把从外网复制到数据交换区中的数据复制到内网中使用。由于在内网中数据交换区是只读的，因此数据只能够从外网导入内网中，而内网中的保密数据绝对不可能通过这个通道传到外网中去。也就是说，即使黑客写了一段很高明的程序进入了内网，他也无法窃取到任何保密数据

（参见图2-5）。

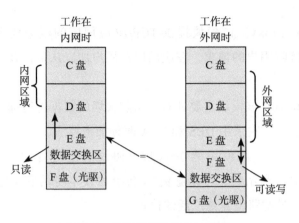

图2-5 物理隔离卡工作示意图

相对于高端的单硬盘物理隔离卡，双硬盘物理隔离卡是一种功能相对简单但较为经济的物理隔离产品。双硬盘物理隔离卡的基本原理是：在连接内部网络的同时，启动内网硬盘及其操作系统，同时关闭外网硬盘；在连接外部网络的同时，启动外网硬盘及其操作系统，同时关闭内网硬盘。双网主要适用于政府、军队、企业等已经拥有内外网两套环境和设备的用户。

物理隔离网闸由物理隔离网络电脑和物理隔离系统交换机组成。其中，物理隔离网络电脑负责与物理隔离交换机通信，并承担选择内网服务器和外网服务器的功能。物理隔离交换机实际上就是一个加载了智能功能的电子选择开关。物理隔离交换机不但具有传统交换机的功能，而且增加了选择网络的能力（参见图2-6）。

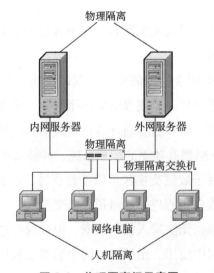

图2-6 物理隔离闸示意图

市场上普遍应用的物理隔离卡有神易、利谱、中孚等产品；物理隔离网闸有伟思、启明星辰、天融信、威博科技等产品。

6. 防火墙产品的新品种

（1）分布式防火墙。分布式防火墙是针对传统的边界防火墙的不足而提出的。分布式防火墙技术的优点是在网络内部又增加了一层安全防护措施，可以有效防御来自内部网的攻击，可以消除网络边界上的通信瓶颈，同时还支持基于加密和认证的网络应用，支持移动计算，与网络的拓扑结构无关，补充了传统防火墙的不足，进一步提高了网络系统的安全性。分布式防火墙主要包含的安全类型有三种。一是网络防火墙，主要是用于内外网之间和内部子网之间的安全保护；二是主机防火墙，这种防火墙主要是对网络中的主机进行全面防护，这些主机的位置可能在内网中，也可能在外网中；三是中心管理防火墙，每个防火墙可以根据监测机制和安全性能的不同分布在网络中的不同位置上，安全中心的安全策略的分发和安全日志的汇总都是由管理中心来完成的。

（2）智能化防火墙。智能化防火墙技术是利用人工智能知识领域的方法，如概率与决策、统计与记忆等智能检测方法，对网络中的数据包进行识别以达到对网络安全访问控制的目的。采用智能检测方法，可以消除大量的数据值匹配检查所需要的海量计算，可以高效发现网络行为的特征值，从而可以直接对网络进行安全访问控制。其主要技术包括网络防攻击技术、防扫描技术、协议正常化和包擦洗技术等。华为AI防火墙就是将人工智能（Artificial Intelligent）技术引入防火墙，通过动态的学习建模，主动发现网络中隐藏的高级未知威胁。

（3）多功能防火墙。现在防火墙已经出现了聚成多种功能的设计趋势。入侵检测系统和防火墙联动就是一种典型的多功能防火墙。这样的设计可以帮助管理员根据入侵检测的报警为防火墙添加新的规则从而加固网络。短信和微信功能的加入，可以在防火墙的规则被变更或者出现入侵攻击的时候，通过多种途径将消息发送到管理员手中，以确保安全行为在第一时间即被启动。

2.1.2 入侵检测技术

1. 入侵检测技术的概念

网络安全入侵检测技术是维护计算机网络安全的重要手段，它收集并分析计算机系统中的文件和数据，检测出其中违反计算机网络安全的入侵行为，并对这些入侵行为进行报警和阻挡。

入侵检测系统（IDS）是对传统安全产品的合理补充，帮助系统对付网络攻击，扩展了系统管理员的安全管理能力（包括安全审计、监视、进攻识别和响应），提高了信息安全基础结构的完整性。入侵检测系统被认为是防火墙之后的第二道安全闸门，在不影

响网络性能的情况下能对网络进行监测,从而提供对内部攻击、外部攻击和误操作的实时保护。入侵检测系统主要执行以下任务:

(1)监视、分析用户及系统活动;

(2)对系统构造和弱点的审计;

(3)识别反映已知进攻的活动模式并向相关人士报警;

(4)异常行为模式的统计分析;

(5)评估重要系统和数据文件的完整性;

(6)操作系统的审计跟踪管理,并识别用户违反安全策略的行为。

2. 入侵检测技术的分类

(1)以行为为基础的入侵检测技术。以行为为基础的网络安全入侵检测技术是最常用的入侵检测方法。它主要对计算机基本硬件出现的异常情况进行分析和解决,例如硬盘大小、内存不足、文件数量等问题。通过对数据的比较检测出计算机网络环境的受攻击情况。

(2)以主机为基础的入侵检测技术。这种方法把主机作为对计算机的重点检测对象,对主机的使用、运行速度或故障情况进行全面实时的监控,判断并检测出计算机主机是否受到攻击,并及时做出预警报告。主机入侵检测系统分析对象为主机审计日志,所以需要在主机上安装软件,针对不同的系统、不同的版本需安装不同的主机引擎,安装配置较为复杂,同时也会对系统的运行和稳定性造成影响。

(3)以网络为基础的入侵检测技术。以网络为基础的计算机网络安全检测技术,具有检测速度快、检测成本相对较低的优点。这种检测技术能发现计算机在网络运行过程中出现的恶意程序或软件,并及时向检测系统发送检测结果报告,提高发现计算机网络安全入侵的速度,缩短计算机受到网络攻击的时间。网络入侵监测分析对象为网络数据流,只需安装在网络的监听端口上,对网络的运行无任何影响,目前国内使用较为广泛。如果把防火墙比作大门警卫,入侵检测就是网络中不间断的摄像机,它通过旁路监听的方式不间断地收取网络数据,对网络的运行和性能无任何影响,同时判断其中是否含有攻击的企图,通过各种手段向管理员报警。不但可以发现从外部的攻击,也可以发现内部的恶意行为。所以说入侵检测是网络安全的第二道闸门,是防火墙的必要补充,构成完整的网络安全解决方案。这一检测技术还能够对多处网络安全点进行监控和观察。

3. 入侵检测技术的分析策略

入侵分析的任务就是在提取到的庞大的数据中找到入侵的痕迹。入侵分析过程需要将提取到的事件与入侵检测规则进行比较,从而发现入侵行为。一方面,入侵检测系统需要尽可能多地提取数据以获得足够的入侵证据;另一方面,由于入侵行为的千变万化,导致判定入侵的规则越来越复杂。为了保证入侵检测的效率满足实时性的要求，入侵分析必须在系统的性能和检测能力之间进行权衡，合理地设计分析策略，并且可能要牺牲一部分检测能力来保证系统可靠、稳定地运行并具有较快的响应速度。

分析策略是入侵分析的核心，系统检测能力很大程度上取决于分析策略。在实现上，分析策略通常定义为一些完全独立的检测规则。基于网络的入侵检测系统通常使用报文的模式匹配或模式匹配序列来定义规则，检测时将监听到的报文与模式匹配序列进行比较，根据比较的结果来判断是否有非正常的网络行为。一个入侵行为能不能被检测出来，主要看该入侵行为的过程或其关键特征能不能映射到基于网络报文的匹配模式序列上去。有的入侵行为很容易映射，如 ARP 欺骗，但有的入侵行为是很难映射的，如从网络上下载病毒。对于有的入侵行为，即使理论上可以进行映射，但是在实现上是不可行的，比如说有的网络行为需要进行非常复杂的步骤或较长的过程才能表现其入侵特性，这样的行为由于具有非常庞大的模式匹配序列，需要综合大量的数据报文来进行匹配，因而在实际上是不可行的。而有的入侵行为由于需要进行多层协议分析或有较强的上下文关系，需要消耗大量的处理能力来进行检测，因而在实现上也有很大的难度。

2.1.3 安全扫描技术

1. 安全扫描技术的概念

安全扫描技术是一类重要的网络安全技术，主要是通过远程扫描网络关键要素，寻找网络安全薄弱环节，使系统管理员能够及时了解系统中存在的安全漏洞，并采取相应防范措施，从而降低网络系统的应用风险。

安全扫描技术与防火墙、入侵检测系统互相配合，能够有效提高网络的安全性。通过对网络的扫描，网络管理员可以了解网络的安全配置和运行的应用服务，及时发现安全漏洞，客观评估网络风险等级。网络管理员可以根据扫描的结果更正网络安全漏洞和系统中的错误配置，在黑客攻击前进行防范。如果说防火墙和网络监控系统是被动的防御手段，那么安全扫描就是一种主动的防范措施，可以有效避免黑客攻击行为，做到防患于未然。

2. 安全扫描技术的分类

（1）主机安全扫描技术。主机安全扫描技术是通过执行一些脚本文件模拟对系统进行攻击的行为并记录系统的反应，从而发现其中的漏洞。目前，应用的主机系统探测技术主要有 TCP/IP 协议栈指纹探测和应用层探测。TCP/IP 协议栈指纹探测是通过探测操作系统 TCP/IP 协议栈实现过程中的差别来判定操作系统类别；应用层探测技术是通过与目标主机建立联系，以发送服务连接或访问主机记录的方式来探测目标主机操作系统的有关信息。

（2）网络安全扫描技术。网络安全扫描技术是一种基于互联网远程检测目标网络或本地主机安全性脆弱点的技术。通过网络安全扫描，系统管理员能够发现所维护的 Web 服务器的各种 TCP/IP 端口的分配、开放的服务、Web 服务软件版本和这些服务及软件呈现在互联网上的安全漏洞。网络安全扫描技术也是采用积极的、非破坏性的办法来检验系统是否有可能被攻击崩溃。它利用了一系列的脚本模拟对系统实施攻击的行为，并对结果进行分析。这种技术通常被用来进行模拟攻击实验和安全审计。网络安全扫描技术与防火墙、安全监控系统互相配合就能够为网络提供很高的安全性。

（3）端口扫描技术。一个端口就是一个潜在的通信通道，也就是一个入侵通道。通过对目标计算机进行端口扫描，可以得到许多有用的信息，从而发现系统的安全漏洞。它使系统用户了解系统目前向外界提供了哪些服务，从而为系统用户管理网络提供了一种手段。

（4）漏洞扫描技术。漏洞扫描是通过扫描网络系统有关硬软件要素或者网络系统应用的安全策略错误引起的安全隐患。当漏洞扫描程序发现未经许可的系统访问或者企图破坏网络系统正常运行的行为来评判网络系统所面临的安全威胁时，其主要针对由于网络协议、参数配置不当或者应用系统缺陷引起的安全漏洞。目前，针对漏洞扫描的方法主要有漏洞库的特征匹配法和插件技术。其中，漏洞库的特征匹配法是采用基于规则的匹配技术，由扫描程序自动运行的漏洞扫描工作；插件技术又称为功能模块技术，是通过脚本语言编写的扫描程序来检测系统漏洞。

3. 安全扫描技术的应用过程

一次完整的网络安全扫描分为三个阶段。第一阶段，发现目标主机或网络。第二阶段，发现目标后进一步收集目标信息，包括操作系统类型、运行的服务及服务软件的版本等；如果目标是一个网络，还可以进一步发现该网络的拓扑结构、路由设备以及各主机的信息。第三阶段，根据收集到的信息判断或者进一步测试系统是否存在安全漏洞。

网络安全扫描技术包括 PING 扫射（ping sweep），操作系统探测（operating system identification），如何探测访问控制规则（firewalking），端口扫描（port scan）以及漏洞扫描（vulnerability scan）等。这些技术在网络安全扫描的三个阶段中各有体现。

PING 扫射用于网络安全扫描的第一阶段，可以帮助我们识别系统是否处于活动状态。操作系统探测、如何探测访问控制规则和端口扫描用于网络安全扫描的第二阶段，其中操作系统探测顾名思义就是对目标主机运行的操作系统进行识别；如何探测访问控制规则用于获取被防火墙保护的远端网络的资料；而端口扫描是通过与目标系统的 TCP/IP 端口连接，并查看该系统处于监听或运行状态的服务。网络安全扫描的第三阶段采用的漏洞扫描通常是在端口扫描的基础上，对得到的信息进行相关处理，进而检测出目标系统存在的安全漏洞。

端口扫描技术和漏洞扫描技术是网络安全扫描技术中的两种核心技术，并且广泛运用于当前较成熟的网络扫描器中，如著名的 Nmap 和 Nessus。

2.1.4 下一代防火墙的功能构架

随着以 Web2.0 为代表的网络时代的到来，互联网进入了以论坛、博客、社交、视频、P2P 分享等应用为代表的下一代互联网时代，越来越多的应用呈现出 Web 化。传统的防火墙无法有效区分各种应用程序，无法应对日益严峻的网络安全风险。为此，计算机专家提出了下一代防火墙系统的功能架构（见图 2-7）。

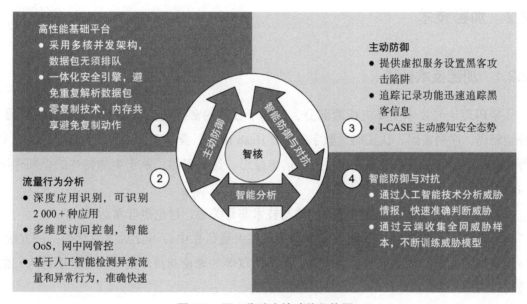

图 2-7　下一代防火墙功能架构图

资料来源：唐宏斌，覃晓宁．一种下一代防火墙系统设计 [J] 电子技术与软件工程，2019（4）：192-193。

从图 2-7 可以看出，下一代防火墙系统的功能架构主要包括四个部分。

① 高性能基础平台。基础平台采用了多核并发技术，使并发处理数据包无须排队等待；一体化安全引擎技术，统一对数据包进行基础解析，避免每个功能模块重复解析数据包；零复制技术，数据面与控制面共享内存，避免同步时的数据复制动作；三种技术结合使第二代防火墙性能较传统墙有极大提升，可获得极高吞吐量。

② 流量行为分析。采用基于机器学习的流量异常检测和行为异常检测，可识别 2 000 种以上的应用，并根据已知的变种特征，通过人工智能深度分析推算新的变种；综合使用端口识别、关联识别、深度包检测技术⊖、智能面向对象的软件⊜等识别技术，

⊖ 深度包检测技术（Deep Packet Inspection，DPI）。
⊜ 智能面向对象的软件（Object-oriented Software，OoS）。

实现多维度访问控制。

③ 主动防御。提供虚拟网络服务，主动追踪黑客轨迹；支持对应用的精确识别，感知网络安全态势，智能调整安全策略以达到主动防御的目的；同时集成 DoS 防御、用户认证、应用控制、入侵防御、站点分类过滤、病毒过滤、Web 应用防御、数据防泄密等多种安全防御手段为用户提供集成式的多方位的安全防护；通过集成计算机辅助软件工程[⊖]主动感知安全态势，追踪黑客踪迹，设置黑客攻击陷阱。

④ 智能防御与对抗。通过人工智能技术分析威胁情报，通过云端识别全网威胁样本，不断训练威胁模型，识别变种木马，检测未知威胁攻击，预防零日攻击。

2.2 加密技术

2.2.1 加密技术概述

密码理论与技术主要包括两部分，即基于数学的密码理论与技术（包括公钥密码、分组密码、序列密码、认证码、数字签名、Hash 函数、身份识别、密钥管理、PKI 技术等）和非数学的密码理论与技术（包括信息隐形、量子密码、基于生物特征的识别理论与技术等）。

目前，国际上对非数学的密码理论与技术非常关注，讨论也非常活跃。

信息隐藏是网络环境下把机密信息隐藏在大量信息中而不让对方发觉的一种方法，特别是图像叠加、数字水印、潜信道、隐匿协议等的理论与技术的研究已经引起人们的重视。

基于生物特征（比如手形、指纹、语音、视网膜、虹膜、脸形、DNA 等）的识别理论与技术已经大大发展，形成了一些成熟的产品。比如，人脸识别技术已经开始推广。在北京大兴国际机场，东航的"人脸识别自助值机"开始启用。旅客在办理登机牌的时候，屏幕会显示旅客办理的影像，旅客不需出示任何身份证件即可完成"扫脸办票"。如果旅客的面部人像信息未进入系统数据库，自助值机设备还会询问、提示旅客是否进行面部人像采集，一旦录入，旅客今后自助值机将更方便、更快捷。[⊜]

源于共轭编码概念的量子密码[⊜]理论与技术近几年来取得了令人惊异的进步，国际

⊖ 集成计算机辅助软件工程（integrated Computer-Aided Software Engineering, I-CASE）。

⊜ 澎湃新闻. 东航参加大兴机场首场大型综合演练：启用人脸识别自助值机 [EB/OL]. (2019-07-19)[2019-07-23]. http://teacher.eol.cn/cheng_guo_zhan_shi_1085/20070402/t20070402_225932.shtml.

⊜ 量子密码依赖于物理学作为安全模式的关键方面。它是基于单个光子的应用和其固有的量子属性而开发的不可破解的密码系统，因为在不干扰系统的情况下无法测定该系统的量子状态。光子具有高强度的保密品质，同时又是最有前途的高带宽通信介质光纤电缆的信息载体。

上已先后在自由空间和商用光纤中完成了单光子密钥交换协议；英国 BT 实验室通过 30 千米的光纤信道实现了每秒 20k 比特的密钥分配；2007 年，我国第一个量子密码网络系统在北京完成了测试运行；[⊖] 目前，基于量子密码体制的保密通信逐渐从点对点的两方通信向多用户和网络化方向发展，利用量子密码技术保护 5G 虚拟化平台的安全运行成为研究的重点。

量子密码实现方案主要有三种：一是基于单光子量子信道中测不准原理的；二是基于量子相关信道中 Bell 原理的；三是基于两个非正交量子态性质的。但还有许多问题有待于研究，比如，寻找相应的量子效应以便提出更多的量子密钥分配协议，量子加密理论的形成和完善，量子密码协议的安全性分析方法研究，量子加密算法的开发，量子密码的实用化等。

基于数学的密码理论与技术仍然是目前电子商务安全应用技术的主流。自从 1976 年公钥密码的思想提出以来，国际上已经提出了许多种公钥密码体制，但比较流行的主要有两类：一类是基于大整数因子分解问题的，其中最典型的代表是 RSA；另一类是基于离散对数问题的，比如 ElGamal 公钥密码和影响比较大的椭圆曲线公钥密码。公钥密码主要用于数字签名和密钥分配。目前数字签名的研究内容非常丰富，包括普通签名和特殊签名。特殊签名有盲签名、代理签名、群签名、不可否认签名、公平盲签名、门限签名、具有消息恢复功能的签名等，它与具体应用环境密切相关。在密钥管理方面，国际上都有一些大的举动，比如 1993 年美国提出的密钥托管理论和技术，国际标准化组织制定的 X.509 标准（已经发展到第 3 版本）及麻省理工学院开发的 Kerboros 协议（已经发展到第 5 版本）等。

Hash 函数主要用于完整性校验和提高数字签名的有效性，目前已经提出了很多方案，各有千秋。美国已经制定了 Hash 标准——SHA-1，与其数字签名标准匹配使用。由于技术的原因，美国目前正准备更新其 Hash 标准，另外，欧洲也正在制定 Hash 标准，这必然使 Hash 函数的研究特别是实用技术的研究将成为热点。

当前最为人们所关注的实用密码技术是 PKI 技术。国外的 PKI 应用已经开始，开发 PKI 的厂商也有多家。许多厂家，如 Baltimore、Entrust 等推出了可以应用的 PKI 产品，有些公司如 VerySign 等已经开始提供 PKI 服务。网络许多应用正在使用 PKI 技术来保证网络的认证、不可否认、加解密和密钥管理等。尽管如此，总的说来 PKI 技术仍在发展中。IDC 公司的互联网安全资深分析家认为，PKI 技术将成为所有应用的计算基础结构的核心部件，包括那些越出传统网络界限的应用。B2B 电子商务活动需要的认证、不可否认等只有 PKI 产品才有能力提供。

密码技术特别是加密技术是信息安全技术中的核心技术，国家关键基础设施中不可

⊖ 中国科学院. 我国第一个量子密码网络系统在京测试运行成功 [EB/OL]. (2007-04-02)[2019-07-23]. http://teacher.eol.cn/cheng_guo_zhan_shi_1085/20070402/t20070402_225932.shtml.

能引进或采用别人的加密技术，只能自主开发。目前，我国在密码技术的应用水平方面与国外还有一定的差距。国外的密码技术必将对我们产生一定的冲击力，特别是在加入世界贸易组织（World Trade Organization，WTO）后，这种冲击力只会有增无减。有些做法必须要逐渐与国际接轨，不能再采用目前这种关门造车的做法。更核心的，我们必须要有自己的算法，自己的一套标准，自己的一套体系，以应对未来的挑战。实用密码技术的基础是密码基础理论，没有好的密码理论不可能有好的密码技术，也不可能有先进的、自主的、创新的密码技术。因此，首先必须持之以恒地坚持和加强密码基础理论研究，与国际保持同步，这方面的工作必须要有政府的支持和投入。另外，密码理论研究也是为了应用，没有应用的理论是没有价值的。我们应在现有理论和技术基础上充分吸收国外先进经验，形成自主的、创新的密码技术，以适应电子商务的发展需要。

2.2.2 对称密码体制

密码算法主要分为两大类，即对称密码算法和非对称密码算法。对称密码技术已经存在了很长时间。最早使用对称密码技术的是埃及人。对称密码技术之得名是因为在加密和解密过程中其使用的密钥是同一个。对称密码算法接受明文作为输入，然后使用一个对称密钥（symmetric key）进行运算，输出明文的一个加密版本（又称为密文）。

对称密码体系由两个重要的要素构成，分别是对称密码算法和用作对称密钥的随机数。

对称密钥的创建一般是使用随机数发生器，而其中最好的则是专门用于产生随机数的硬件设备。比如噪声很大的二极管，就是公认的随机数发生器。事实上噪声本身就是很好的随机数发生源，只要找到适当的方法加以利用，就可以使其成为不错的随机数发生器。

对称密码算法分为两种类型：分组密码（block cipher）和序列密码（stream cipher）。这里所说的密码是加密算法的同义词。分组密码是在数据的固定长度的小分组上进行运算的，分组的长度一般是64位。分组密码有很多种，包括DES、3—DES、RC2、RC5、RC6及Rijndael（又被称作AES）。

DES是最著名的，同时也是研究得最透彻的对称密码算法。DES是IBM在20世纪70年代晚期开发的，在此期间NSA也有很多参与。DES是一种分组密码，它使用长度为64位的分组。DES密钥的长度固定为56位。DES已经存在了很长时间，而且被大量地用在密码解决方案中，但是因为计算机的计算能力在不断增长，DES的56位密钥对于强力穷举攻击已经显得强度不够。3—DES是三重DES的缩写。因为人们越来越多地担心DES太脆弱，因此发展了许多不同的技术来增加DES的强度，像对数据加密三次，或者组合三种基于DES的加密操作来增加有效的密钥长度。RC2也是一种分组密码。RC系列密码是由Ron Rivest（RSA当中的R）开发的，RC的意思是Rivest Cipher

或者 Ron's Code。RC2 被开发出来是想替换 DES 的,它比 DES 要快上两三倍。

RC5 是 Rivest 开发的另一套密码。RC5 通常使用 64 位或者 128 位的分组,并且支持可变长度的密钥。密钥长度最多可达 2 048 位。RC5 也是一个实现非常简单的算法。像 RC5 这样支持可变长度密钥的算法有一些很好的性质。密钥越长,加密数据需要的处理能力就越强,但是得到的加密结果的强度也越高。通过选择适当的密钥长度,就可以用最小的必需处理能力达到所需要的强度。此外,许多政府在可以使用的加密强度上有限制,可以根据需求对支持可变长度密钥的加密算法进行调整以满足政府的要求。RC6 是作为 DES 的潜在取代者而开发的,而且它还是进入下一代标准对称加密算法最后竞争的那批算法当中的一个。下一代算法被称为高级加密标准(Advanced Encryption Standard,AES)。RC6 是基于 RC5 的分组密码,支持 128 位的分组和 128 位的密钥长度。虽然 RC6 没有在 AES 竞争中最后取胜,但是对 RC6 的开放分析有助于产生一种新的强有力的对称密码算法。

除了在固定长度的数据分组上进行运算的分组密码以外,还有在单个的数据位上进行运算的序列密码。最著名的序列密码也许就是 RC4 了。RC4 比所有的分组密码都快,而且支持可变长度的密钥。

对称加密过程如图 2-8 所示。

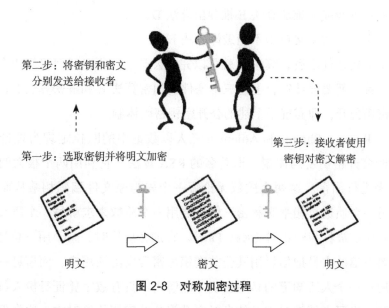

图 2-8 对称加密过程

对称加密过程的优点是其加密和解密的密钥是同一个,加密速度比较快,得到的密文紧凑,大小几乎等于明文。但是,对称加密的密钥必须经过互联网发送给接收者,密钥本身有可能被黑客截获,安全性令人担心,而且对称密钥只能使用一次,这需要一个庞大的系统支持来厘清所有的密钥与密文之间的关系,在密钥分发、存储和管理方面都面临很大的难题。此外,对称加密不支持数字签名,无法进行身份确认。

2.2.3 公钥密码体制

公开密钥密码体制又称非对称（或不对称）密钥加密体制或公钥密码体制。1976 年，狄菲（W. Diffe）和赫尔曼（M. E. Hellman）提出建立"把加密算法的一切予以公开，而解密只有当知道秘密密钥时方可做到"的所谓非对称或公钥密码体制的构想。它是指加密密钥和解密密钥各不相同，并且不可能由一个密钥推导出另一个密钥，特别是不可能依据所知道的加密函数求解出解密函数。在这种加密体制下，每个用户都有一对不同的密钥，其中加密密钥即公开密钥是完全公开的，可以像电话号码一样公之于世，让所有参加通信的人都知道；但是解密密钥则必须严格保密，并由每个用户单独掌握。这些特点就提供了从任何人到秘密密钥持有者之间的秘密通信。

这个思想的本质是使用一个加密算法 E 和使用一个解密算法 D 进行加密和解密，一旦选定了 E 和 D，即使对算法 E 进行完全公开的描述，要利用算法 E 推导出算法 D 也是不可能或者是极为困难的。

有的时候，入侵者会将这些算法与自己的核心内容做比较试验，所以这些算法必须具备以下三个基本条件：

（1）D[E(P)]=P，即如果在一个加密报文 E(P) 中应用 D，则可以得到初始的明文报文 P；

（2）外人不可能或极难从算法 E 推导出算法 D；

（3）用一个选定的明文攻击不能破译算法 E。

在满足了上述条件之后，算法 E 就可以完全公开了。所以任何组织或个人如果想秘密接收报文，首先就要设计符合上述三个条件的加密算法 E 和解密算法 D，然后将加密算法或加密密钥公开，即实现了上述的公开密钥密码体制。

1978 年，Rivest、Shamir 和 Adleman 三人以数论中的欧拉定理为理论基础，提出了一种具体的公开密钥密码体制，即著名的 RSA 算法。它利用两个很大的质数相乘所产生的乘积来进行加密。这两个质数无论哪一个先与原文件编码相乘从而对原文件加密，均可由另一个质数再相乘来解密，但是要用一个质数来求解另一个质数则是相当困难的。这一对质数被称为密钥对（Key Pair）。在加密应用时，某个用户总是将一个密钥公开，让需要发信的人员把信息用其公共密钥加密后发给该用户，而信息一旦加密后就只有使用该用户一个人所知道的私用密钥才能解密。具有数字凭证身份人员的公共密钥可在网上查到，也可在请求对方发信息时主动将公共密钥传给对方，这就保证了在网络上传输信息的保密性和安全性。

图 2-9 是使用公钥加密和对应的私钥解密的示意图。

图 2-9　使用公钥加密和对应的私钥解密的示意图

公开密钥密码体制具有以下主要优点。

（1）密码数量足够大，可以适应网络的开放性要求。

（2）密钥的分配和管理比较容易。由于加密密钥是公开的，用户仅需保存自己的解密密钥，所以当 n 个人相互通信时，仅需产生 n 对密钥就能满足需要。

（3）对互不相识的人也可以提供通信的保密性。

（4）可以实现数字签名和数据鉴别。

但是，由于公开密钥密码体制的密钥长度比对称密钥的长度更长，算法也复杂得多，所以它的运行效率是比较低的。

由于上述两种加密体制都具有各自明显的优缺点，所以在实际应用中经常将二者结合起来使用，如利用 DES 来加密信息而采用 RSA 来传递会话密钥等，以充分发挥它们的优点，确保信息能够在网络上安全、高效地传输。

2.2.4　PKI 加密技术

1. PKI 加密技术概述

PKI（Public Key Infrastructure，公共密钥基础设施）是一种集中化的、易于管理的网络安全方案。它可以支持多种形式的数字认证，例如数字加密、数字签名、反否认、甄别、密钥管理以及交叉认证等。它是由公开密钥密码技术、数字证书、认证中心（Certificate Authority,CA）和关于公开密钥的安全策略等基本部分共同组成的有机系统。PKI 可以通过一个基于数字认证的框架处理所有的数据加密和数字签名工作。PKI 标准与协议的开发迄今已有逾 15 年的历史，目前的 PKI 系统已经完全可以向企业网络提供有效的安全保障。

PKI 为网络的具体应用提供了以下一些安全支持。

（1）证书与 CA 中心。PKI 应实现 CA 及证书库、CRL 等基本的证书管理功能。关于 CA 中心及证书管理将在 5.1.1 小节中做详细阐述。

（2）交叉签证。不同的企业往往有各自的 CA，它们所颁发的证书都只是在本企业的范围内有效。也就是说每个 CA 只可能覆盖一定的作用范围，当隶属不同 CA 的用户需要交换信息时，PKI 就需要引入交叉证书和交叉验证。

（3）支持对数字签名的不可抵赖性。任何类型的电子商务都离不开数字签名，因此 PKI 必须支持数字签名的不可抵赖性，而数字签名的不可抵赖性则依赖于签名私钥的唯一性和机密性。为了确保这一点，PKI 必须保证签名密钥与加密密钥的分隔使用。

（4）加密密钥和签名密钥的分隔。如上所述，加密密钥和签名密钥的密钥管理需求是相互抵触的，所以 PKI 应该支持加密密钥和签名密钥的分隔使用。

（5）证书、密钥的自动更换。证书和密钥都有一定的生命期限。当用户的私钥泄露时，必须及时更换密钥；此外，随着计算机运算速度的日益提高，密钥长度也必须相应地增加。所以，PKI 应该提供完全自动的定期密钥更换及新证书的颁发机制。

（6）密钥历史的管理。每次更新加密密钥后，相应的解密密钥都应该存档，以便将来恢复用旧密钥加密的数据。每次更新签名密钥后，旧的签名私钥应该妥善销毁，防止破坏其唯一性；而相应的旧验证公钥也应该进行存档，以便将来用于验证旧的签名。这些工作都应该是由 PKI 自动完成的。

（7）密钥的备份及恢复。有时因为系统故障会丢失密钥，如果是硬件的故障则难以挽回，这就需要在 PKI 系统中加入备份和恢复功能。

2. PKI 加密实施的硬件要求

（1）成本要求。在成本方面，主要需要考虑企业的规模大小，对 PKI 提出的服务要求，PKI 到本公司进行服务所需支付的费用以及供应商的服务差异等要素。

（2）用户的可接受度。PKI 最大的优点是同一类的证书可以用来认证用户及设备，如 PC、路由器、Web 服务器及防火墙等。但是，用户必须在应用系统或是新软件具有 PKI 功能的情况下，才能使用 PKI 技术。PKI 是在个人的真实身份及其电子证书之间实施的一种强大而复杂的认证方法，这种方法在应用程序中多加了一个步骤，必然会加大系统的运作成本及行政费用。

（3）初期准备工作的充分程度。企业对 PKI 的期望及经验往往会决定最终部署的成功与否。必须事先了解 PKI 的用途并试用 PKI 应用系统。另外，现存系统架构的不完善和不健全，诸如网络带宽不够、缺乏完善的目录体系或者是外部与内部网没有设置防火墙等因素，均可能成为延缓 PKI 技术实施的因素。所以计划利用 PKI 技术的企业必须在事前做好充分的部署、计划、设计及签发证书等准备工作。

（4）专业技术人员要求。如果企业内部拥有具备 PKI 经验的专业技术人员，那么不仅在计划和实施阶段可以节省调试时间和启动资金，在运行后也可以大大降低运行成本。

（5）应用系统对电子证书的处理。目前许多领域使用不同的建网方式，如对等网、客户/服务器、层次结构等。正在使用中的应用系统能否正确地处理电子证书在软件系统中不同层面上的证书交互使用，将成为任何一个企业在选择 PKI 技术时所必须考虑的一个重要问题。所以企业要对自身的应用系统是否适合使用 PKI 进行仔细的分析。

（6）扩充性。当企业达到一定规模后，系统的扩充性即系统是否具有容量弹性可以说是最重要和最值得关心的问题。大部分初期部署的系统只会覆盖一部分的用户，但是其 PKI 用户的增长速度会像互联网的发展速度一样以百万人为单位增加。大规模的 PKI 客户应该追求高性能、具备完善的注废及证书管理功能的工具。

3. PKI 加密实施的技术要求

（1）多供应商的 CA 交互及交叉证书。由于多个供应商的证书要同时存在，所以选择一个愿意花时间与精力和竞争者进行交互沟通的供应商是很重要的。加之 PKI 技术的市场尚未成熟，因此出现某个供应商独霸整个市场的局面至少在目前阶段是不可能的。但是在未来的数年中，很可能出现某个或某几个供应商主导市场的局面。所以在短时期内，不宜期望能够相当容易地部署一个涉及多个供应商且又具有交叉证书功能的 PKI 系统。

（2）注废证书。目前，PKI 技术受到广泛批评的一个重要原因是缺乏可预测注废证书的内在机制，注废的参数应该依靠应用系统与交易的容错功能。一个公司在内部只有一个 CA 的 PKI 系统时不会产生什么问题，但是在今天电子商务的日常交易中存在着不同的 CA，它们不可能在网上进行实时的证书注废。

（3）行业标准。PKI 技术同样正在酝酿多种标准，包括 IETF（Internet Engineering Task Force）几个工作小组所制定的标准和 PKCS 供应商在最近经过更改后的部分标准。但是，如此众多的标准也造成了混乱。IETF 的 PKIX 工作小组正在详细定义基于 X.509 公钥架构的不同技术指标。对同一草案进行不同的解释是造成混乱的部分原因，但随着时间的推移和技术标准的逐步统一，这些冲突会被逐步地化解。

（4）X.509 的技术限制。IETF 所草拟的 PKIX 标准正在成为 PKI 标准的主流，使用 X.509 的证书结构看来已经是大势所趋了。遗憾的是，X.509 证书严格且不具备弹性的结构将成为 PKI 体系今后发展的一个严重制约。X.509 将属性捆绑到密钥及其他主要的部件中，每个属性只有一个签发者或是签名，这就会造成每个用户因为属性变动而拥有一大堆不同的证书。此外，大部分供应商都自行对 X.509 第 3 版本的字段及标志进行解释，这也会间接地削弱 X.509 的效用和权威性。

2.2.5 数字签名技术

2002 年 1 月 24 日，联合国通过了《电子签字示范法》，该法是联合国国际贸易法委员会继《电子商业示范法》后通过的又一部涉及电子商务的重要法律。该法从 1997 年组织起草，到 2002 年正式通过，起草过程长达 5 年。其立法思路经过多次反复，反映出对现代化核证技术不断深化的认识。

随着电子商务和电子政务的发展，电子签名立法问题也提到我国国家立法的议事日程中。2004年8月，第十届全国人大常委会第十一次会议正式通过了《电子签名法》，并于2015年和2019年两次修正。《电子签名法》首次赋予可靠电子签名与手写签名或盖章具有同等的法律效力，并明确了电子认证服务的市场准入制度。《电子签名法》的出台是我国电子商务发展的里程碑，它的颁布和实施必将扫除电子签名在电子商务、电子政务和其他领域中应用的法律障碍，极大地改善我国电子签名应用的法制环境，从而大力推动我国信息化的发展。

电子签名包括多种形式，如视网膜鉴别、手纹鉴别等。典型的电子签名是数字签名，这是最常用的也是最方便的一种电子签名方法。

1. 数字签名的基本原理

在日常生活和工作中，许多事务处理都需要当事人签名。在书面文件上签名是当事人确认文件的一种手段，它发挥了认证、审核的功能。签名的作用有两点：一是因为当事人难以否认自己的签名，从而表明自己接受或承认文件的内容；二是因为当事人的签名不易伪造，从而也证实了文件的真实性。

数字签名与传统的书面文件签名有相似之处，它就是在以计算机文件为基础的事务处理中采用了电子形式的签名。

数字签名技术以加密技术为基础，采用公钥密码体制对整个明文进行变换，得到一个作为核实签名的值。接收者使用发送者的公开密钥对签名进行解密运算，如果其结果为明文，则证明对方的身份是真实的。

数字签名可以实现以下功能。

（1）接收者可以确认发送者的真实身份。这一功能是十分必要的。如果一个客户通过计算机网络向期货交易所发出订单以购买某种期货，交易所的计算机必须保证发出订单的计算机真正属于将来账户中要划拨出资金的那个客户。

（2）发送者事后不能否认发送过该报文。这一功能的必要性在于防止交易所或其他金融机构因客户否认订单而遭受不必要的损失。如果客户购入期货后价格大跌，而交易所又没有建立严格的数字签名机制，发送者就可能会投诉交易所，并声称自己从未发送过要求交易所买进期货的订单。

（3）保证报文的准确性和完整性。数字签名使接收方和非法入侵者均不能伪造或篡改报文，从而确保了报文在传输过程中不会遭到任何修改和增删。

数字签名的主要运作过程如下。

（1）报文信息的发送方通过运行散列函数（Hash Function）生成一个欲发送报文的信息摘要（Message Digest）。

（2）发送方利用其私钥对生成的信息摘要进行加密，以形成发送方的数字签名，这个签名将作为报文的附件和报文一起发送给报文的接收方。

（3）接收方在收到信息后，首先运行和发送方相同的散列函数生成接收报文的信息摘要，然后再用发送方的公开密钥对报文所附的数字签名进行解密，产生原始报文的信息摘要。

（4）通过比较上述两个信息摘要是否相同来确认发送方和报文的正确性。

当然，上述过程只是对报文进行了签名以确保报文来自正确的发送方，而对于发送的报文本身并未加密。为了同时实现数字签名和秘密通信，发送方可以使用接收方的公钥对发送的信息进行加密。这样，只有接收方才能通过自己的私钥对报文进行解密以获得正确的信息，其他人由于没有接收方的私钥，所以即使截获了报文并知道了发送者的身份，也无法理解报文的内容。

2．数字签名的类型

（1）秘密密钥的数字签名：秘密密钥的加密技术是指发送方和接收方依照事先约定的密钥进行加密和解密的算法，加密和解密均使用同一密钥。由于发送方和接收方都知道同一密钥，就有可能发生否认或篡改报文的欺诈行为，为此必须引入权威机构作为第三方加以控制。

（2）公开密钥的数字签名：由于秘密密钥的数字签名技术需要第三方参与，还必须保证密钥管理权威机构的安全性和可靠性，所以这种机制就给网络管理工作带来了诸多不便。而公开密钥的加密体制只需发送和接收双方参与就能达到充分利用数字签名的目的，避免了上述缺点。在公开密钥密码体制中，每一方都有一对密钥。其中一个是加密密钥且为公共密钥，可以对外公布。另一个解密密钥则为私人密钥，不对外公布，只有拥有者本人知道；而且从公布的加密密钥无法推算出解密密钥。

（3）只需确认的数字签名：签名方法具有两种相互区别的功能：确认和保密。但是在很多实际应用中，确认功能是必须要有的，保密功能却不一定要具备。这时可以要求发送方发出较短的数字签名并附加上明文，就可以在很大程度上解决因公开密钥算法速度缓慢而带来的问题。这种确认机制是基于一种被称为单向检验和函数（One-way Check Sum Fun-ction，CK）的运用基础之上的。给定一个明文 P，就很容易计算出 CK（P）；但是给定一个 CK（P），却几乎不可能推导出 P 的原文。许多数学函数都具有这种单向性，而且检验和 CK（P）比原报文小得多，一般是 256 Bit 甚至更小，这样计算和传输就十分方便。

（4）数字摘要的数字签名：这一方法与上述只需确认的数字签名是一致的，不过这里的 CK 被定义为"数字摘要"（Digital Digest）。数字摘要的加密方法又称安全 Hash 编码法（Secure Hash Algorithm，SHA）或 MD5（Message Digest，现在已经有了第 5 版，即 MD5），由 Ron Rivest 设计。该编码法采用单向 Hash 函数将需要加密的明文"摘要"成一串 128 Bit 的密文（Hash 函数产生报文的固定长度单向 Hash 值）。这一串密文又被称为数字指纹（Digital Finger Print)，它具有固定的长度，且不同的明文摘要成密文的结果总是不同的；而同样的明文，其摘要必定是一致的。这样，这一串摘要便可成为验证明文是否真实的"指纹"了。

2.3 电子认证技术

2.3.1 电子认证技术概述

广义的电子认证技术包含身份标识（Identification）、身份验证与证明（Certification and Proof）、身份鉴别与授权（Authentication and Authorization）。

电子认证技术是实现网络实体身份可信管理的技术，是网络信任体系的基础核心技术，也是网络空间安全治理的重要技术支撑。

电子认证技术旨在解决网络实体的身份管理问题，涉及网络实体的身份标识、身份验证与证明、身份鉴别和授权管理等方面。在互联网和物联网技术快速发展的大环境下，网络实体身份呈爆炸式增长态势，虚拟化技术的普遍应用加速了网络实体在网上的快速迁移。面对日益猖獗的网络欺诈、个人信息买卖及身份黑市活动，传统电子认证技术面临着重大的挑战，新的认证手段不断涌现。

（1）以离线数字证书为主导的身份证明演化为以在线服务为主导的身份管理。

（2）以静态的双因素身份鉴别技术发展为以风险控制为主导并融合多种技术的身份鉴别。

（3）简单的是或否（单一判断模式）的电子认证转变为具有多模式、多安全等级的电子认证。

（4）专业化的共享共用身份管理服务逐步替代孤岛隔离的分散身份管理。

（5）基于大数据的行为溯源和追踪技术加强网络实体的可信管理与追溯等。

2.3.2 客户认证

客户认证是基于用户的客户端主机 IP 地址的一种认证机制，它允许系统管理员为具有某一特定 IP 地址的授权用户定制访问权限。CA 与 IP 地址相关，对访问的协议不做直接的限制。服务器和客户机无须增加、修改任何软件。系统管理员可以决定对每个用户的授权、允许访问的服务器资源、应用程序、访问时间及允许建立的会话次数等。

客户认证技术是保证电子商务交易安全的一项重要技术。客户认证主要包括身份认证和通过电子认证服务机构所进行的信息认证。前者用于鉴别用户的身份，后者则用于保证通信双方的不可抵赖性和信息的完整性。在某些情况下，通过认证机构所进行的信息认证比信息保密更为重要。

2.3.3 身份认证

1. 身份认证的基本功能

身份认证是判明和确认交易双方真实身份的必要环节，也是电子商务交易过程中最为薄弱的环节，因为非法用户经常采用窃取口令、修改和伪造、阻断服务等方式对网络支付系统进行攻击，阻止系统资源的合法管理和使用。认证机构或信息服务商应当提供以下认证的功能。

（1）可信性：信息的来源是可信的，即信息的接收者能够确认所获得的信息不是由假冒者所发出的。

（2）完整性：要求信息在传输过程中保持完整，也即信息接收者能够确认所获得的信息在传输过程中没有被修改、替换和延迟。

（3）不可抵赖性：要求信息发送者不能否认自己所发出的信息；同时，信息接收者不能否认已经收到了信息。

（4）访问控制：要求能够拒绝非法用户访问系统资源，合法用户也只能访问系统授权及指定范围以内的资源。

2. 身份认证的主要方式

一般而言，用户身份认证可以通过以下三种基本方式或这三种方式的不同组合来实现。

（1）用户所知道的某个秘密信息，如用户自己的密码口令。

（2）用户所拥有的某个秘密信息（一般为硬件），即用户必须持有合法的随身携带的物理介质，如智能卡中存储的个人参数，访问系统资源时必须要有智能卡。

（3）用户所具有的某些生物学特征，如指纹、声音、DNA 结构和视网膜扫描等，但是这种方案成本较高，一般只适用于保密要求极高的场合。

根据在认证过程中所采用要素的多少，身份认证可以分为单要素认证、双要素认证和多要素认证等三种方法。

用户身份认证最简单的方法就是采用用户口令。系统事先保存每个用户的二元组信息，用户进入系统时输入二元组信息，系统将所保存的用户信息和现在所输入的信息进行比较，从而判断用户身份的合法与否。显然，这种身份认证方法的操作十分简单，但同时又很不安全，因为其安全性仅仅依赖于用户口令的保密性，而用户口令一般较短且容易泄露，因而这种方案不能抵挡口令猜测方式的攻击。此外，口令的明文传输使得系统攻击者很容易通过拨线窃听的方法获取用户口令。最后，由于系统所保存的是明文形式的口令，一方面要求系统管理员是可信赖的；另一方面，一旦系统攻击者能够访问口令表，整个系统的安全性就受到了威胁，而且口令方案对重传攻击也毫无抵抗之力。对口令进行加密传输是一种改进的方法。由于此时传输的是用户口令的密文形式，系统仅保存用户口令的密文，所以窃听者不易获得用户的真实口令。但是这种方案仍然难以避免口令猜测方式的攻击；另外，系统攻击者还可以采取离线方式对口令密文实施字典攻击。

基于智能卡的用户身份认证机制属于双要素法，它结合了基本认证方式中的第一种和第二种方法。用户的二元组信息预先储存于智能卡中，然后在认证服务器中存入事先由用户选择的某个随机数。用户访问系统资源时，输入二元组信息，系统首先判断智能卡的合法性，然后由智能卡鉴别用户身份。若用户身份合法，再将智能卡中的随机数送给认证服务器做进一步认证。这种方案基于智能卡的物理安全性，即不易伪造和不能直接读取其中的数据。用户如没有管理中心发放的智能卡则不能访问系统资源；即使智能卡丢失，拾获者仍需猜测用户口令。

当然，最安全的身份认证机制是采用一次口令机制，即用户每次登录系统时口令互不相同。该机制主要有两种实现方式：第一种方式采用请求应答机制。当用户登录时，系统随机提示一条信息，用户根据这一信息连同其个人化数据共同产生一个口令字，用户输入这个口令字，即完成一次登录过程；或者用户对这一条信息实施数字签名后发送给认证服务器进行鉴别。第二种方式采用时钟同步机制，即根据这个同步时钟信息连同其个人化数据共同产生一个口令字。这两种方式均需要认证服务器端也产生与用户端相同的口令字（或检验签名），用于验证用户身份。

2.3.4 通过电子认证服务机构认证

1. 数字证书

根据联合国《电子签字示范法》第一条，"证书"系指可证实签字人与签字生成数据有联系的某一数据电文或其他记录。⊖ 我国《电子签名法》规定，电子签名认证证书是指可证实电子签名人与电子签名制作数据有联系的数据电文或者其他电子记录。⊖

电子签名认证证书有多种形式，如数字、指纹、视网膜、DNA 等。其中，最常用的认证证书是数字证书，因为它使用方便、便于记忆、价格又最便宜。

⊖ United Nations. Model Law on Electronic Signatures of the United Nations Commission on International Trade Law [R/OL]. (2002-01-22)[2016-02-20]. http://daccess-dds-ny.un.org/doc/UNDOC/GEN/N01/490/26/PDF/N0149026.pdf?OpenElement.

⊖ 全国人大常委会. 中华人民共和国电子签名法 [R/OL]. (2005-04-01)[2019-07-20]. http://www.npc.gov.cn/wxzl/wxzl/2004-10/20/content_334609.htm.

数字证书作为网上交易双方真实身份证明的依据，是一个经使用者数字签名的、包含证书申请者（公开密钥拥有者）个人信息及其公开密钥的文件。基于公开密钥体制（PKI）的数字证书是电子商务安全体系的核心，用途是利用公共密钥加密系统来保护与验证公众的密钥，由可信任的、公正的电子认证服务机构颁发。

数字证书按照不同的分类有多种形式，如个人数字证书和单位数字证书、SSL数字证书和SET数字证书等。

数字证书由两部分组成：申请证书主体的信息和发行证书的CA签字（参见图2-10）。证书数据包含版本信息、证书序列号、CA所使用的签字算法、发行证书CA的名称、证书的有效期限、证书主体名称、被证明的公钥信息。发行证书的CA签字包括CA签字和用来生成数字签字的签字算法。

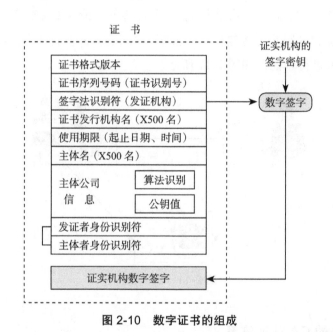

图2-10 数字证书的组成

顾客向CA申请证书时，可提交自己的驾驶执照、身份证或护照，经验证后，颁发证书，以此作为网上证明自己身份的依据。

2. 电子认证服务提供者

电子认证是指确认电子签名制作数据（私钥）与其持有人对应联系的活动。电子认证服务提供者是指为电子签名人和电子签名依赖方提供电子认证服务的第三方机构（以下称"电子认证服务机构"）。⊖ 电子认证服务机构（Certificate Authority，CA）在电子商务中具有特殊的地位。它是为了从根本上保障电子商务交易活动顺利进行而设立的，

⊖ 工业和信息化部. 电子认证服务管理办法 [R/OL]. 2009-02-28[2010-06-20]. http://www.miit.gov.cn/n11293472/n11294912/n11296542/12126363.html.

主要是为电子签名相关各方提供真实性、可靠性验证的公众服务,解决电子商务活动中交易参与各方身份、资信的认定,维护交易活动的安全。因此,我国对 CA 的成立规定了严格的条件,例如,CA 需要具有独立的企业法人资格,有固定的工作人员和场地,注册资金不低于 3 000 万元人民币等。⊖

电子认证服务机构主要提供下列服务:

(1)制作、签发、管理电子签名认证证书;

(2)确认签发的电子签名认证证书的真实性;

(3)提供电子签名认证证书目录信息查询服务;

(4)提供电子签名认证证书状态信息查询服务。

例如,持卡人要与商家通信,持卡人从公开媒体上获得了商家的公开密钥,但持卡人无法确定商家不是冒充的(是有信誉的),于是持卡人请求 CA 对商家认证,CA 对商家进行调查、验证和鉴别后,将包含商家公钥(Public Key)的证书传给持卡人。同样,商家也可对持卡人进行验证,如图 2-11 所示。

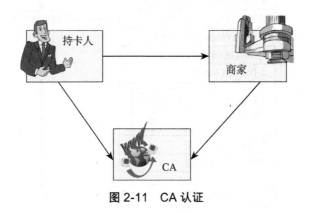

图 2-11　CA 认证

3. 电子商务的 CA 认证体系

电子商务 CA 体系包括两大部分,即符合 SET 标准的 SET CA 认证体系(又叫"金融 CA"体系)和基于 X.509 的 PKI CA 体系(又叫"非金融 CA"体系)。

(1)SET CA。1997 年 2 月 19 日,由 Master Card 和 Visa 发起成立 SETCO 公司,被授权作为 SET 根认证中心(Root CA)。从 SET 协议中可以看出,由于采用公开密钥加密算法,认证中心(CA)就成为整个系统的安全核心。SET 中 CA 的层次结构如图 2-12 所示。

⊖ 工业和信息化部. 电子认证服务管理办法 [EB/OL]. 2009-02-28[2019-08-20]. http://www.miit.gov.cn/n11293472/n11294912/n11296542/12126363.html.

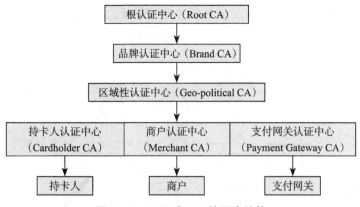

图 2-12 SET 中 CA 的层次结构

在 SET 中，CA 所颁发的数字证书主要有持卡人证书、商户证书和支付网关证书。在证书中，利用 X.500 识别名来确定 SET 交易中所涉及的各参与方。SET CA 是一套严密的认证体系，可保证 B2C 类型的电子商务安全顺利地进行。但 SET 认证结构适应于卡基支付，对其他支付方式是有所限制的。

（2）PKI CA。PKI 是提供公钥加密和数字签字服务的安全基础平台，目的是管理密钥和证书。PKI 是创建、颁发、管理、撤销公钥证书所涉及的所有软件、硬件的集合体，它将公开密钥技术、数字证书、证书发放机构（CA）和安全策略等安全措施整合起来，成为目前公认的在大型开放网络环境下解决信息安全问题最可行、最有效的方法。

PKI 是电子商务安全保障的重要基础设施之一。它具有多种功能，能够提供全方位的电子商务安全服务。图 2-13 是 PKI 的主要功能和服务的汇总。

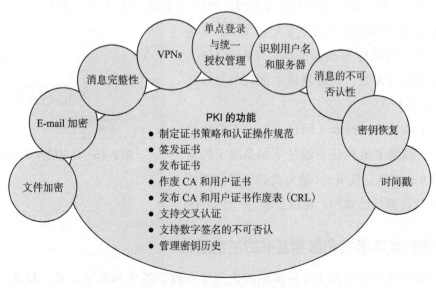

图 2-13 PKI 的主要功能和服务

一个典型的 PKI 应用系统包括五个部分：密钥管理子系统（密钥管理中心），证书受理子系统（注册系统），证书签发子系统（签发系统），证书发布子系统（证书发布系统），目录服务子系统（证书查询验证系统）。图 2-14 显示了 PKI 体系的构成。

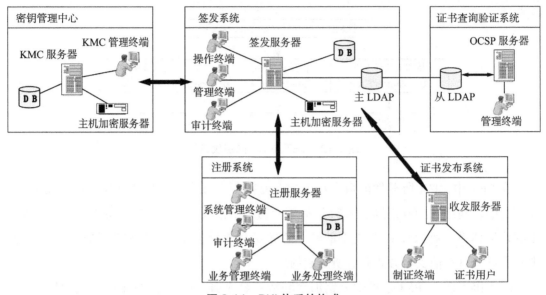

图 2-14　PKI 体系的构成

（3）证书的树形验证结构。在两方通信时，通过出示由某个 CA 签发的证书来证明自己的身份，如果对签发证书的 CA 本身不信任，则可验证 CA 的身份，以此类推，一直到公认的权威 CA 处，就可确信证书的有效性。SET 证书正是通过信任层次来逐级验证的。每一个证书与数字化签发证书的实体的签字证书关联。沿着信任树一直到一个公认的信任组织，就可确认该证书是有效的。例如，C 的证书是由名称为 B 的 CA 签发的，而 B 的证书又是由名称为 A 的 CA 签发的，A 是权威的机构，通常称为根认证中心（Root CA）。验证到了 Root CA 处，就可确信 C 的证书是合法的（参见图 2-15）。

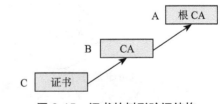

图 2-15　证书的树形验证结构

在网上购物中，持卡人的证书与发卡机构的证书关联，而发卡机构证书通过不同品牌卡的证书连接到 Root CA，而 Root 的公共签字密钥对所有的 SET 软件都是已知的，可以校验每一个证书。

2.3.5　带有数字签名和数字证书的加密系统

安全电子商务使用的文件传输系统大都带有数字签名和数字证书，其基本流程如图 2-16 所示，显示了整个文件加密传输的 10 个步骤。

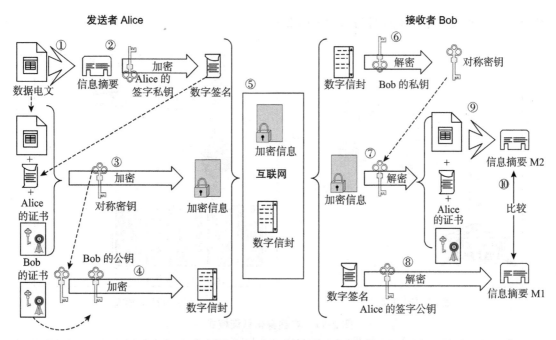

图 2-16　带有数字签字和数字证书的加密系统

① 在发送方的网站上，将要传送的信息通过哈希函数变换为预先设定长度的报文摘要。

② 利用发送方的私钥给报文摘要加密，结果是数字签字。

③ 将数字签字和发送方的认证证书附在原始信息上打包，使用 DES 算法生成的对称密钥在发送方的计算机上为信息包加密，得到加密信息包。

④ 用预先收到的接收方的公钥为对称密钥加密，得到数字信封。

⑤ 加密信息和数字信封合成一个新的信息包，通过互联网将加密信息和数字信封传到接收方的计算机上。

⑥ 用接收方的私钥解密数字信封，得到对称密钥。

⑦ 用还原的对称密钥解密加密信息，得到原始信息、数字签字和发送方的认证证书。

⑧ 用发送方公钥（置于发送方的认证证书中）解密数字签字，得到报文摘要。

⑨ 将收到的原始信息通过哈希函数变换为报文摘要。

⑩ 将第 8 步和第 9 步得到的信息摘要加以比较，以确认信息的完整性。

2.3.6　在线身份认证模式

在网络环境下，用户可以通过在线的专业化身份服务提供方实现对用户身份的鉴别，完成身份鉴别后再将相关数字凭据在线实时返回相关应用，具有更好的安全时效性。专业化的身份服务也向用户提供了更佳的易用性和安全性，包括单点登录、多级安全支持、不再受限于专有硬件等（参见图2-17）。

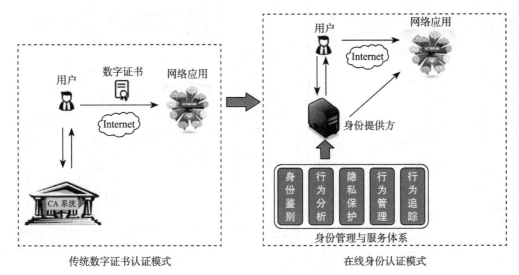

图 2-17　在线身份认证模式

资料来源：全国信息安全标准化技术委员会鉴别与授权工作组. 电子认证 2.0 白皮书（2018版）[R/OL]. (2018-04-15)[2019-06-20]. https://www.tc260.org.cn/file/dzrz.pdf.

2.4　电子商务交易系统安全模型及具体实现

2.4.1　电子商务交易系统的安全需求问题分析

电子商务交易系统应从三个层次考虑信息安全问题，即网络物理层、网络基础应用层和网络信息应用层。这三个层次应该有机地合成在一起加以考虑。

电子商务交易系统中主要存在以下典型安全隐患和问题：

（1）网络内部用户的越权访问；

（2）操作系统等系统软件平台自身的安全漏洞；

（3）防火墙之类的安全设施自身的隐患；

（4）通信方面缺少安全协议和符合实际的安全应用；

（5）访问控制方面缺乏安全协议和安全应用；

（6）对网络及系统安全性缺乏可靠而准确的评估。

其主要表现方式为：外部网络入侵，通信线路泄密，内部泄密，越权窃取，非授权访问，假冒买卖双方私阅合同，假冒网络控制程序套取口令，破坏系统的病毒等。

2.4.2　电子商务交易系统的安全管理

1. 从电子商务网站的角度

从电子商务网站的角度来看，安全管理要体现出网站的管理模式：

（1）网站应作为共享资源的安全管理部门；

（2）制定并实施电子商务交易系统总的安全管理策略；

（3）若某个部门提供或共享自己的资源，需自己维护并执行电子商务交易系统的安全策略；

（4）每个部门自己管理部门内部的安全问题；

（5）安全解决方案须报有关职能部门评估。

2. 从用户角度

要实现以下统一的用户策略：

（1）用户账号的统一管理和统一的用户身份识别；

（2）用户的单点登录；

（3）支持用户的漫游；

（4）用户界面统一。

3. 从资源角度

从资源角度来看，要实现资源的分布配置和统一的资源目录管理。

4. 从访问控制的角度

从访问控制的角度来看，要实现统一的访问控制策略，在单一管理控制台上，统一管理用户、资源目录和访问授权。

2.4.3 电子商务交易系统网络层安全解决方案

1. 基本思路

网络层安全解决方案的基本思路如图 2-18 所示。

在网络结构上将所有的网络划分为非安全区、隔离区和安全区。在非安全区中放置公开的不需任何安全措施的信息；隔离区为内部网用户提供对外访问的连接和

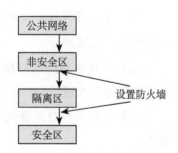

图 2-18 安全网络结构示意图

管理，以及整个网络管理。这部分是外部和内部用户唯一都能到达的网络区域，隔离区提供对内和对外的各种服务，负责传递或代理外部对内部的访问和内部对外部的访问。在隔离区与非安全区的出入口处设置了防火墙。在隔离区内部针对应用服务进行细粒度访问控制，对客户和服务器双方进行身份验证。同时，对安全区的服务器的服务提供代理，实施第一层次的安全保护，是安全的缓冲地带，并且所有的重要服务器都放在安全区内。

不管是整个信息网，还是局部的部门局域网，都需要有上述安全网络结构。网络进

与出的原则是建立"隔离区",尽量使该区成为外部和内部唯一能直接到达的区域,特别是对于基层局域网,这是网络层安全的基础和原则。因为内部能直接访问外部的用户IP,实际上外部也能直接与之通信,存在一定的安全隐患。内部用户对外部的访问可以通过 NAT 技术或 Proxy 技术,以间接的方式进行。

网络层安全主要通过防火墙产品、划分网络结构、管理和控制内部与外部的通信来达到目的。一般防火墙产品也具有一定的流量记录和计费功能,以及根据流量的管理功能。

2. 网络层的安全通道

(1) 虚拟专用网(Virtual Private Network,VPN)安全通道:在内部网络上的安全通道无须使用 VPN,究其原因,一是因为内部网本身是可信任网络,二是因为可以使用应用层的安全通道来保证。但如果内部网络通过公共网络连接,则需要在内部网之间建立安全通道。

(2) 专用安全通道:专用安全通道是为有特殊需要的某种应用和某类用户建立的安全通信通道,可以在网络,也可以在应用层建立。这类应用一般用户范围相对确定,对安全性有很高的要求。

3. 使用防火墙的局域网安全接入

信息网的基本结构已经完成,网络互联部分已经构建了防火墙、虚拟网段等基本的安全机制。将各部门局域网安全地与骨干网连接,这样可以保证:

(1) 基本维持现有局域网的安全性——共享服务器与内部局域网相对隔离,外部用户禁止进入局域网;

(2) 与其他部门的信息共享——对外的共享通过服务子网中的 Web 服务器,保证共享信息的可管理性;

(3) 内部用户对互联网的访问——同时可以建立邮件、地址转换(NAT)等互联网服务。

这样第一步就可实现安全的网络互联和信息共享,同时保持目前现有的局域网安全水平(参见图 2-19)。

信息网可以使用重量级防火墙进行外部和内部的隔离,在各单位和部门局域网与主干连接点可再设置轻量级防火墙,主要解决目前需求中的以下问题:

(1) 基于 IP 包的源地址和目的地址的过滤,进行网络结构划分;

(2) 网络地址转换(NAT),内部用户间接对外部访问;

(3) IP 地址和 MAC 地址对应,基于 MAC 地址的控制;

(4) 防火墙入出双向计费;

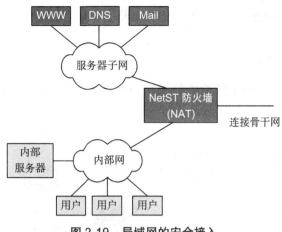

图 2-19 局域网的安全接入

（5）基于 IP 地址、用户身份、端口和服务、流量的计费；

（6）按时间计费流量限制或流量预先设定功能。

当然，防火墙产品比较成熟，其他满足要求的防火墙产品也可以使用。

4. 建立安全通道

信息网几乎都是通过专用网络连接，一般不需要 VPN。如果有局域网需要通过公共网络连接骨干网，则可采用以下方式连接。CISCO、Bay、SUN 等厂商都提供有关 VPN 产品。

专用的安全通道，一般采用网络层和应用层结合的方式。这两种安全通道可以各自独立使用，也可结合使用（参见图 2-20）。

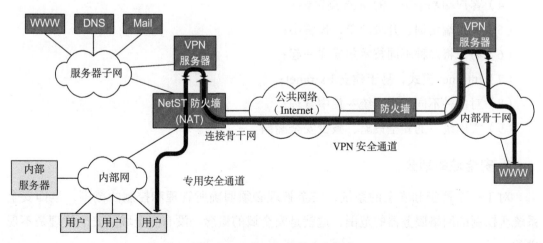

图 2-20 VPN 和专用安全通道

2.4.4 电子商务交易系统应用层安全解决方案

1. 应用模式的规划

目前传统的 Client/Server 结构的数据库应用模式，已转变为 Intranet 模型。图 2-21 说明了这两种模式的过渡和转变。

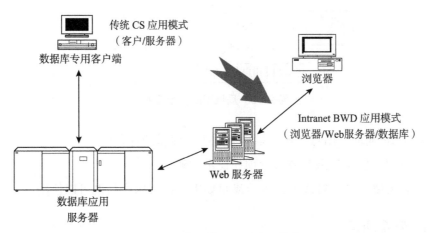

图 2-21 应用模式的过渡和转变

基于 Web 技术的应用方式的主要技术特点如下：

（1）基于 Web 技术，使用 HTTP 通信协议；

（2）Web 服务器作为中间件连接用户端和后台数据库；

（3）将应用范围扩展到了远程用户；

（4）客户端基于统一的 Web 浏览器；

（5）客户端培训、升级简单，投资小；

（6）易于将多种不同技术集成在一起；

（7）Intranet 模式，易于建立 Extranet；

（8）对多种不同应用可统一集中管理；

（9）实施统一的安全策略，减少安全漏洞。

2. 安全域的划分

对于一个严密和安全的系统，安全管理必须明确所管理和控制的范围，也即安全系统所控制的网络服务器的范围，这就是安全域的概念。没有安全域的安全管理是不现实的。

我们将电子商务交易系统的所有网络划分为两级安全域。由各部门所提供的内部共享信息服务器构建成一个安全域，这个安全域由网站自己进行管理。各部门内部网络构建一个内部安全域，与外部的安全域相互独立，对自己的所有数据拥有绝对的管理权限。

3. 内部信息共享应用的安全机制

内部信息共享应用是指完全面向内部网内用户的应用服务，即只为授权用户提供应用服务。对于这类应用，安全的主要内容是对不同类型的用户进行不同的授权访问控制，同时建立用户到该服务器的安全通信通道。新区政府领导办公服务系统、政府内部信息网需要这样的安全机制。

由于所有的应用系统的应用服务器是分布在内部网的不同物理位置，所以需要以下的安全策略和机制。

（1）统一的身份认证机制，如果同一用户访问多个系统，只需要一次身份认证。

（2）分布的授权访问控制机制，与需要进行资源控制的应用服务器结合，实施针对应用对象的细粒度访问控制。

（3）数据通信的安全机制，在客户与应用服务器间建立安全的通信通道，保证数据的隐秘性和完整性。

（4）统一的、集中管理的安全管理手段，对不同应用资源实施统一的安全策略，并进行可集中管理。

（5）审计和记录机制，对用户访问对象的操作进行记录和监督。

4. 电子商务网站内部应用的安全考虑

电子商务网站内部应用的安全首先也是建立在网络层安全基础之上的。第一步，在维持现有的安全水平的前提下，进行网络互联和信息共享。第二步，在局域网内部独立对安全进行分析和规划，根据不同安全需求设计安全解决方案。图 2-22 反映了有关设计思路。

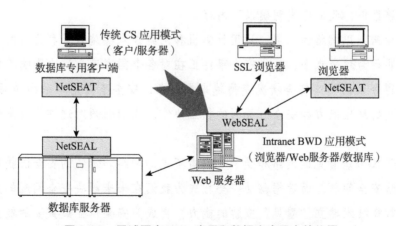

图 2-22　局域网在 Web 应用和数据库应用中的位置

由于各局域网内部的应用模式和平台各不相同，而且对身份认证等安全机制有更高的要求，对安全管理平台有更严格的要求：

（1）用户的身份认证与机器 IP、MAC 地址结合；

（2）对文件对象的细粒度访问控制；

（3）严格的审计记录机制。

5. 设备配置

（1）链路层。包括：链路加密卡、密码机管理系统（密码机管理中心、密钥和证书管理中心、发卡终端）。

（2）网络层。包括：防火墙、网络安全审计系统、漏洞扫描、网络安全扫描、VPN、入侵检测、安全发布系统、网络监测系统。

（3）应用层。包括：防病毒系统、网络安全伴侣套件、信息安全检测系统。

开篇案例回顾

利用信息技术手段窃取信息非法牟利的案件很多。2016 年，上海市黄浦区检察院以被告人张某某、姚某某涉嫌侵犯公民个人信息罪，向黄浦区人民法院提起公诉。[⊖] 这是《刑法修正案（九）》取消出售、非法提供公民个人信息罪和非法获取公民个人信息罪罪名，统一合并为侵犯公民个人信息罪后，黄浦法院受理的首起该罪案件。被告人张某某发现某购物网站平行权限漏洞，通过 QQ 联络方式向案外人睢某某购买攻击网站的恶意程序，借此非法进入该网站后台管理系统，获取订单信息 12 503 条，并将其中 8 866 条信息通过网络贩卖给被告人姚某某，获利人民币 5 359 元；姚某某收购上述信息后又在网络上加价出售给他人牟利。经审理，两被告人均构成侵犯公民个人信息罪，分别被判处有期徒刑一年九个月，罚金人民币 5 万元和有期徒刑一年六个月，罚金人民币 2 万元；扣押的作案工具予以没收，被告人的违法所得予以追缴。

结合开篇案例，我们应当明确以下内容。

（1）近年来，以网络为工具，运用计算机和网络技术实施以营利为目的、分工明确的团伙式犯罪行为越来越多，网络安全事件正在对各个国家产生巨大影响。愈演愈烈的黑客攻击使得今天的网络安全状况变得越来越复杂，安全不再是单一终端面临的问题，而是需要快速的反应能力和安全力量间的相互协作，我们必须对这样的安全形势有清醒的认识。

（2）受了攻击能看见的网络和受了攻击看不见的网络。传统的安全防护已经无法解决新兴的网络安全问题，而数据驱动安全就成为我们在未来解决安全问题的办法。利用数据能力和数据技术建立"看见"威胁的能力，将成为安全行业最重要的能力，也是保证国家网络安全和企业安全的核心能力。

⊖ 中国法院网上海法院. 黄浦法院对《刑法修正案（九）》实施后首例侵犯公民个人信息案做出判决 [EB/OL]. (2016-04-22)[2019-07-23]. http://www.chinacourt.org/article/detail/2016/04/id/1844495.shtml.

（3）入侵计算机信息系统并窃取、利用以及贩卖电子数据的行为是严重违法犯罪行为，电子商务企业，特别是涉及支付、认证的电子商务企业，必须采取有力措施，加强信息系统保护，保障公民个人信息安全。

本章小结

1. 深入分析了三种主要的防病毒技术，并对其中的防火墙技术进行了深入的剖析。
2. 从理论角度对密码体制进行说明，并分析了PKI密码技术数字签名的工作原理。
3. 介绍了常用的几种认证技术，并对使用数字证书进行认证的流程做了分析。
4. 系统介绍了建立电子商务安全模型的一般方法。

思考题

1. 简述防病毒技术包括哪几方面内容，包括哪些关键技术。
2. 对称密码体系和公钥密码体系与加密原理各有哪些特点，它们各自的优缺点是什么？
3. 简述数字签名的原理。
4. 简述一个典型的CA认证是如何实现的。
5. 建立安全的电子交易系统需要考虑哪些问题？

第 3 章
电子商务安全的管理保障

学习目标

- 认识电子商务标准管理的意义,掌握电子商务标准管理的内容。
- 了解计算机信息系统管理的内容。
- 掌握网络服务管理和网络用户管理的内容。
- 了解网络广告管理。
- 了解数字认证,掌握 CFCA 认证体系结构。
- 基本概念:电子商务标准、计算机信息系统安全、接入服务、域名管理

无论是参与网络交易的个人还是企业,都有一个网络交易安全管理的问题,只不过对于在网上从事大量贸易活动的企业和从事数字认证服务的机构来说,这个问题更为重要。在本章中,我们主要针对企业和认证机构加以讨论,内容涉及电子商务标准管理、计算机系统管理、网络服务和网络用户管理、网络广告管理、数字认证机构管理等。

开篇案例　网络虚假广告案

2018 年,上海市市场监督管理局进一步加强广告监测、巡查和对虚假违法广告的查处力度,积极维护消费者合法权益,努力营造规范有序的广告市场环境,全年共查处各类违法广告案件 5 060 件,罚没款总计 1.16 亿元;其中互联网广告案件数量和罚没款额分别为 4 383 件和 8 271 万元,占广告案件总量的比重分别为 87% 和 71%。[⊖]

表 3-1 列举了 5 则涉及电子商务的上海市虚假广告的典型案例。

⊖ 上海市市场监督管理局. 虚假违法广告案 [EB/OL]. (2019-01-21)[2019-07-20]. http://scjgj.sh.gov.cn/shaic/html/govpub/2019-01-21-0000009a201901180001.html.

表 3-1 2018 年上海市典型虚假网络广告案例

序号	广告商品（服务）名称	类别	违法主体	发布媒介	主要违法表现及处罚结果
1	万艾可	处方药	上海海王星辰药房有限公司	网络直播	当事人委托天津通易科技发展有限公司创建网络直播链接，并于 2018 年 6 月 15 日晚拍摄、直播了名为"有球必硬 夜夜激情"的网络直播活动。直播活动邀请医生、电视主持人、热门主播等嘉宾，介绍处方药万艾可的功效、使用办法、效率等内容，以及讨论"性生活的技巧、体位、挑逗男生，买情趣内衣，制服诱惑"等内容。至活动结束时观看直播活动的人次逾 15 万。该广告活动严重违反《广告法》的规定，当事人和天津通易科技发展有限公司分别被依法处罚款 70 万元
2	高培鳕鱼肝油软胶囊	保健食品	上海婴宝文化传播有限公司	互联网站	当事人为推广"高培鳕鱼肝油软胶囊"（保健食品），在其运营的商业网站上发布广告，称"珍贵原料：源自北冰洋 4 200 米以下深海冰极鳕鱼""长期服用不会有副作用"，构成虚假广告，违反《广告法》的规定，被依法处罚款 28 万元
3	a2 奶粉等	普通食品 理财服务	国美在线电子商务有限公司	互联网站	当事人在国美在线网站上发布自营商品"a2 奶粉"的图文广告，其中使用"妈妈的母乳也是全 A2 蛋白""妈妈般亲和只因好蛋白"等宣传内容，另在该网站金融栏目中发布"虎妞特权福利攻略"理财广告，含有"7.5%收益率专享标"等宣传内容。上述广告违反《广告法》的规定，被依法处罚款合计 36 万元
4	丽妍雅集	化妆品	上海尊雅实业有限公司	互联网站 微信公众号	当事人在自有网站宣传其天然修护系列产品"……修复扩张微细血管，舒缓、收敛、调节皮肤新陈代谢，增进免疫系统功能"；在其微信公众号中宣传"光速脱毛疗程使用的高科技脱毛仪含两项专利……"经查实相关仪器或技术实际并未取得专利认证。上述广告违反《广告法》的规定，被依法处罚款合计 25 万元
5	再昌资产管理	投资理财服务	上海再昌资产管理有限公司	互联网站	当事人在其自有网站宣传"公司 1 600 多名员工，89.31% 拥有大专以上学历，191 人具有研究生学历，765 人具有本科学历，626 人拥有注册会计师、注册评估师、法律职业和证券从业等专业资质，30 人取得了资产管理公司高管资格"等虚假内容，违反《广告法》的规定，被依法处罚款 30 万元

3.1 电子商务标准管理

3.1.1 电子商务标准的作用

标准是对重复性事务和概念所做的统一规定，其以科学、技术和经验的综合成果为基础，以促进最大社会效益和获得最佳秩序为目的。电子商务标准是电子商务活动中各种标准、协议、技术范本、政府文件、法律文书等的集合。

影响电子商务发展的因素是多方面的，如技术手段的可靠性，国家法律的认同程度，商务管理的严格程度，电子商务标准的完备程度等。在上述诸多因素中，电子商务标准的完备程度是影响电子商务发展的最基本的因素之一。从某种程度上来讲，标准化是推动电子商务社会化发展的关键。

1. 标准是电子商务整体框架的重要组成部分

在我国电子商务发展总体框架中，电子商务的相关标准被列在了整个结构的首位，与政策法规的地位并列，发挥着对框架中其他组成（如实施者和监督者、市场和应用、技术产品和产业、人才、基础设施等）的指导与标准作用，成为电子商务得以开展的前提条件。可以说，没有电子商务相关标准，社会化的电子商务根本无法形成与开展。制定电子商务标准、建立健全电子商务标准体系是当前电子商务发展对标准化工作的需求，也是进一步推动我国电子商务发展的具体措施。

2. 电子商务相关标准为实现电子商务提供了统一平台

电子商务的建设是一项庞大的系统工程，它不但涉及计算机、通信、信息通信与编码、加密、认证等多种技术手段，还涉及企业、商家、银行、消费者，甚至于海关、法律等众多社会领域。为使构成电子商务系统的各组成部分能够协调一致地工作，确保电子商务健康、协调地发展，基础工作就是标准化，即通过对电子商务各个方面及环节制定、发布和实施各种标准，使参与各方必须遵循相关的标准、协议和标准。可以说，电子商务相关标准为建设电子商务提供了一个基础平台，支持和增强电子商务的自我调节能力，对参与各方起到指导的作用，是实现电子商务社会化发展的根本保证。

3. 电子商务标准是电子商务的基本安全屏障

电子商务标准为电子商务提供了最基本的安全保护。通过相关安全标准的制定，可以预先对那些于电子商务安全可能产生不利影响的潜在因素加以防范，从而做到未雨绸缪。也即将一件事件（如技术）或过程（如管理）中所存在的多种形式，在比较与筛选之后，择优而用，确定最优化和最可靠的形式，以标准方式固定下来。在这个唯一性的过程中，自然而然地就将一些不稳定的因素排除在外，并在具体的实施中，有效地避免了其他不稳定性因素的影响，从而保证了事件/过程在实施中的最佳状态。电子商务相关标准同样可以起到安全屏蔽作用，为电子商务活动提供最基本的安全保障，有助于增加消费者在互联网上进行交易的信心和满意程度，建立消费者和销售商之间的信赖关系。

4. 电子商务标准关系到国家的经济安全和经济利益

标准具有主客观双重性。所谓电子商务标准的客观性，是指标准的内容在理论上不存在歧视或不平等性，所反映的是具体技术及其指标、性能和要求；主观性则是指标准的制定者（如国家或组织等）由于具有不同的社会背景，从而在制定标准的过程中会或多或少地从本国的利益及安全方面出发，确定标准中具体有关的指标、参数和性能描述等。因此，不同国家、地区间的标准往往成为利益及安全冲突的一种隐蔽性手段。此外，尽管国外现已有十分成熟、相当完整的电子商务解决方案，但是作为应用级的电子商务系统，这些技术或解决方案未必都适于在我国应用。有关加密的算法和密钥的长度等关键技术属于国家机密，不应由外国公司或政府控制；拥有自主版权的国产电子商务安全产品也极其重要。可见，充分发挥电子商务标准的这种防范功能，可以有效地保护我国电子商务发展的利益及安全。

从另一方面讲，由于标准的制定者（国家或组织）的不同社会背景，从而或多或少地影响了标准的具体内容。标准的制定国势必从本国的利益及安全方面出发，来确定具体的标准内容。因此，在不同国家、地区之间，标准往往成为利益及安全冲突的一种隐蔽性手段。充分发挥标准的这种功能，可以为我国电子商务发展，以及与他国的竞争与接触中，有效地保护我国经济利益与经济安全。

电子商务向人们展示了一个广阔的虚拟市场。在经济一体化的趋势下，各国都试图通过标准的输出，达到开拓市场、抢占市场和发展市场的目的。相关标准的竞争要比价格竞争或市场份额的争夺更为直接和激烈。如某个标准的广泛应用，就意味着生产同类产品或提供同类服务的其他企业在市场竞争中的失利。IT 技术的发展印证了这一点。通过电子商务相关标准的研究，可以在发展本地电子商务的同时，有针对性地对向国内外市场输出电子商务标准体系，从而通过先进的标准获得潜在市场。

3.1.2 电子商务标准的研究现状及发展趋势

1. 国际上信息安全标准研究现状

电子商务标准的基础是信息安全标准。国外从 20 世纪 70 年代就开始了信息安全标准的制定。

美国国家标准技术研究院（NIST）从 1977 年开始，制定了一系列有关密码技术的联邦信息处理标准（FIPS），在技术规范的前提下对密码产品进行严格的检验。美国国防部于 1985 年制定的美国 TCSEC（桔皮书），为计算机安全产品的评测提供了测试和方法，用以指导信息安全产品的制造和应用。

1991 年西欧四国（英、法、德、荷）提出了信息技术安全评价准则（ITSEC），ITSEC 首次提出了信息安全的保密性、完整性、可用性概念，把可信计算机的概念提高到可信信息技术的高度上来认识。

1990 年 3 月，联合国正式推出了 UN/EDIFACT 标准，并被国际标准化组织正式接受为国际标准 ISO9735。该标准的推出，统一了世界贸易数据交换中的标准，使得利用电子技术在全球范围内开展商务活动有了可能。

1993 年 6 月，美国、加拿大及欧洲四国经协商同意，起草单一的通用准则（CC）

并将其推进到国际标准。CC 的目的是建立一个各国都能接受的通用的信息安全产品和系统的安全性评价准则。国家与国家之间可以通过签订互认协议，决定相互接受的认可级别，这样能使大部分的基础性安全机制，在任何一个地方通过了 CC 准则评价并得到许可进入国际市场时，就不需要再做评价，使用国只需测试与国家主权和安全相关的安全功能，从而大幅节省评价支出并迅速推向市场。

2000 年，国际标准化组织 ISO 正式发布了国际信息安全管理标准体系（BS 7799，ISO/IEC17799）。这个标准包括信息系统安全管理和安全认证两大部分，由 10 个独立的部分组成，规定了 127 个安全控制措施。这 10 个部分分别是：安全方针、组织安全、资产的分类与控制、人员安全、物理和环境的安全、通信和操作管理、访问控制、系统开发和维护、业务持续性管理、符合性。

我国 1999 年发布了第一个信息安全标准，到 2018 年年底，共发布 268 个信息安全标准。内容涉及 9 大类，包括基础标准、技术与机制标准、安全测评标准、安全管理标准、产品与服务标准、网络与系统标准、数据安全标准、组织管理标准、新技术新应用安全标准。[⊖]

2. 国际上电子商务标准研究现状

电子商务标准首先是从 EDI（Eletronic Data Interchange）起步的。20 世纪末，美国首先开始对 EDI 报文提出了标准设计。之后，联合国提出了 EDIFACT 标准，提供了一套语法规则的结构、互动交流协议，并提供了一套允许多国和多行业的电子商业文件交换的标准消息。

1997 年 6 月，ISO/IEC JTC1 成立了"电子商务业务工作组（BT-EC）"。BT-EC 确定了电子商务急需建立标准的三个领域：用户接口、基本功能、数据及客体。其目的是通过解决关键问题，从而就解决方法加以推广，以扫清实现全球电子商务道路的障碍。

1998 年 11 月 ISO、IEC 和 UN/ECE（联合国欧洲经济委员会）三者签署了一个电子商务领域有关标准化的《理解备忘录》。该备忘录扩充了以前的合作框架，扩展了各部门之间的电子商务，增加了国际用户团的参与，以确保它们的标准化要求得到满足。

1999 年 12 月 14 日，在美国加利福尼亚州旧金山的 St.Francis 饭店，公布了世界上第一个互联网商务标准（The Standard for Internet Commerce，Version 1.0—1999）。这一标准是由 *Ziff-Davis* 杂志牵头，组织了 301 位世界著名的互联网和 IT 业巨头、相关记者、民间团体、学者确定下来的。它在相当程度上规范了利用互联网从事零售业的网上商店需要遵从的标准。整个标准分为 7 项，包括信息中心、需公布的内容、产品与服务、保密和安全、确认和通知、帮助和客户服务、其他；共有 47 款。每一款都注明是

⊖ 全国信息安全标准化技术委员会秘书处.信息安全国家标准目录（2018 版）[EB/OL]. (2019-01-15)[2019-07-23]. https://www.tc260.org.cn/front/cbw.html?start=0&length=10&type=2.

"最低要求"或"最佳选择"。如果一个销售商宣称自己的网上商店符合这一标准，那它必须达到所有的最低标准。

3. 国内电子商务标准研究现状

我国电子商务标准化工作从 20 世纪末开始起步。1999 年 4 月"上海市信息标准化技术委员会"成立，专门设立了"电子商务分专业委员会"，开始打造一支专门从事电子商务标准研究的专家队伍。1999 年 5 月，由北京市技术监督局主持召开的"99 北京电子商务标准化国际研讨会"，这是我国第一次以电子商务标准为主题的国际性标准学术研讨会。2001 年 3 月，首届中国电子商务技术及标准探讨会在浙江省杭州市举行，电子商务标准建设问题开始在国内引起重视。

2002 年，我国发布了第一个电子商务技术标准——《电子商务基本术语》（已废止）；2003 年又发布《大宗商品电子交易规范》（GB/T18769—2003），该标准规定了大宗商品现货电子交易的参与方要求和电子交易的业务程序。

2005 年，为了进一步确立电子商务标准体系，国家标准化管理委员会、原国务院信息化工作办公室提出，按照"以需求为导向、以企业为主体"的原则，通过引进、吸收、消化、自主创新等形式，利用 3～5 年的时间，建立起较为完善的国家电子商务标准体系。

截至 2019 年 6 月底，我国已经颁布国家电子商务标准 87 个，覆盖了电子商务基本术语、电子商务协议、基于 XML 的电子商务、电子商务业务过程和信息建模指南等五个方面。附录 1 列出了我国现行或即将实施的部分电子商务国家标准。从本书附录可以看出，2017 年到 2019 年是我国电子商务标准集中发布时间，反映出我国电子商务标准建设适应电子商务发展需要的态势。此外，对信息安全、物流、身份识别、电子支付等与电子商务密切相关的领域也制定了一系列标准。我国还出台了 28 个行业电子商务标准和 48 个地方电子商务标准。

2015 年 12 月，国务院办公厅印发了《国务院办公厅关于印发国家标准化体系建设发展规划（2016—2020 年）的通知》，该通知要求从四个方面入手，加快完善电子商务标准化体系，提升我国电子商务标准化水平。[⊖]

（1）加强电子商务服务业标准化体系建设及重要标准研制，研制相关服务标准，全面提高新兴服务领域标准化水平。

（2）围绕电子商务、个人信息保护、网络安全审查等领域，研究制定关键技术和共性基础标准，制定相关标准，推动电子商务优势标准转化为国际标准，提升国际竞争力。在电子商务物流、快递物流等优势领域争取国际标准突破，支撑物流业国际化发展。

⊖ 国务院办公厅. 国务院办公厅关于印发国家标准化体系建设发展规划（2016—2020 年）的通知 [EB/OL]. (2015-12-17)[2019-07-24]. http://www.sac.gov.cn/xw/bzhxw/201512/t20151231_200403.htm.

（3）制定基于统一产品编码的电子商务交易产品质量信息发布系列标准，加强商品条码在电子商务产品监管中的应用研究，加强条码信息在质量监督抽样中的应用，加快物联网标识研究、二维条码标准研究，加强物品编码技术在产品质量追溯中的应用研究，加大商品条码数据库建设力度，支撑产品质量信用信息平台建设。

（4）研制跨部门、跨领域统一社会信用代码应用的通用安全标准，加快统一社会信用代码地理信息采集、服务接口、数据安全、数据元、赋码规范、数据管理、交换接口等关键标准的制定和实施，初步实现相关部门法人单位信息资源的实时共享，推动统一社会信用代码在电子政务和电子商务领域的应用。

3.1.3　电子商务标准的制定原则

（1）全面性。将电子商务建设中各方面所涉及的所有标准分门别类地纳入相应的分体系中，使这些标准之间协调一致、互相配套，构成一个全面、完整的体系，使电子商务的使用者可以很方便地通过该体系找到所需的标准或制定相应的标准。

（2）系统性。按电子商务建设的总体要求，将有关标准恰当地安排在体系的不同层次上，做到层次合理、分明，标准互相依赖、衔接配套。体系的横向联系应分类合理，每一分体系的纵向构成应完整、科学，避免相互间的交叉。

（3）先进性。构成体系的各项标准，应充分体现等同或等效采用国际标准、国外先进标准或技术标准的精神。就我国的电子商务标准而言，应具有与国际标准的一致性或兼容性，以保证我国电子商务与国际接轨。

（4）预见性。编制"体系"既要依据目前的技术水平，又要面对电子商务的发展而有所预见，使体系能适应电子商务各项应用技术的发展。

（5）可扩充性。考虑到电子商务的变化发展，应在"标准体系"中留有恰当的空间供未来的发展和调整之用。

3.1.4　电子商务标准的体系结构

考虑到与国际接轨的要求和我国电子商务发展的实际情况，我国电子商务标准体系可以从五个方面加以设计，即基础标准、安全标准、交易标准、服务标准和 EDI 标准。整个电子商务标准体系结构如图 3-1 所示。

电子商务基础标准主要有计算机基础标准、基础通信标准、网络标准等。计算机基础标准主要包括术语、编码、数据元、字符集、存储媒体、数据库、接口标准、多媒体及中文信息处理等方面的标准。基础通信标准包括电话交换网标准（PSTN）、分组交换数据网标准（X.25）、ISDN、B-ISDB 等标准。与电子商务相关的网络标准主要是网络平台标准、网络传输标准、网络接入标准等。

电子商务安全标准主要有加密标准、认证标准、安全通信协议等。加密是保障电子商务安全运行的重要手段。加密标准主要包括对称密钥加密、非对称密钥加密、报文摘要算法（Message Digest Algorithms）、加密通信协议，用于保证电子商务中数据的保密性、完整性、真实性和非抵赖服务。认证是判明和确认交易双方真实身份的重要环节，是开展电子商务的重要条件。认证标准主要包括数字签名（Digital Signature）、数字证书、公钥基础结构（PKI）、证书管理机构（CA）等。2001年3月，联合国通过的《联合国国际贸易法委员会电子签名示范法》（以下简称《电子签名示范法》），列出了用以衡量电子签字技术可靠性的实际标准，对有关电子签字的应用做出了详细的规定。⊖

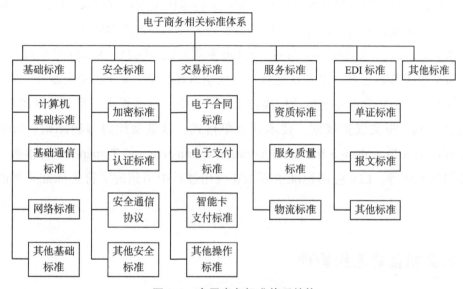

图 3-1　电子商务标准体系结构

电子商务交易标准主要有电子合同标准、电子支付标准、智能卡支付标准等。联合国国际贸易法委员会通过的《电子商业示范法》《电子签名示范法》和《联合国国际合同使用电子通信公约》，对电子合同中使用数据电文、电子签名等问题做了详细的规定，为电子商务的发展奠定了法律基础。支付是电子商务活动的核心，涉及电子支付的标准主要有电子现金支付协议、电子支票支付协议、电子资金转账协议、微支付协议和网上银行服务标准。智能卡支付标准主要有EMV集成电路卡标准（EUROPAY-MASTERCARD-VISA Integrated Circuit Card Specifications），金融交易卡信息交换格式标准（ISO 8583），欧洲电信工业智能卡标准。我国国内有中国金融集成电路（IC）卡系列标准，中国金融IC卡卡片标准，中国金融IC卡应用标准，IC卡管理条例，集成电路卡注册管理办法，IC卡通用技术标准等。

电子商务服务标准主要包括电子商务服务机构的资质标准、服务质量标准和物流

⊖ 联合国国际贸易法委员会.《贸易法委员会电子签名示范法》（2001年）[EB/OL]. (2005-11-23)[2019-08-31]. https://uncitral.un.org/zh/texts/ecommerce/modellaw/electronic_signatures/status.

标准。电子商务服务机构的资质标准主要是针对参与电子商务的 ISP、ICP、ASP、CA 机构的资质所制定的标准。物流标准包括物流编码标准、电子订货系统（Electronic Ordering System，EOS）作业标准、配送标准等。

电子数据交换（Electronic Data Interchange，EDI）标准比较成熟，目前已经形成独立的标准结构，主要分为基础、单证、报文、代码、通信、安全、管理应用等 7 个部分标准。EDI 基础标准主要由 UN/EDIFACT 的基础标准和开放式 EDI 基础标准两部分组成。EDI 单证标准是统一单证中的数据元和纸面格式。EDI 报文标准是每一个具体应用数据的结构化体现，所有的数据都以报文的形式传输出去或接收进来。EDI 代码标准将管理、贸易、运输、海关、银行、保险、检验等方面大多数数据转化为代码形式。EDI 通信标准包括 X.25、X.200/ISO 7498、X.400 系列 /ISO 10021、X.500 等系列。EDI 安全标准包括电子签名标准、电文认证标准、密钥管理标准、X.435 安全服务、X.509 鉴别框架体系等。EDI 管理标准包括标准技术评审导则、标准报文与目录文件编制规则、目录维护规则、报文维护规则、技术评审单格式、目录及代码编制原则、EDIFACT（Electronic Data Interchange for Administration Commerce and Transport）标准版本号与发布号编制原则等。EDI 应用标准主要指在应用过程中用到的字符集标准及其他相关标准。

3.2　计算机信息系统管理

3.2.1　计算机信息系统安全概述

计算机信息系统是指由计算机及其相关的和配套的设备、设施（含网络）构成的，按照一定的应用目标和规则对信息进行采集、加工、存储、传输、检索等处理的人机系统。[⊖]

计算机系统的出现，是人类历史上相当重要的一次信息革命。它从 1946 年诞生至今，经历了科学计算、过程控制、数据加工、信息处理、人工智能等应用发展过程，功能逐步完善，现已进入大规模的网络系统普及应用阶段。

在实际应用的计算机信息系统中，每天都面临着这样或那样的威胁。这些威胁有可能来自外部自然环境的影响，如自然灾害、机器设备的故障等因素，也可能由于操作使用者自身失误而产生，尽管这些都是偶然的事件，但其发生却是必然的。另外，还存在着少数人进行攻击的威胁、计算机犯罪的威胁、计算机病毒的威胁及信息战的威胁等方面。

⊖ 国务院. 中华人民共和国计算机信息系统安全保护条例 [EB/OL]. (1994-02-18)[2019-07-24]. http://www.gov.cn/flfg/2005-08/06/content_20928.htm.

3.2.2 计算机信息系统安全的内容

计算机信息系统安全包括实体安全、运行安全、信息安全和人员安全四个方面的内容。

（1）计算机信息系统实体安全。在计算机信息系统中，计算机及其相关的设备、设施（含网络）统称为计算机信息系统的"实体"。"实体安全"包括环境安全、设备安全和媒体安全三个方面。随着计算机技术的普及，计算机信息系统实体安全的重要性已经大大减弱了。

（2）计算机信息系统运行安全。计算机信息系统的运行安全包括系统风险管理、审计跟踪、备份与恢复、应急四个方面的内容。系统的运行安全是计算机信息系统安全的重要环节，是为保障系统功能的安全实现，提供一套安全措施来保护信息处理过程的安全，其目标是保证系统能连续、正常地运行。

（3）计算机信息系统信息安全。计算机信息系统的信息安全是指防止信息财产被故意的或偶然的非法授权泄露、更改、破坏或使信息被非法系统辨识、控制，即确保信息的保密性、完整性、可用性、可控性。针对计算机信息系统中信息的存在形式和运行特点，信息安全可以包括操作系统安全、数据库安全、网络安全、病毒防护、访问控制、加密与鉴别七个方面。

（4）计算机信息系统人员安全。人员安全主要是指计算机内部使用人员的安全意识、法律意识、安全技能等。

3.3 网络服务和网络用户的管理

网络服务业是指以经营提供网络上相关应用服务的事业，如接入服务（Access Service）、域名（Domain Name）服务、网络信息服务、广告服务、商业联机服务等。

接入服务是指网络服务业为消费者提供的连线上网服务。这是网络服务业最基本的和最主要的服务。消费者欲使用互联网，首先必须与网络服务机构连线，或称"上网"。其方式可分为固接式和拨接式两种主要形态。一般企业、学校、科研单位和专业服务店采用固接式，个人用户大多采用拨接式。

网络服务公司可以提供代消费者申请、取得网络域名的服务。当消费者的域名受到侵害时，网络服务公司可以协助消费者开展反抢注、反侵权的斗争。例如，国内贸易部所属北京创联通讯网络公司就开展这项服务。此外，有的网络服务公司自己先申请取得域名权，然后再出租给消费者使用。

网络信息服务，是指通过互联网向上网用户提供信息的服务活动。互联网信息服务分为经营性和非经营性两类。经营性互联网信息服务，是指通过互联网向上网用户有偿提供信息或者网页制作等服务活动。非经营性互联网信息服务，是指通过互联网向上网用户无偿提供具有公开性、共享性信息的服务活动。

3.3.1 接入服务管理规范

截至 2018 年 12 月底，我国国际出口带宽为 8 946 570 Mbps，主要由五家骨干网提供相关的经营服务：中国电信、中国联通、中国移动、中国科技网、中国教育和科研计算机网。[⊖]

国务院《计算机信息网络国际联网安全保护管理办法》(以下简称《管理办法》)第十条规定，互联单位、接入单位及使用计算机信息网络国际联网的法人和其他组织应当履行下列安全保护职责：[⊜]

（1）负责本网络的安全保护管理工作，建立健全安全保护管理制度；

（2）落实安全保护技术措施，保障本网络的运行安全和信息安全；

（3）负责对本网络用户的安全教育和培训；

（4）对委托发布信息的单位和个人进行登记，并对所提供的信息内容按照本办法第五条进行审核；

（5）建立计算机信息网络电子公告系统的用户登记和信息管理制度；

（6）发现有本办法第四条、第五条、第六条、第七条所列情形之一的，应当保留有关原始记录，并在 24 小时内向当地公安机关报告；

（7）按照国家有关规定，删除本网络中含有本办法第五条内容的地址、目录或者关闭服务器。

3.3.2 域名服务管理规范

《中国互联网络域名管理办法》于 2004 年 12 月 20 日起施行，该办法对域名注册服务机构、域名注册规则、争议解决办法以及罚则等均做出了明确的规定。[⊜]

1．对域名注册服务机构的管理

从事域名注册服务活动，应当具备下列条件：

（1）是依法设立的企业法人或事业法人；

（2）注册资金不得少于人民币 100 万元，在中华人民共和国境内设置有域名注册服务系统，且有专门从事域名注册服务的技术人员和客户服务人员；

⊖ 中国互联网络信息中心. 第 43 次《中国互联网络发展状况统计报告》[R/OL]. (2019-02-28)[2019-06-20]. http://www.cnnic.net.cn/hlwfzyj/hlwxzbg/hlwtjbg/201902/t20190228_70645.htm.

⊜ 中央网信办政策法规局. 计算机信息网络国际联网安全保护管理办法 [EB/OL]. (2011-01-08)[2019-07-24]. http://www.cac.gov.cn/2014-10/08/c_1112737294.htm.

⊜ 原信息产业部. 中国互联网络域名管理办法 [EB/OL]. (2004-11-05)[2019-08-24]. http://www.cnnic.cn/ggfw/fwzxxgzcfg/2012/201207/t20120720_32419.htm.

（3）有为用户提供长期服务的信誉或者能力；

（4）有业务发展计划及相关技术方案；

（5）有健全的网络与信息安全保障措施；

（6）有健全的域名注册服务退出机制；

（7）符合国家其他有关规定。

域名注册服务商应当根据域名注册服务管理机构（如中国互联网络信息中心）的要求，规范开展域名注册服务；在经营场所和网站首页、业务表格等显著位置公布批准文号、批准的域名、服务项目范围、投诉服务电话等信息；保留与管理机构、域名申请者、域名持有者的来往文件和相关记录；不得冒用政府机构、企事业单位及社会团体等其他组织的名义，开展域名注册服务；不得使用虚假信息注册域名，变相占用域名资源；不得采用不正当竞争的手段，以误导用户、恐吓用户等方式开展域名注册服务；不得强迫用户延长域名注册期限，捆绑销售其他服务；不得向中国互联网络信息中心提交虚假注册信息；不得无正当理由拒绝域名持有者索取域名转移密码的申请，或对此转移申请向域名持有者收取费用；不得泄露用户注册信息，侵犯用户的合法权益，或利用用户注册信息牟取不正当利益；不得以营利为目的，从事域名投资活动。

2. 域名注册规则

（1）中国互联网络域名体系结构。中国在国际互联网信息中心正式注册并运行的顶级域名是"CN"。二级域名分为"类别域名"和"行政区域名"两类。"类别域名"6个，适用于科研机构、工商与金融等企业、教育机构、政府部门、互联网络和各种非营利性的组织；"行政域名"34个，适用于我国的各省、自治区、直辖市。

（2）域名命名的限制原则。未经国家有关部门的正式批准，不得使用含有"CHINA""CHINESE""CN""NATIONAL"等字样的域名；不得使用公众知晓的其他国家或者地区名称、外国地名、国际组织名称；未经各级地方政府批准，不得使用县级以上（含县级）行政区划名称的全称或者缩写；不得使用行业名称或者商品的通用名称；不得使用他人已在中国注册过的企业名称或者商标名称；不得使用对国家、社会或者公共利益有损害的名称。

（3）域名注册的申请和审批。域名注册申请人必须是依法登记并且能够独立承担民事责任的组织；按照"先申请先注册"的原则受理域名注册，不受理域名预留。

（4）注册域名的变更和注销。注册域名可以变更或者注销，不许转让或者买卖；注册域名实行年检制度，由各级域名管理单位负责实施。

（5）域名注册不得含有以下内容：

1）反对宪法所确定的基本原则的；

2）危害国家安全，泄露国家秘密，颠覆国家政权，破坏国家统一的；

3）损害国家荣誉和利益的；

4）煽动民族仇恨、民族歧视，破坏民族团结的；

5）破坏国家宗教政策，宣扬邪教和封建迷信的；

6）散布谣言，扰乱社会秩序，破坏社会稳定的；

7）散布淫秽、色情、赌博、暴力、凶杀、恐怖或者教唆犯罪的；

8）侮辱或者诽谤他人，侵害他人合法权益的；

9）含有法律、行政法规禁止的其他内容的。

3.3.3　网络信息服务管理规范

根据《互联网信息服务管理办法》，互联网信息服务分为经营性和非经营性两类。经营性互联网信息服务是指通过互联网向上网用户有偿提供信息或者网页制作等服务活动。非经营性互联网信息服务是指通过互联网向上网用户无偿提供具有公开性、共享性信息的服务活动。^㊀

1. 对经营类互联网信息服务的管理规范

从事经营性互联网信息服务，除应当符合《中华人民共和国电信条例》规定的要求外，还应当具备下列条件：

（1）有业务发展计划及相关技术方案；

（2）有健全的网络与信息安全保障措施，包括网站安全保障措施，信息安全保密管理制度，用户信息安全管理制度；

（3）服务项目属于本办法第五条规定范围的，已取得有关主管部门同意的文件。

从事经营性互联网信息服务应当向省、自治区、直辖市电信管理机构或者国务院信息产业主管部门申请办理互联网信息服务增值电信业务经营许可证（以下简称"经营许可证"）。申请人取得经营许可证后，应当持该证向企业登记机关办理登记手续。

2. 对非经营类互联网信息服务的管理规范

从事非经营性互联网信息服务，应当向省、自治区、直辖市电信管理机构或者国务院信息产业主管部门办理备案手续。办理备案时，应当提交下列材料：

（1）主办单位和网站负责人的基本情况；

（2）网站网址和服务项目；

（3）服务项目属于本办法第五条规定范围的，已取得有关主管部门的同意文件。

㊀ 国务院. 互联网信息服务管理办法 [EB/OL]. (2011-01-08)[2019-07-24]. http://www.cac.gov.cn/2000-09/30/c_126193701.htm．

3. 互联网信息服务的基本要求

互联网信息服务提供者不得制作、复制、发布、传播含有下列内容的信息：

（1）反对宪法所确定的基本原则的；

（2）危害国家安全，泄露国家秘密，颠覆国家政权，破坏国家统一的；

（3）损害国家荣誉和利益的；

（4）煽动民族仇恨、民族歧视，破坏民族团结的；

（5）破坏国家宗教政策，宣扬邪教和封建迷信的；

（6）散布谣言，扰乱社会秩序，破坏社会稳定的；

（7）散布淫秽、色情、赌博、暴力、凶杀、恐怖或者教唆犯罪的；

（8）侮辱或者诽谤他人，侵害他人合法权益的；

（9）含有法律、行政法规禁止的其他内容的。

互联网信息服务提供者发现其网站传输的信息明显属于上述内容之一的，应当立即停止传输，保存有关记录，并向国家有关机关报告。

3.3.4 网络用户法律规范

根据《管理办法》第六条的规定，任何单位和个人不得从事下列危害计算机信息网络安全的活动：

（1）未经允许，进入计算机信息网络或者使用计算机信息网络资源的；

（2）未经允许，对计算机信息网络功能进行删除、修改或者增加的；

（3）未经允许，对计算机信息网络中存储、处理或者传输的数据和应用程序进行删除、修改或者增加的；

（4）故意制作、传播计算机病毒等破坏性程序的；

（5）其他危害计算机信息网络安全的。

第七条同时规定，用户的通信自由和通信秘密受法律保护。任何单位和个人不得违反法律规定，利用国际联网侵犯用户的通信自由和通信秘密。

3.4 网络广告管理

3.4.1 网络广告组织的管理

网络广告，又称互联网广告，是指通过网站、网页、互联网应用程序等互联网媒介，以文字、图片、音频、视频或者其他形式，直接或者间接地推销商品或者服务的商业广告。在网上从事广告业务的主要是一些大型网络公司，依托网络公司的广告企业及自建网站的中小广告公司，它们是网络广告组织管理的主要对象。

1. 网站广告经营主体资格的管制

在传统的广告市场，从事广告制作和发布属于一种特殊营业行为，因此，只有在工商局注册登记、取得许可证后方能从事广告发布活动。《广告法》㊀第二十九条规定，广播电台、电视台、报刊出版单位从事广告发布业务的，应当设有专门从事广告业务的机构，配备必要的人员，具有与发布广告相适应的场所、设备，并向县级以上地方工商行政管理部门办理广告发布登记。但目前广告法尚未对网络广告做出明确规定。这可能带来两个方面的问题：一方面，网站经营广告的主体资格合法与否会影响到所承揽或受托发布的广告合同的有效性，一旦出现合同纠纷，现有的法律、法规及各类规范性文件对网络公司合法权益都无法予以有效的保护；另一方面，网络公司没有相应的广告经营许可证，也就无法从税务机关得到广告业的专用发票，国内企业无法得到广告业的专用发票，也就无法将广告支出在企业成本中列支，这种情况大大限制了企业在网络上的广告投入，影响了网络广告的发展。

互联网广告涉及多方主体，包括广告主、广告经营者、广告发布者、广告代言人、互联网信息服务提供者等。由于互联网使制作、经营、发布广告的行为极大地简化、合并、重合，因而各主体的界限变得模糊，很多主体的身份发生了竞合，导致各方权利义务关系和法律责任的复杂化。例如，广告主在自己的网站上发布自制广告，此时广告主可能身兼广告经营者和广告发布者的三重身份；又如，广告代言人在自己的微信上发布广告，在没有和微信平台进行广告收入分成的情况下，广告代言人也是广告发布者，而微信平台则是互联网信息服务提供者。

有鉴于此，2016 年 7 月，原国家工商行政管理总局发布的《互联网广告管理暂行办法》㊁规定，广告主可以通过自设网站或者拥有合法使用权的互联网媒介自行发布广告，也可以委托互联网广告经营者、广告发布者发布广告。互联网广告发布者、广告经营者应当按照国家有关规定建立、健全互联网广告业务的承接登记、审核、档案管理制度；审核查验并登记广告主的名称、地址和有效联系方式等主体身份信息，建立登记档案并定期核实更新。

2. 网上专用标识制度

由于互联网的虚拟性、开放性及相关立法的滞后，网上经营行为已暴露出一些问题，其中互联网交易的虚假性问题已经成为网络经济发展的重要障碍。例如，一些经营者利用网站发布公司或产品的虚假广告，发布欺诈性促销信息，不如实履约，等等。

㊀ 全国人大常委会. 中华人民共和国广告法 [EB/OL]. (2015-04-24)[2019-07-20]. http://www.gov.cn/xinwen/2015-04/25/content_2852914.htm.

㊁ 国家工商行政管理总局. 互联网广告管理暂行办法 [EB/OL]. (2016-07-04)[2019-07-20]. http://www.gov.cn/gongbao/content/2016/content_5120707.htm.

为了防范利用网站发布虚假信息和欺诈性广告，我国已经开始推行网上专用标识制度。《电子商务法》第十五条规定，电子商务经营者应当在其首页显著位置，持续公示营业执照信息、与其经营业务有关的行政许可信息、属于依照本法第十条规定的不需要办理市场主体登记情形等信息，或者上述信息的链接标识。

同时，第四十条还对竞价排名广告做了专门规定：电子商务平台经营者应当根据商品或者服务的价格、销量、信用等以多种方式向消费者显示商品或者服务的搜索结果；对于竞价排名的商品或者服务，应当显著标明"广告"。

3. 特殊广告发布前的审查管制

根据《广告法》第四十六条规定，我国对一些种类的广告实行审查制度：发布医疗、药品、医疗器械、农药、兽药和保健食品广告，以及法律、行政法规规定应当进行审查的其他广告，应当在发布前由有关部门对广告内容进行审查；未经审查，不得发布。○

互联网已成为新型的大众化媒体，在互联网上发布需要审查的广告当然也应当进行审查，这是广告管理的必然要求。关键是网络广告如果按传统行政区域的审查办法就会出现新的问题。

特殊商品网络广告发布主体有两类：一类是特殊商品的生产者，另一类是特殊商品的销售者。对于生产者而言，它在现实中总是有特定的营业场所或住所。对于销售者而言，可能存在两种情况：一种是线下商店销售商委托他人发布网上广告，另一种是在线下不存在实体企业，仅在网上设立专卖店或设立专门销售特殊产品的销售平台。对于前一种情形，与生产商情形无异，可根据其住所地和经营地作为确定审查机关的依据。而对于后者，则可根据设立网上商店企业的住所地或网站经营者的住所地判断广告主的位置，并以此确定审查管辖机关。

因此，特殊商品网络广告发布前审查机关确定的原则为：商品的生产者作为审查申请人时，以特殊商品的生产者的住所地或经营地确定；当审查申请人不是特殊商品的生产者时，以申请人的住所地或经营地确定；住所地或经营地无法确定时，以为其提供网络连线服务的服务商的服务器所在地视为住所地或经营地确定。

4. 网络广告的监测

在我国已有 326 万个网站，○有较大影响并有广告业务的网站约占 1%，这些网站

○ 全国人大常委会. 中华人民共和国广告法 [EB/OL]. (2015-04-24)[2019-07-20]. http://www.gov.cn/xinwen/2015-04/25/content_2852914.htm.

○ 中国互联网络信息中心. 第 43 次《中国互联网络发展状况统计报告》[R/OL]. (2019-02-28)[2019-07-23]. http://cnnic.cn/gywm/xwzx/rdxw/20172017_7056/201902/t20190228_70643.htm.

每天发布的各类广告平均达10条左右。没有现代化的技术手段,根本不可能实现对网络广告样件的截图、保存、结果的分析处理等一系列工作,也就不可能实现有效监管。所以,建立完善的广告监测系统,实现对重点门户网站全天候、全种类的广告监测已经变得非常重要。

全面监测机制主要是利用"字词库"的方法进行实时监控。例如,对于违法医疗广告监测,就可以从以下三个方面入手。

(1)医疗广告监测搜索关键词例:医疗、医院、医治、门诊、诊疗、治疗、治病、诊疗、主治、口腔、牙科、美容、整形、医科大学、医科大学附属、医学院、医学院附属等。

(2)医疗器械广告监测搜索关键词例:医疗、医疗器械、器械、器具等。

(3)药品广告监测搜索关键词例:医药、药品、药、功效、主治等。

同时,还可以利用先进的图像样本识别和语音识别技术,实现广告与非广告的自动识别、自动检测等功能。

全国互联网广告监测中心自2017年9月1日正式启用以来,已实现对全国46个副省级以上行政区划的1 004家重点网站及百度、盘石、蘑菇街、贝贝网等4家广告联盟和电商平台广告数据的软件开发工具包(Software Development Kit,SDK)监测。据统计,该监测中心已采集发布广告信息10.6亿条次,发现违法广告23万条次,上报国家工商总局违法案件线索4 740批次。全国互联网广告的违法率从开展监测前的7.1%降至1.98%,互联网广告监测的震慑作用初步显现。⊖

一个高效的网络全面监测机制需要实现以下三个方面的转变。

(1)在违法广告的发现方面,实现从被动地接受群众举报、投诉向主动通过监测发现问题转变。目前,由于广告执法人员较少,又不具备现代化的信息监管手段,因而不能主动发现网络广告违法行为。即使在每季度的广告集中监测中,也无法实现对网络广告的有效监测。通过对高科技网络广告监测系统的完善,可以实现网站的全面监测,实现网络广告从"被动监管"到"主动监管"的转变。

(2)在监管的范围方面,实现从对个别违法广告的处理向全部种类、全方位监管转变。高科技手段的利用,可以实现对网站全部广告进行监管。而且,全面监测机制拓宽了监管范围,还可以有效地防止明令禁止的药品、医疗器械、丰胸、减肥等电视购物节广告向网络转移。

(3)在监管的手段方面,需要进一步提升监管效能,从散射监管到靶向监管,通过云中心大数据管理实现对网络广告问题的精准诊断和趋势预测;从人海战术到智慧战术,探索运用物联网传感技术和人工智能手段实现机器助人;从网页主页内容监管向多层级

⊖ 中国市场监管报. 全国互联网广告监测中心震慑作用显现[EB/OL]. (2018-02-09)[2019-07-23]. http://www.cicn.com.cn/zggsb/2018-02/09/cms104480article.shtml.

链接内容监管的转变，实现网站主页的文字、图像和链接的同时监管。

3.4.2 网络广告内容的管理

网络广告内容管理，是指对网络广告内容及网络广告活动的管理，它是广告管理的一项特殊内容。由于网络广告内容来源多，信息量大，影响范围广，甚至超越国界，因此对网络广告内容的管理十分重要。

对网络广告内容管理的根本目的是保障消费者的利益，防止误导，查处欺骗，净化网络空间。而网络广告内容管理的基本要求是：促进公告内容的真实性、合法性和科学性。

1. 真实性

所谓真实性，就是网络广告所推广、介绍的商品、服务或信息都是客观存在的，是真实的，而不是弄虚作假的。网络广告上如果挂羊头卖狗肉，不仅影响面广，而且是对客户精神上的欺骗和愚弄。为保护广大消费者的权益，必须在网络广告管理中强调真实性的重要性。

互联网信息服务提供者在网站上发布药品、医疗器械、农药、兽药、医疗、种子、种畜等商品的广告，以及法律、法规规定应当进行审查的其他广告，必须在发布前取得有关行政主管部门的审查批准文件，并严格按照审查批准文件的内容发布广告；审查批准文号应当列为广告内容同时发布。

互联网信息服务提供者在网站上发布出国留学咨询、社会办学、经营性文艺演出、专利技术、职业中介等广告，应当按照有关法律、法规、规章规定取得相关证明文件并按照出证的内容发布广告。

2. 合法性

所谓合法性，就是要求网络广告在宣传商品、服务或信息的时候，不仅其内容和表现形式都是健康的，而且没有侵犯任何他人专利权、隐私权，在法律上看是合法的。与其他媒体的广告一样遵守广告基本准则，不得有下列情形：

（1）使用中华人民共和国国旗、国徽、国歌；

（2）使用国家机关和国家机关工作人员的名义；

（3）使用国家级、最高级、最佳等用语；

（4）妨碍社会安定和危害人身、财产安全，损害社会公共利益；

（5）妨碍社会公共秩序和违背社会良好风尚；

（6）含有淫秽、迷信、恐怖、暴力、丑恶的内容；

（7）含有民族、种族、宗教、性别歧视的内容；

（8）妨碍环境和自然资源保护；

（9）法律、行政法规规定禁止的其他情形。

互联网信息服务提供者应当将发布的广告与其他信息相区别，不得以新闻报道形式发布广告。

在对网络广告内容管理时特别要引起注意的是，凡属国家广告法明令禁止的内容必须坚决杜绝。比如，有关麻醉品、精神药品、毒性药品、放射药品等，以及有关烟草、性生活用品方面的广告禁止出现。

3. 科学性

所谓科学性，就是要求网络广告涉及的内容、观点、方法具有科学依据。网络广告中凡是属于专业性较强的内容，都应当经过规定程序的科学的鉴定与审查，不得有人为臆造、违反科学的内容。

3.5 电子认证服务机构管理

3.5.1 电子认证服务提供者

电子认证服务是指为电子签名相关各方提供真实性、可靠性验证的活动。电子认证服务提供者是指为需要第三方认证的电子签名提供认证服务的机构（以下简称"电子认证服务机构"）。[一]电子认证服务机构（CA）在电子商务中具有特殊的地位。它是为了从根本上保障电子商务交易活动顺利进行而设立的，主要是为电子签名相关各方提供真实性、可靠性验证的公众服务，解决电子商务活动中交易参与各方身份、资信的认定，维护交易活动的安全。

《电子认证服务管理办法》第五条规定，电子认证服务机构应当具备下列条件：

（1）具有独立的企业法人资格；

（2）从事电子认证服务的专业技术人员、运营管理人员、安全管理人员和客户服务人员不少于30名；

（3）注册资金不低于人民币3 000万元；

（4）具有固定的经营场所和满足电子认证服务要求的物理环境；

（5）具有符合国家有关安全标准的技术和设备；

（6）具有国家密码管理机构同意使用密码的证明文件；

（7）法律、行政法规规定的其他条件。

[一] 工业和信息化部.电子认证服务管理办法 [EB/OL]. (2015-04-29)[2019-08-20]. http://www.miit.gov.cn/n1146285/n1146352/n3054355/n3057254/n3057264/c3554822/content.html.

电子认证服务机构主要提供下列服务：
（1）制作、签发、管理电子签名认证证书；
（2）确认签发的电子签名认证证书的真实性；
（3）提供电子签名认证证书目录信息查询服务；
（4）提供电子签名认证证书状态信息查询服务。

3.5.2 我国电子认证服务机构的建设与发展

1. 行业总体情况

国内电子认证服务机构是随着我国电子商务的发展而发展起来的。截至2018年3月31日，我国有效电子认证证书持有量合计3.82亿张，本月增加1 538万张，环比增长4.19%。其中机构证书7 210万张，个人证书3.07亿张。⊖截至2018年12月31日，工业和信息化部共批准40家机构的电子认证服务资质的申请，颁发了《电子认证服务许可证》，整个市场规模达到322.2亿元，⊖参见图3-2。

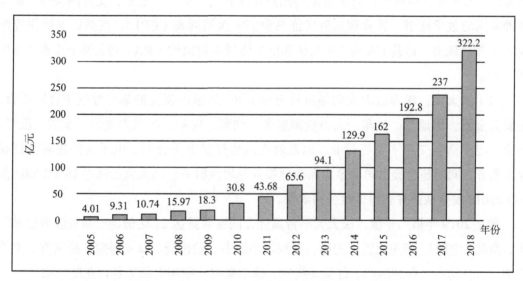

图3-2　2005～2018年我国电子认证服务总规模

2. 典型电子认证服务企业

（1）中国金融认证中心。中国金融认证中心（CFCA）由中国人民银行1998年牵

⊖ 工信部信息化和软件服务业司. 2018年3月份电子认证服务业动态 [EB/OL]. (2018-05-04)[2019-08-25]. http://www.miit.gov.cn/n1146312/n1146904/n1648374/c6158180/content.html.

⊖ 智研咨询集团. 2019～2025年中国电子认证服务业市场研究及投资前景预测报告 [EB/OL]. (2019-07-08)[2019-08-25]. http://www.chyxx.com/research/201907/756485.html.

头，中国工商银行、中国农业银行、中国银行、中国建设银行、交通银行等 12 家商业银行联合共建而成，是经国家信息安全管理机构批准成立的国家级权威安全认证机构。

CFCA 自 2000 年挂牌成立以来，一直致力于全方位网络信任体系的构建，历经十多年发展，已经成为国内最大的电子认证服务机构。在《电子签名法》颁布后，CFCA 成为首批获得电子认证服务许可的电子认证服务机构。截至目前，超过 2 400 家金融机构使用 CFCA 的电子认证服务，在使用数字证书的银行中占 98% 的份额。目前，CFCA 业务涵盖七大业务板块，即电子认证服务、互联网安全支付、信息安全产品、信息安全服务、大数据服务、互联网媒体及软件测评。

CFCA 具有三层式结构。第一层 CA 即根 CA，设在中国人民银行总行。它负责制定和审批总体政策，确定每层 CA 的功能和职责，给自己签发证书，并签发和管理第二层 CA 的证书及与其他根 CA 的交叉认证。第二层 CA 可称为"品牌 CA"或"政策 CA"。它根据根 CA 的政策制定具体的管理制度和运作规范，签发和管理第三层 CA 的证书和证书撤销列表（CRL）等。第三层 CA 可称为运营 CA。它根据根 CA 制定的政策和第二层 CA 的具体规定，直接给最终用户（持卡人、商户、企业、支付网关等）发放各种应用的数字证书，并管理其所发证书和证书撤销列表（CRL），根据证书运作规范（CPS）发放证书。运营 CA 由 CA 系统和证书注册审批机构（RA）两大部分组成（参见图 3-3）。

（2）法大大。深圳法大大网络科技有限公司[1]是国内领先的第三方电子合同平台，主要为金融、房地产、汽车、人力资源服务、教育、保险、第三方支付、旅游、医疗、物流、电子商务交易平台等行业，以及政府机构提供电子合同、电子文件签署及证据保全服务，同时整合提供司法鉴定和律师服务等增值服务。法大大已通过 ISO 27001 及 ISO 27018 安全认证并获得保险公司承保。

截至 2019 年第二季度，法大大平台累计合同签署量达 21 亿份，产品和服务已被腾讯、微软（中国）、阿里巴巴、美团、携程、小红书、拍拍贷、众安保险、新东方、上汽集团、万科物业、保利地产、红星美凯龙、徐工集团、中国电信等各行业所采用。

法大大使用了 eID 技术，确保持有 eID 的用户可以在平台上实现安全注册、账户实名认证及一键签约等系列操作，既确保了用户身份的真实有效，又保障了用户信息的安全。

---

[1] www.fadada.com.

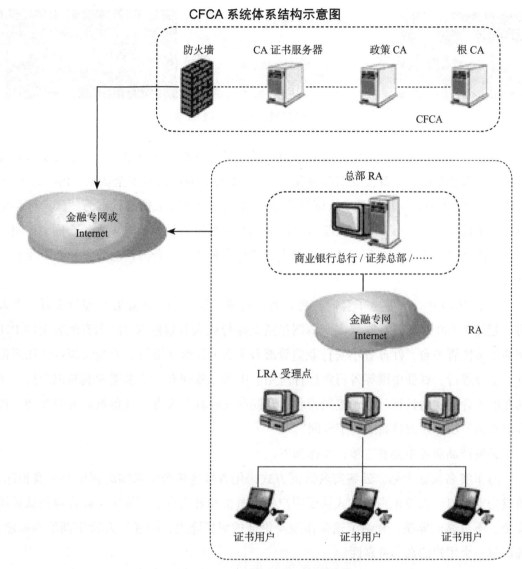

图 3-3 CFCA 系统体系结构示意图

eID（electronic IDentity）的中文名为"电子身份证"或"网络电子身份证"，是由公安部第三研究所建设和开发，并由"公安部公民网络身份识别系统"签发给公民的网络电子身份标识，以密码技术为基础，以智能安全芯片为载体，用于在网络远程证实个人真实身份。eID 系统依托公安部覆盖 13 亿人口的全国公民身份信息库，利用用户主动提交的各种身份信息建立不同的信用等级，生成了一组唯一的网络标识符和数字证书。与传统居民身份证不同，电子身份证使用于网络。从设计原则上来看，电子身份证只是一段网络标识符，其本身不含任何用户身份信息；从管理思路上来看，电子身份证相关身份的建立和管理由统一的机构进行。这样既确保了个人身份的真实性，又可有效避免用户身份信息的曝光和泄露风险。

图 3-4 是申领加载 eID 的金融 IC 卡。

图 3-4 申领加载 eID 的金融 IC 卡

（3）云签。江苏云签有限公司是国内电子合同行业的领军企业之一，是国家高新技术企业、双软企业，具备公安部等级保护三级、ISO 27001 信息安全认证、ISO 9001 质量体系认证、CMMI3 软件开发认证等多项资质，2012 年被工信部批准为"国家可靠电子签名及数据电文应用"综合试点；2014 年被国家标准委批准为三项电子合同 GB 国家标准主持制定单位；2016 年起连续获得太平洋保险公司电子合同司法效力 800 万元商业承保。

截至 2019 年，云签电子合同在各行各业得到广泛应用，企业客户超过 8 万，个人用户超过 1 500 万。云签典型客户案例包括金融行业大数据监管（广东省地方金融 P2P 交易备案监管平台、江苏省小贷行业监管服务平台）及南京银行、紫金农商行、江西银行、上海银行、百胜中国等各行业标杆应用。中国云签拥有二十多项专利知识产权，尤其在电子合同实名认证、电子签约流程、合同存储验真三大方面具备核心发明专利，被客户誉为"法律效力最高的电子合同"。

云签产品服务主要有三项，具体如下。

（1）实名认证产品。云签实名认证方式采用直接连接公安部实时制证动态身份库，通过公安接口、人脸识别等方式认证用户实名身份和真实意愿，解决了以往身份认证不安全、不可靠的弊端，杜绝了遗失作废身份证的假冒隐患，增强了人脸识别的准确度，确保每一个用户的真实可靠性。

（2）国标效力电子合同。云签是目前唯一获得工信部"可靠电子签名"验收核准的单位，完全符合《电子签名法》关于可靠电子签名才"等同纸质效力"的定义；同时也是市场上唯一采用国家标准电子合同订立流程的服务商。国标流程标准可以证明签署过程中的真实意愿，实现了过程和结果的双重不可篡改，一旦发生法律纠纷可以起到强有力的证据效力。

（3）电子存证产品。云签电子合同验真平台是国内较早采用区块链技术的验真平台，用户可以自助上传云签合同获得有效的验真报告。云签还直接连接互联网法院、调解仲裁机构等网上服务平台，帮助用户获得便捷绿色通道，获得司法保障及后续服务。

图 3-5 显示了云签在电子合同中的应用流程。

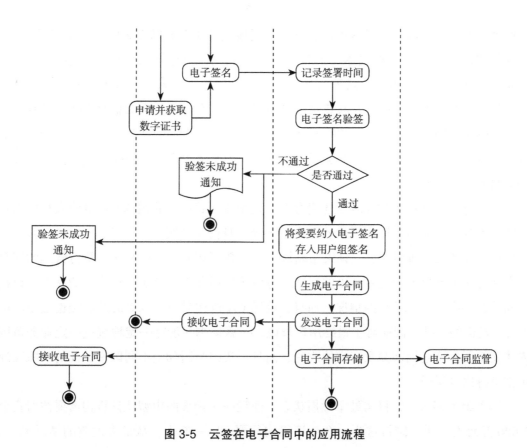

图 3-5　云签在电子合同中的应用流程

3.5.3　我国电子认证机构发展中存在的问题

虽然我国电子认证服务机构发展很快，但从整体上来看，还存在以下问题。

（1）认证服务的差异化程度无法全面支撑我国网络可信的应用需求。网络应用已经深入应用到金融、政务、电子商务、教育、交通、社交等各个行业中，包括在线支付、社交应用、手机导航等。应用类型及应用场景的多样化趋势需要有多样化的身份鉴别和安全认证。如小额支付可以免密支付，大额支付需要进行更加严格的鉴别后才可进行；又如用户在常规应用上登录只需要简单身份鉴别即可，而在高安全应用上登录需要提高身份鉴别强度。目前，电子认证的成本和易用性都不满足上述简单的应用需求，而部分第三方电子认证机构由于缺乏评估保障和赔偿保障，其安全程度也无法满足上述高级别的安全应用需求。

（2）单一鉴别技术面临不断发展的安全威胁。我国认证机构所采用的鉴别技术主要是密码算法，MD5 和 SHA-1 杂凑算法一直作为最为广泛应用的密码算法应用在金融、电子商务、电子政务等领域，但这两个算法已被宣布存在安全隐患。广泛用于保护互联网上数据传输安全的 SSL 协议，其安全隐患的存在可能使用户受到各种极具破坏力的网络攻击，其中，中间人攻击（Man-in-the-Middle Attack，MITM 攻击）就是非常危险的一种攻击方式。目前，互联网用户也已经广泛接受使用互联网身份服务，如互联登录[一]普遍使用的是OAuth授权技术，但目前我国互联网身份服务的应用范围还非常有限。首先，互联登录范围还只局限于互联网中的商业应用，尚未涉及电子政务、金融等领域。其次，在互联网行业，互联登录也只局限在一些有业务关系的企业之间，对专业身份提供商的鼓励机制不足。开放平台提供商只限于一些大型的互联网公司，也还没有形成专业的身份服务提供商，因此互联登录推广的内生动力还需要加强，行业标准和规范还待制定。

（3）电子认证服务的互联互通仍存在一定困难。目前，我国的CA机构大都根据自身的技术及安全能力为用户提供若干安全等级的身份认证服务，但是各CA机构对于电子认证服务的安全等级划分、证书策略制定等都各不相同，不同系统间身份管理的安全要求和责任追溯也缺乏统一认可的标准，身份管理服务大多处于各自为政的状态，机构之间普遍存在彼此不信任的情况。而且，我国CA机构对用户承诺的赔偿额也远小于国际CA机构的标准。因而对于最终用户来说，一张证书只能在一定地域或一定业务范围内才能使用的尴尬局面并没有大的改变。而且，我国与国际上不同国家认证的互联互通也推进得比较缓慢。

（4）绝大多数认证机构处于亏损状态。建设一个标准的中型认证机构需要注册资金3 000万元人民币，维持这样一个认证机构需要30～50人。从证书发放的情况来看，证书发放数量的差别很大，从100万张到1亿张不等。其中，收费证书仅占40%。对上海市数字证书认证中心的调查表明，在正式对外发放的数字证书中，绝大部分是针对个人用户的，主要应用于安全邮件和网上炒股；其余则发放给商家和网络服务器。个人用户的数字证书收费很低；发放给企业用于企业安全电子邮件、企业身份识别的证书及服务器证书，一般每年年费也仅在1 200元左右。如此庞大的开支和少量的收入，使得全国36家的认证机构中，仅有10%实现盈利。而且，在这10%的盈利认证机构中，主要的认证业务盈利情况并不理想。

3.5.4 电子认证机构的管理

2009年2月，作为《电子签名法》的重要配套规章，工业和信息化部发布《电子认证服务管理办法》。该办法是《电子签名法》授权制定的、与电子签名法配套施行的部门规章，具有重要的法律效力和作用。该办法主要涉及电子认证机构的成立、运作、终止服务的管理。[二]

[一] 互联登录是指采用某个网络身份登录其他互联网应用。身份管理系统可在用户授权的基础上将用户部分信息提供给需要登录的应用。互联登录可以帮助用户免除注册的麻烦，同时用户将账户只交给可信的开放平台提供商管理，降低身份信息泄露的风险。

[二] 原信息产业部. 电子认证服务管理办法 [EB/OL]. (2009-02-18)[2019-08-31]. http://www.gov.cn/gongbao/content/2009/content_1331180.htm.

（1）电子认证服务实行许可管理。申请电子认证服务许可的，应当向工业和信息化部提交书面申请，专业技术人员和管理人员证明，资金和经营场所证明，国家有关认证检测机构出具的技术设备，物理环境符合国家有关安全标准的凭证，国家密码管理机构同意使用密码的证明文件。工业和信息化部对提交的申请材料进行形式审查，依法做出是否受理的决定。

（2）工业和信息化部自接到申请之日起 45 日内做出许可或者不予许可的书面决定。准予许可的，颁发《电子认证服务许可证》，并公布有关《电子认证服务许可证》编号、电子认证服务机构名称、发证机关和发证日期。《电子认证服务许可证》的有效期为 5 年。

（3）电子认证服务机构应当按照工业和信息化部公布的《电子认证业务规则规范》的要求，制定本机构的电子认证业务规则，并在提供电子认证服务前予以公布，向信息产业部备案。

（4）电子认证服务机构应当按照公布的电子认证业务规则提供电子认证服务。电子认证业务规则发生变更的，电子认证服务机构应当予以公布，并自公布之日起 30 日内向工业和信息化部备案。电子认证服务机构在《电子认证服务许可证》的有效期内拟终止电子认证服务的，应在终止服务 60 日前向信息产业部报告，同时向工业和信息化部申请办理证书注销手续，并持工业和信息化部的相关证明文件向工商行政管理机关申请办理注销登记或者变更登记。电子认证服务机构被依法吊销电子认证服务许可的，其业务承接事项的处理按照工业和信息化部的规定进行。

（5）电子认证服务机构应当建立完善的安全管理和内部审计制度，并接受工业和信息化部的监督管理。

（6）电子认证服务机构应当遵守国家的保密规定，建立完善的保密制度。

2009 年 10 月，国家密码管理局颁布了《电子认证服务密码管理办法》，并于 2017 年 12 月进行了修正。[⊖]该办法共 20 条，主要规定了采用密码技术为社会公众提供第三方电子认证服务的系统应使用商用密码，明确了电子认证服务提供者申请"电子认证服务使用密码许可证"的条件和程序，同时也对电子认证服务系统的运行和技术改造等做出了相应规定。

开篇案例回顾

《广告法》第三条和第四条规定，广告应当真实、合法，以健康的表现形式表达广告内容，符合社会主义精神文明建设和弘扬中华民族优秀传统文化的要求。广告不得含

⊖ 国家密码管理局. 电子认证服务密码管理办法 [EB/OL]. (2017-12-01)[2019-08-31]. http://www.oscca.gov.cn/sca/xxgk/2017-12/01/content_1002579.shtml.

有虚假或者引人误解的内容,不得欺骗、误导消费者。广告主应当对广告内容的真实性负责。[1]

据此,开篇案例中的 5 个网络虚拟广告案例都违反了这些规定。这些公司利用广告对商品或者服务做虚假宣传,欺骗和误导消费者,从而构成了虚假广告。

虚假事实包含与事实不符和夸大事实两个方面。虚假事实可能是所宣传虚假的商品或服务本身的性能、质量、技术标准等,也可能是虚假的政府批文、权威机构的检验证明、荣誉证书、统计资料等,还可能是不能兑现的允诺。就广告内容而言,网络广告增加了对网站本身的宣传。严格地讲,网站本身只是商业活动或服务的媒体或手段,而不是产品服务内容本身,但对于网站本身的不实宣传也构成网络环境下的虚假广告。有些网络公司急于扩大自身影响,引起公众注意,因而在广告中出现一些不当或违法宣传,如"中国第一""全国最大规模的中文网站""中国访问率最高和固定用户数量最多的网站"等,这些故意夸大自己的商品或服务的广告,或含有贬低他人商品或服务的内容的广告,都是网络虚假广告。

2010 年 1 月国家工商行政管理总局会同其他 11 个部委发布的《2010 年虚假违法广告专项整治工作实施意见》,对虚假违法广告做了更明确的界定。

(1)危害未成年人身心健康的非法涉性、低俗不良广告,以及扰乱公共秩序、影响社会稳定的严重虚假违法广告。

(2)以健康资讯节(栏)目名义和新闻报道形式变相发布的广告。

(3)网上非法"性药品"广告、性病治疗广告和低俗不良广告,互联网发布的虚假药品广告、互联网医疗保健和药品信息服务广告,利用互联网和手机媒体传播淫秽色情及低俗信息等。

本章小结

1. 电子商务标准是电子商务活动中各种标准、协议、技术范本、政府文件、法律文书等的集合,主要包括基础标准、安全标准、交易标准、服务标准、EDI 标准、其他标准。

2. 计算机信息系统安全包括实体安全、运行安全、信息安全和人员安全四个方面的内容。

3. 网络服务管理规范包括接入服务的管理规范、域名服务管理规范、网络信息服务管理规范、网络用户法律规范涉及接入管理和使用管理中的法律问题。

4. 网络广告管理重点考虑组织管理和内容管理。

---

[1] 全国人大常委会. 中华人民共和国广告法 [EB/OL]. (2015-04-24)[2016-01-20]. http://www.gov.cn/xinwen/2015-04/25/content_2852914.htm.

5. 电子认证服务机构管理在电子商务活动中具有重要的地位和作用，涉及此类机构的成立、运作、终止服务等。

思考题

1. 简述我国电子商务标准的发展状况。
2. 制定电子商务标准的重要意义体现在哪几个方面？
3. 对网络服务的管理体现在哪些方面？
4. 为什么需要对网络广告进行管理，网络广告的管理对象是什么？
5. 简述国内数字认证机构的发展现状及存在的主要问题。

第4章
电子商务安全的法律保障

学习目标

- 了解电子商务立法的主要内容和特点。
- 了解电子签名法的相关法律规定,掌握电子签名的使用范围和方法。
- 了解电子合同的概念以及如何保证电子合同的安全使用。
- 了解电子资金划拨的特点以及由此引发的法律问题,掌握电子支付当事人的权利和义务。
- 了解电子交易中民事、行政及刑事法律责任的相应规定。
- 基本概念:电子签名法、电子合同法、法律责任

电子商务交易安全的法律保护问题,涉及两个基本方面。第一,电子商务交易是通过计算机及其网络实现的,其安全与否依赖于计算机系统及其网络自身的安全程度。第二,电子商务交易本质上是一种商品交易,其安全问题应当通过民商法加以保护。本章主要针对上述两个方面的问题展开讨论,并对电子签名、电子合同、电子支付等问题进行专门研究。

开篇案例　网络购物的合同相对方和平台责任⊖

2017年2月23日,刘书君通过北京京东叁佰陆拾度电子商务有限公司(京东公司)的网站购买了家具。该购买页面显示卖家的公司名称为佛山市完美轩家具有限公司。后因刘书君认为涉案商品有欺诈情形,向北京市东城区人民法院提起诉讼,要求京东公司承担赔偿责任。

⊖ 北京市第二中级人民法院. 刘书君与北京京东叁佰陆拾度电子商务有限公司网络购物合同纠纷二审民事判决书 [EB/OL]. (2018-04-13)[2019-08-20]. http://wenshu.court.gov.cn/website/wenshu/181107ANFZ0BXSK4/index.html?docId=28fe2db0f900445391e6a8c10010cb78.

一审法院认为，刘书君所购涉案商品的店铺为米莱克旗舰店，且购买网页页面标注了供货者和售后服务者均为米莱克旗舰店，经营米莱克旗舰店的公司为佛山市完美轩家具有限公司，故刘书君购买涉案商品的合同相对方系佛山市完美轩家具有限公司，京东公司作为网络交易平台提供者不是买卖合同的相对方。根据《中华人民共和国消费者权益保护法》第四十四条规定，消费者通过网络交易平台购买商品或者接受服务，其合法权益受到损害的，可以向销售者或者服务者要求赔偿。网络交易平台提供者不能提供销售者或者服务者的真实名称、地址和有效联系方式的，消费者也可以向网络交易平台提供者要求赔偿；网络交易平台提供者做出更有利于消费者的承诺的，应当履行承诺。网络交易平台提供者赔偿后，有权向销售者或者服务者追偿。网络交易平台提供者明知或者应知销售者或者服务者利用其平台侵害消费者合法权益，未采取必要措施的，依法与该销售者或者服务者承担连带责任。刘书君在购买时已明知是在米莱克旗舰店购买涉案商品，且京东公司亦能提供米莱克旗舰店的实际经营人的真实名称，故刘书君应向涉案商品的销售者主张赔偿。此外，刘书君未向一审法庭提交证据证明京东公司向其做出更有利于消费者的承诺，亦未向一审法庭提交充分证据证明京东公司明知或应知米莱克旗舰店利用网络交易平台侵害其合法权益，故一审法院认为，刘书君起诉京东公司无事实和法律依据，一审法院不予支持。综上所述，依照《中华人民共和国消费者权益保护法》第四十四条之规定，判决：驳回刘书君全部诉讼请求。

刘书君随即向北京市第二中级人民法院提起上诉。在二审中，刘书君与京东公司均未提交新证据。二审法院认为，本案的争议焦点为京东公司是否应向刘书君办理退货退款并承担赔偿责任。《最高人民法院关于适用〈中华人民共和国民事诉讼法〉的解释》第九十条亦规定，当事人对自己提出的诉讼请求所依据的事实或者反驳对方诉讼请求所依据的事实，应当提供证据加以证明，但法律另有规定的除外。在做出判决前，当事人未能提供证据或者证据不足以证明其事实主张的，由负有举证证明责任的当事人承担不利的后果。在本案中，刘书君的订单详情中显示店铺名称为米莱克旗舰店，且网页页面标注了供货者和售后服务者均系米莱克旗舰店，米莱克旗舰店的经营者系佛山市完美轩家具有限公司，故向刘书君销售涉案商品的合同相对方应系佛山市完美轩家具有限公司，京东公司作为网络交易平台提供者不是买卖合同的相对方。鉴于京东公司提供了米莱克旗舰店的实际经营人的真实名称，且京东公司未做出更有利于消费者的承诺，为此刘书君应向涉案商品的销售者主张其诉讼请求。刘书君主张京东公司明知或者应知销售者或者服务者利用其网络交易平台侵害消费者合法权益，未采取必要措施，但因其未能提供充足证据予以佐证，故本院对此不予采信。据此，一审法院对于刘书君要求京东公司承担退货退款与赔偿责任的诉讼请求不予支持处理并无不当。刘书君的上诉请求不能成立，应予驳回；一审法院判决认定事实清楚，适用法律正确，应予维持[（2018）京02民终2854号]。

4.1 国际组织电子商务立法的基本概况

4.1.1 联合国电子商务法的沿革及发展

从 20 世纪 90 年代开始，联合国开始积极地探索规范电子商务这种新的经济形态运行的法律体制，以便打造一个安全有序的虚拟经济环境。

1996 年 12 月，联合国第 51 次会议通过《电子商务示范法》。该法对数据电文的法律承认，数据电文的可接受性和证据力，利用数据电文订立合同的有效性等重要问题做出了明确的规定。该法意在为各国制定本国电子商务法规提供"示范文本"。截至 2018 年年底，电子商务已有 72 个国家共在 151 个法域通过了以《电子商务示范法》为基础或在其影响下形成的立法。[一]

2001 年 12 月，联合国第 56 届会议通过了《联合国国际贸易法委员会电子签名示范法》（以下简称《电子签名示范法》）。该法试图通过规范电子商务活动中的签字行为，建立一种安全机制，促进电子商务在世界贸易活动中的全面推广。截至 2018 年年底，已有 33 个国家通过了以《电子签名示范法》为基础或在其影响下形成的立法。[二]

2005 年 11 月，联合国第 60 届会议通过的《联合国国际合同使用电子通信公约》。该公约旨在消除国际合同使用电子通信的障碍，消除现有国际贸易法律文件在执行中可能产生的障碍，加强国际贸易合同的法律确定性和商业上的可预见性，以促进国际贸易的稳定发展。该公约提出了在国际合同中使用电子通信的基本要求。截至 2018 年年底，全世界共有 20 个国家签署了这个公约。[三]

2016 年 12 月 13 日，联合国大会第 71 届会议通过了《联合国国际贸易法委员会关于网上争议解决的技术指引》的提案。该技术指引对网上争议解决的基本流程、相关管理人、争议解决平台、中立人等提出了指引性要求。这一提案从开始提出到大会通过历经 6 年时间。中国代表团全程参加了整个文件的起草工作。会议期间，针对欧盟和美国两大利益集团有关网上争议解决的不同意见，中国代表团提出了自己的整体起草框架，并在导言、网上争议解决第一阶段和第二阶段的表述，网上争议解决第三阶段的性质，安全与保密，文件名称等关键问题上提出了自己的具体建议。这是我国在国际经贸领域引领规则制定的一次有益尝试，也是我国在联合国国际经贸规则制定中第一次取得的实质性突破。[四]

[一] 联合国国际贸易法委员会.《贸易法委员会电子商务示范法》(1996 年) [EB/OL].2005-11-23[2019-08-31]. https://ucitral.un.org/zh/texts/ecommerce/modellaw/electronic_commerce.

[二] 联合国国际贸易法委员会.《贸易法委员会电子签名示范法》(2001 年) [EB/OL].(2005-11-23)[2019-08-31]. https://uncitral.un.org/zh/texts/ecommerce/modellaw/electronic_signatures/status.

[三] 联合国国际贸易法委员会,《联合国国际合同使用电子通信公约》(2005 年)[EB/OL].(2005-11-23)[2015-12-31]. http://www.uncitral.org/uncitral/zh/uncitral_texts/electronic_commerce/2005Convention_status.html.

[四] 联合国国际贸易法委员会, 联合国国际贸易法委员会第四十八届会议报告 [EB/OL].(2005-06-29)[2015-12-31]. http://daccess-dds-ny.un.org/doc/UNDOC/GEN/V15/054/51/PDF/V1505451.pdf?OpenElement.

2017年12月，联合国国际贸易法委员会通过《联合国国际贸易法委员会电子可转让记录示范法》（以下简称《电子可转让记录示范法》）。该法旨在从法律上支持电子可转让记录的国内使用和跨境使用，适用于与可转让单证或票据功能等同的电子可转让记录。

4.1.2 国际电子商务立法的主要内容和特点

从近年国际电子商务立法所涉及的范围来看，其内容主要如下。

（1）市场准入。这是电子商务跨国发展的必要条件。WTO通过的有关电信及信息技术的各项协议均要求成员方开放电信市场，实现贸易的自由化。

（2）税收。因电子商务交易的特殊性，给税收管辖权的确定带来困难。美国主张对网上交易免征一切关税和新税种。1998年5月20日，WTO第二届部长会议通过的《全球电子商务宣言》规定，至少一年内免征互联网上所有贸易活动关税。网络税收问题将成为新一轮贸易谈判的重点之一。

（3）电子商务合同。与传统的商务合同有许多不同之处，电子商务合同是通过数据电文签订的，对数据电文的效力问题，需要用法律的形式对此做出相应的规定。对电子可转让记录的法律效力，也需要做出明确的规定。

（4）电子支付。电子支付是电子商务发展的一个重点，电子支付的产生使货币有形流动转变为无形的信用信息在网上流动，这种方式会极大地影响国际商务活动和银行业，而现行的法律难以满足电子支付的需要。

（5）安全与保密。安全与保密是电子商务发展的一项基本要求，涉及消费者的隐私权保护，特别是网上交易涉及个人资料和数据的保护，一些国际组织和国家已先后制定了相关的规则，以保障网络传输的安全性和可靠性。

（6）知识产权。电子商务的快速发展，使传统的知识产权制度面临着极大的挑战，对网上作品的保护、域名和商标等问题已成为国际知识产权保护的新课题。1996年世界知识产权组织通过了《WITO版权条约》和《WITO表演与录音制品条约》，这两项条约被称为保护互联网版权条约。在新一轮的WTO谈判中，网络贸易中的知识产权保护也将成为电子商务谈判的一个重要内容。

（7）网上争议的解决。网上争议解决是电子商务交易正常运转的主要环节，需要明确争议解决的基本程序和具体步骤。

从上述国际电子商务立法的发展和主要内容来看，其特点如下。

（1）国际立法的超前性。由于电子商务在全球的迅猛发展，各国还未及时地制定出系统的、适合本国经济发展的电子商务的国内立法。联合国通过制定电子商务的示范法，指导各国的电子商务立法。

（2）提供宽松、简约的电子商务的法制环境。为适应电子商务交易高度自由化的特点，应尽量减少政府的干预。

（3）电子商务立法修改的频繁性。和一般的立法不同，由于电子商务的发展，其所遇到的法律问题会层出不穷，作为电子商务立法不可能一成不变，要和电子商务的发展相适应，逐步完善。

4.2 我国保护计算机与网络安全的主要法律法规

4.2.1 我国涉及计算机刑事犯罪的法律法规

我国的计算机安全立法工作开始于 20 世纪 80 年代。1981 年，公安部开始成立计算机安全监察机构，并着手制定有关计算机安全方面的法律法规和规章制度。1988 年 9 月全国人大常委会通过《中华人民共和国保守国家秘密法》，第一次提出："采用电子信息等技术存取、处理、传递国家秘密的办法，由国家保密工作部门会同中央有关机关规定。"1989 年，我国首次在重庆西南铝厂发现计算机病毒后，立即引起有关部门的重视。公安部发布了《计算机病毒控制规定（草案）》，开始推行"计算机病毒研究和销售许可证"制度。

1991 年 5 月，国务院通过了《计算机软件保护条例》，旨在保护计算机软件设计人的权益，调整计算机软件在开发、传播和使用中发生的利益关系，鼓励计算机软件的开发与流通，促进计算机应用事业的发展。这是我国颁布的第一个有关计算机的法规。

1994 年 2 月，国务院发布《中华人民共和国计算机信息系统安全保护条例》。[1]这个条例的最大特点是既有安全管理，又有安全监察，以管理与监察相结合的办法保护计算机资产。该条例第七条规定，任何组织和个人，不得利用计算机信息系统从事危害国家利益、集体利益和公民合法利益的活动，不得危害计算机信息系统的安全。关于对计算机信息系统安全保护问题，该条例第三条规定：应当保障计算机及其相关的和配套的设备、设施（含网络）的安全，运行环境的安全，保障信息的安全，保障计算机功能的正常发挥，以维护计算机信息系统的安全运行。

1997 年 10 月 1 日我国实行的新刑法第一次增加了计算机犯罪的罪名。2015 年 8 月全国人大常委会通过的《中华人民共和国刑法修正案（九）》将计算机犯罪划分为以下类型。[2]

（1）非法侵入计算机信息系统罪；非法获取计算机信息系统数据，非法控制计算机信息系统罪；提供侵入、非法控制计算机信息系统程序、工具罪（第二百八十五条）。

---

[1] 国务院. 中华人民共和国计算机信息系统安全保护条例 [EB/OL]. (1994-02-18)[2019-08-02]. http://www.gov.cn/flfg/2005-08/06/content_20928.htm.

[2] 全国人大常委会，中华人民共和国刑法修正案（九)[EB/OL].(2015-08-29)[2015-12-31]. http://www.gov.cn/xinwen/2015-08/30/content_2922112.htm.

包括违反国家规定,侵入国家事务、国防建设、尖端科学技术领域的计算机信息系统和其他计算机信息系统,或者采用其他技术手段,获取该计算机信息系统中存储、处理或者传输的数据,或者对该计算机信息系统实施非法控制;提供专门用于侵入、非法控制计算机信息系统的程序、工具,或者明知他人实施侵入、非法控制计算机信息系统的违法犯罪行为而为其提供程序、工具。

(2)破坏计算机信息系统罪;网络服务渎职罪(第二百八十六条)。包括违反国家规定,对计算机信息系统功能进行删除、修改、增加、干扰,造成计算机信息系统不能正常运行;或对计算机信息系统中存储、处理或者传输的数据和应用程序进行删除、修改、增加的操作;故意制作、传播计算机病毒等破坏性程序,影响计算机系统正常运行;网络服务提供者不履行法律、行政法规规定的信息网络安全管理义务,经监管部门责令采取改正措施而拒不改正,致使违法信息大量传播,或致使用户信息泄露,造成严重后果,或致使刑事案件证据灭失,或有其他严重情节。

(3)利用计算机实施犯罪(第二百八十七条)。包括利用计算机实施金融诈骗、盗窃、贪污、挪用公款、窃取国家秘密或者其他犯罪;利用信息网络实施设立用于实施诈骗,传授犯罪方法,制作或者销售违禁物品、管制物品等违法犯罪活动的网站、通讯群组;发布有关制作或者销售毒品、枪支、淫秽物品等违禁物品、管制物品或者其他违法犯罪信息;为实施诈骗等违法犯罪活动发布信息;明知他人利用信息网络实施犯罪,为其犯罪提供互联网接入、服务器托管、网络存储、通讯传输等技术支持,或者提供广告推广、支付结算等帮助。

从目前的情况来看,利用网络贩毒的问题非常突出。随着互联网、物流寄递等新业态迅猛发展,不法分子越来越多地应用现代技术手段,有组织地全方位利用陆海空渠道走私贩运毒品,渠道立体化、手段智能化。2018年,"互联网+物流"已成为贩毒活动主要方式。不法分子通过互联网发布、订购、销售毒品和制毒物品,网上物色运毒"马仔",或通过物流寄递等渠道运毒,收寄不用真名,联络使用隐语、暗语,采用微信、支付宝、Q币等在线支付方式,交易活动"两头不见人"。一些不法分子甚至通过登录"暗网"进行贩毒,发现和打击难度很大。[⊖]因此,加强刑法有关利用计算机犯罪的执行力度非常重要。

《网络安全法》第四十六条规定,任何个人和组织应当对其使用网络的行为负责,不得设立用于实施诈骗,传授犯罪方法,制作或者销售违禁物品、管制物品等违法犯罪活动的网站、通讯群组,不得利用网络发布涉及实施诈骗,制作或者销售违禁物品、管制物品以及其他违法犯罪活动的信息。并在第六十七条规定,违反本法第四十六条规定,设立用于实施违法犯罪活动的网站、通讯群组,或者利用网络发布涉及实施违法犯

⊖ 中国国家禁毒委员会办公室.2018年中国毒品形势报告[EB/OL].(2019-06-25)[2019-08-24]. http://www.nncc626.com/2019-06/17/c_1210161797.htm.

罪活动的信息,尚不构成犯罪的,由公安机关处五日以下拘留,可以并处一万元以上十万元以下罚款;情节较重的,处五日以上十五日以下拘留,可以并处五万元以上五十万元以下罚款。关闭用于实施违法犯罪活动的网站、通讯群组。

4.2.2 我国涉及网络安全的法律法规

2017年6月1日,《网络安全法》正式施行。这是我国网络安全领域的第一部综合性基础法律,旨在保障网络安全,维护网络空间主权和国家安全、社会公共利益,保护公民、法人和其他组织的合法权益,促进经济社会信息化健康发展。

《网络安全法》第一次提出了维护网络空间主权的基本原则。网络空间主权是一国国家主权在网络空间中的自然延伸和表现,各国自主选择网络发展道路、网络管理模式、互联网公共政策和平等参与国际网络空间治理的权利应当得到尊重。《网络安全法》适用于我国境内网络以及网络安全的监督管理。这是我国网络空间主权对内最高管辖权的具体体现。

《网络安全法》第二十一条强调,国家实行网络安全等级保护制度。网络运营者应当按照网络安全等级保护制度的要求,履行安全保护义务,保障网络免受干扰、破坏或者未经授权的访问,防止网络数据泄露或者被窃取、篡改。

《网络安全法》第二十三条规定,网络关键设备和网络安全专用产品应当按照相关国家标准的强制性要求,由具备资格的机构安全认证合格或者安全检测符合要求后,方可销售或者提供。国家网信部门会同国务院有关部门制定、公布网络关键设备和网络安全专用产品目录,并推动安全认证和安全检测结果互认,避免重复认证、检测。

《网络安全法》用了一节的篇幅,专门规范关键信息基础设施的运行安全。第三十一条规定,国家对公共通信和信息服务、能源、交通、水利、金融、公共服务、电子政务等重要行业和领域,以及其他一旦遭到破坏、丧失功能或者数据泄露,可能严重危害国家安全、国计民生、公共利益的关键信息基础设施,在网络安全等级保护制度的基础上,实行重点保护。关键信息基础设施的具体范围和安全保护办法由国务院制定。

《网络安全法》第三十四条规定,关键信息基础设施的运营者还应当履行下列安全保护义务:

(1)设置专门安全管理机构和安全管理负责人,并对该负责人和关键岗位的人员进行安全背景审查;

(2)定期对从业人员进行网络安全教育、技术培训和技能考核;

⊖ 全国人大常委会. 中华人民共和国网络安全法 [EB/OL]. (2016-11-07)[2019-08-31]. http://www.cac.gov.cn/2016-11/07/c_1119867116.htm.

⊜ 全国人大常委会. 中华人民共和国网络安全法 [EB/OL]. (2016-11-07)[2019-08-31]. http://www.cac.gov.cn/2016-11/07/c_1119867116.htm.

（3）对重要系统和数据库进行容灾备份；

（4）制定网络安全事件应急预案，并定期进行演练；

（5）法律、行政法规规定的其他义务。

《网络安全法》第五十五条规定，发生网络安全事件，应当立即启动网络安全事件应急预案，对网络安全事件进行调查和评估，要求网络运营者采取技术措施和其他必要措施，消除安全隐患，防止危害扩大，并及时向社会发布与公众有关的警示信息。

4.2.3 我国涉及网络信息保护的法律法规

随着网络应用的普及，随意收集、擅自使用、非法泄露甚至倒卖公民个人电子信息，网络诈骗、诽谤等违法犯罪活动大量发生，严重损害公民、法人和其他组织的合法权益。为了保护网络信息安全，保障公民、法人和其他组织的合法权益，维护国家安全和社会公共利益，2012 年 12 月，全国人大常委会通过了《全国人大常委会关于加强网络信息保护的决定》（以下简称《决定》）。《决定》[⊖]明确提出：

（1）国家保护能够识别公民个人身份和涉及公民个人隐私的电子信息。

（2）任何组织和个人不得窃取或者以其他非法方式获取公民个人电子信息，不得出售或者非法向他人提供公民个人电子信息。

（3）网络服务提供者和其他企业事业单位在业务活动中收集、使用公民个人电子信息，应当遵循合法、正当、必要的原则，明示收集、使用信息的目的、方式和范围，并经被收集者同意，不得违反法律、法规的规定和双方的约定收集、使用信息。

（4）网络服务提供者和其他企业事业单位及其工作人员对在业务活动中收集的公民个人电子信息必须严格保密，不得泄露、篡改、毁损，不得出售或者非法向他人提供。

（5）网民如遇到骚扰、诈骗信息，可以要求电信运营商加以处理，甚至向其主管部门投诉。

《网络安全法》明确对公民个人信息安全进行保护。任何个人和组织不得窃取或者以其他非法方式获取个人信息，不得非法出售或者非法向他人提供个人信息。个人信息被冒用有权要求网络运营者删除。个人发现网络运营者违反法律、行政法规的规定或者双方的约定收集、使用其个人信息的，有权要求网络运营者删除其个人信息。网络运营者应当采取措施予以删除或者更正。

《网络安全法》做出专门规定：网络产品、服务具有收集用户信息功能的，其提供者应当向用户明示并取得同意；网络运营者不得泄露、篡改、毁损其收集的个人信息；任何个人和组织不得窃取或者以其他非法方式获取个人信息，不得非法出售或者非法向他人提供个人信息，并规定了相应法律责任。

⊖ 全国人大常委会. 全国人大常委会关于加强网络信息保护的决定 [EB/OL]. (2012-12-28)[2019-08-31]. http://www.gov.cn/jrzg/2012-12/28/content_2301231.htm.

2019年8月22日，国家互联网信息办公室颁布《儿童个人信息网络保护规定》[⊖]。其中第四条明确，任何组织和个人不得制作、发布、传播侵害儿童个人信息安全的信息。第九条规定，网络运营者收集、使用、转移、披露儿童个人信息的，应当以显著、清晰的方式告知儿童监护人，并应当征得儿童监护人的同意。上述规定，对于从事电子商务儿童商品的生产与销售的企业和个人非常重要，必须严格执行。

4.3 我国保护电子商务交易安全的主要法律法规

4.3.1 我国涉及交易安全的法律法规

在现代社会的各个环节中，商品的交换扮演了非常重要的角色。相对于生产、分配及消费而言，交换体现了动态的效益价值。而交换秩序则是实现交换价值的基本前提。这种基本前提在法律上就表现为对交易安全的保护。交易安全较之静态的财产安全，在法律上也体现了更丰富的自由、争议、效益与秩序的价值元素。

我国现行的涉及交易安全的法律法规主要有四类。

（1）综合性法律。主要是民法总则和刑法中有关保护交易安全的条文。

（2）规范交易主体的有关法律。如公司法、合伙企业法。

（3）规范交易行为的有关法律。包括物权法、合同法、产品质量法、保险法、价格法、消费者权益保护法、广告法、反不正当竞争法等。

（4）监督交易行为的有关法律。如会计法、审计法、票据法、商业银行法等。

我国法律对交易安全的研究起步较晚，且长期以来注重对财产静态权属关系的确认和安全保护，未能反映现代市场经济交易频繁、活跃、迅速的特点。虽然上述法律制度体现了部分交易安全的思想，但缺乏明确的交易安全的规定，在司法实践中也往往没有按照这些制度执行。为了保护当事人的合法权益，适应市场经济的要求，维护社会经济秩序，我国对原来的经济合同法、技术合同法和涉外经济合同法做了修改，并于1999年发布了《中华人民共和国合同法》（以下简称《合同法》）。该法在制定的过程中，考虑到电子商务全球化的趋势，借鉴了联合国贸易法委员会1996年发布的《电子商务示范法》中的有关规定，对订立合同的形式要求做了扩展，把数据电文包括电报、电传、传真、电子数据交换和电子邮件作为书面形式之一。2017年发布的《中华人民共和国民法总则》[⊖]（以下简称《民法总则》）第一百一十一条规定，自然人的个人信息受法律保护。任何组织和个人需要获取他人个人信息的，应当依法取得并确保信息安全，不得

⊖ 国家互联网信息办公室. 儿童个人信息网络保护规定 [EB/OL]. (2019-08-22)[2019-09-03]. http://media.people.com.cn/n1/2019/0824/c40606-31314507.html.

⊖ 全国人大常委会. 中华人民共和国民法总则 [EB/OL]. (2019-09-23)[2017-07-31]. http://glx.ncist.edu.cn/article/2017-3-21/art16932.html.

非法收集、使用、加工、传输他人个人信息，不得非法买卖、提供或者公开他人个人信息；第一百二十七条规定，法律对数据、网络虚拟财产的保护有规定的，依照其规定。第八十三条关于"营利法人的出资人不得滥用出资人权利损害法人或者其他出资人的利益。滥用出资人权利给法人或者其他出资人造成损失的，应当依法承担民事责任"等，上述条款反映了我国主要法律对交易安全的重视。

4.3.2 我国涉及电子商务交易安全的主要法律法规

（1）2005 年 4 月 1 日，我国开始实施《电子签名法》；2019 年 4 月 23 日，《电子签名法》进行了第二次修正。㊀《电子签名法》首次赋予可靠电子签名与手写签名或盖章具有同等的法律效力，并明确了电子签名、数字认证的使用范围。《电子签名法》的出台是我国电子商务发展的里程碑，它的颁布和实施极大地改善了我国电子签名应用的法制环境。第二次修正进一步扩大了电子签名的应用范围，删除了原有不适用于"涉及土地、房屋等不动产权益转让的"文书的限制。

（2）2013 年 10 月，全国人大常委会修订了《中华人民共和国消费者权益保护法》（以下简称"新消法"）。㊁新消法在第二十五条增加了在网络、电视、电话、邮购等形式的购物中除明确列举的例外情况外，"消费者有权自收到商品之日起 7 日内退货，且无须说明理由"的表述。同时，新消法对于使用格式条款、消费者个人信息保护等也做出了明确的规定。

（3）2015 年 4 月，新修订的《广告法》㊂规定，利用互联网发布、发送广告，不得影响用户正常使用网络；在互联网页面以弹出等形式发布的广告，应当显著标明关闭标志，确保一键关闭。

（4）2010 年 6 月，中国人民银行公布了《非金融机构支付服务管理办法》（以下简称《办法》）。㊃《办法》规定，未经中国人民银行批准，任何非金融机构和个人不得从事或变相从事支付业务。非金融机构如果要提供支付服务，应当依据本办法规定申请取得《支付业务许可证》，成为支付机构。《办法》并规定了申请许可证的最低门槛：在全国范围从事支付业务的，其注册资本最低限额为 1 亿元；拟在一省范围内从事支付业务的，注册资本最低为 3 000 万元。

㊀ 全国人大常委会. 中华人民共和国电子签名法（2019 年修正）[EB/OL]. (2019-04-23)[2019-07-31]. http://www.npc.gov.cn/npc/c30834/201905/1d39b3ac29144348a01ffc43212a0b39.shtml.

㊁ 全国人大常委会. 全国人民代表大会常务委员会关于修改《中华人民共和国消费者权益保护法》的决定 [EB/OL].(2013-10-25)[2019-08-31]. http://www.gov.cn/flfg/2013-10/25/content_2516547.htm.

㊂ 全国人大常委会，中华人民共和国广告法 [EB/OL]. (2015-04-25)[2019-08-31]. http://www.gov.cn/xinwen/2015-04/25/content_2852914.htm.

㊃ 中国人民银行. 非金融机构支付服务管理办法 [EB/OL]. (2010-06-14)[2019-08-31]. http://www.gov.cn/flfg/2010-06/21/content_1632796.htm.

（5）2018年8月，《电子商务法》颁布。这是我国电子商务领域一部重要的电子商务综合立法，对电子商务经营主体、经营行为、合同、快递物流、电子支付等，以及电子商务发展中比较典型的问题，都做了比较明确具体的规定。

（6）2018年12月，国家市场监督管理总局颁布《市场监督管理行政处罚程序暂行规定》(以下简称《程序规定》)。○《程序规定》对电子商务违法行为管辖做出了科学合理的设置，覆盖了《电子商务法》第九条列举的全部四种电子商务经营者类型，明确了电子商务平台、自建网站、通过其他网络服务销售商品或提供服务三种类型经营者违法行为的管辖；对平台内经营者违法行为做出了双重管辖的特别规定。《程序规定》的相关规定与上位法精神相吻合，更加符合执法实践的要求和电子商务的经营特点，

4.4 电子签名法

4.4.1 电子签名的有关概念

联合国《电子签名示范法》(中文版)第二条第一款给出了电子签名的概念："电子签名"（Electronic Signature）系指在数据电文中，以电子形式所含、所附或在逻辑上与数据电文有联系的数据，它可用于鉴别与数据电文相关的签名人和表明签名人认可数据电文所含信息。

我国《电子签名法》中对电子签名的表述与联合国《电子签名示范法》（中译本）提出的电子签字概念基本相同："本法所称电子签名，是指数据电文中以电子形式所含、所附用于识别签名人身份并表明签名人认可其中内容的数据第二条第一款。"○○

联合国《电子签字示范法》和我国《电子签名法》在起草过程中都强调了电子签名

○ 国家市场监督管理总局. 市场监督管理行政处罚程序暂行规定 [EB/OL]. (2018-12-26)[2019-09-03]. http://home.saic.gov.cn/fw/zcjjd/201812/t20181226_279716.html.

○ 全国人大常委会. 中华人民共和国电子签名法 [EB/OL]. (2019-04-23)[2019-07-31]. http://www.npc.gov.cn/npc/c30834/201905/1d39b3ac29144348a01ffc43212a0b39.shtml.

○ 需要注意的是，《电子签名法》中对电子签名的表述与联合国《电子签字示范法》（中译本）提出的电子签字概念基本相同。但我国《电子签名法》和联合国《电子签名示范法》(中文版)都存在一个共同的问题，两者都认为电子签名是包含在"数据电文中"的。而从技术角度来看，电子签名是以电子形式附在数据电文上的数据。这一点可以通过第2章第2.3.5节图2-16加深理解。图2-16显示，数据电文通过信息摘要并且加密后才形成数字签名，数字签名是信息摘要和密钥的复合体（从这一点甚至可以说"数据电文"存在于"电子签名"中）。在实际应用中，数据电文与电子签名并列存在并一起传递，两者起着不同的作用。实际上，联合国《电子签字示范法》(中译本)的翻译是有误的。联合国《电子签字示范法》(英文版)对电子签字的表述为："Electronic Signature means data in electronicform in, affixed to or logically associated with, a data message, which may be used to identify the signatory in relation to the data message and to indicate the signatory's approval of the information contained in the data message"。所以，正确的翻译应为："电子签字系指一种电子形式的数据，这种数据或含在数据电文中，或附加在数据电文上，或在逻辑上与数据电文有联系，它可用于鉴别与数据电文相关的签字人和表明签字人认可的包含在数据电文中的信息。"这一定义可以结合第2章图2-16加以理解。

的实质，即将电子签名看作一种与数据电文相关联的电子数据，而这一数据是在制作电子签名的过程中形成的，并产生了对签名人和相关信息的核证作用，而没有简单地将其看作一种方法和一种结果。同时，也遵循了"不偏重任何技术"的原则，综合考虑了数字加密技术的安全性问题，考虑了其他电子签名技术的发展问题，例如使用指纹、视网膜、DNA等生物鉴定技术或其他类似技术，没有片面地强调某一技术。⊖

4.4.2 电子签名的适用前提与适用范围

1. 适用前提

鉴于电子签名的推广需要有一个过程，《电子签名法》没有规定在民事活动中的合同或者其他文件、单证等文书中必须使用电子签名，而是规定"民事活动中的合同或者其他文件、单证等文书，当事人可以约定使用或者不使用电子签名、数据电文"（第三条第一款）。同时明确规定，"当约定使用电子签名、数据电文的文书后，不得仅因为其采用电子签名、数据电文的形式而否定其法律效力"（第三条第二款）。

2. 使用范围

《电子签名法》使用排除法确定了电子签名的使用范围。考虑到交易安全和社会公共利益，借鉴一些国家的做法，《电子签名法》规定在一些特定范围内的法律文书不适用关于电子签名、数据电文的法律效力的规定，这些法律文书包括三个方面（第三条第三款）：

（1）涉及婚姻、收养、继承等人身关系的；
（2）涉及停止供水、供热、供气、供电等公用事业服务的；
（3）法律、行政法规规定的不适用电子文书的其他情形。

《电子签名法》2019年第二次修正扩大了电子签名的应用范围，删除了原有不适用于"涉及土地、房屋等不动产权益转让的"文书的限制。这一修正是根据我国电子签名应用推广的具体情况修改的。

4.4.3 电子签名的法定要求

电子签名的目的是要达到传统书面签名的基本功能，然而电子签名的方法有多种形式，不同公司推出的技术标准也有所差异，因此要在法律上建立一个基本要求，凡达到该要求的电子签名才是具有法律效力的。

⊖ 据报道，目前在国内外广泛应用的为电子文件加密的杂凑函数MD5已经被国内学者破译（王振国，刘春雷．挑剔电子签名的女博导[N]．齐鲁晚报，2004-09-17）。因此，要保证电子签名的可靠性，必须鼓励现有技术的改造和新技术的采用。但从目前情况来看，数字加密技术仍然是一种使用简便、保密性强、成本最低的加密技术，联合国《电子签字示范法》和我国《电子签名法》都对它进行了重点阐述。

1. 可靠电子签名的推定

《电子签名法》第十三条提出了认定可靠电子签名的四个基本条件，且四个条件需要同时满足：

（1）电子签名制作数据用于电子签名时，属于电子签名人专有；

（2）签署时电子签名制作数据仅由电子签名人控制；

（3）签署后对电子签名的任何改动能够被发现；

（4）签署后对数据电文内容和形式的任何改动能够被发现。

第一款和第二款是归属推定。如果可以证明在电子签名过程中使用的，将电子签名与电子签名人可靠地联系起来的字符、编码等数据是由使用它的人或代表使用它的人专有或控制，即可满足可靠的电子签名的归属条件。

第三款和第四款是完整性推定。如果足以证明在电子签名签署后可以发现电子签名的任何改动或发现数据电文内容和形式的任何改动，即可满足可靠的电子签名的完整性条件。

2. 可靠电子签名的法律效力

根据我国《电子签名法》第十四条规定，"可靠的电子签名与手写签名或者盖章具有同等的法律效力"。这是《电子签名法》的核心。当一个电子签名被认定是可靠的电子签名时，该电子签名就与手写签名或者盖章具有了同等的法律效力。

4.4.4 电子签名人的行为规制

电子签名人是指持有电子签名制作数据并以本人身份或者以其所代表的人的名义实施电子签名的人。这里的电子签名制作数据，是指在电子签名过程中使用的，将电子签名与电子签名人可靠地联系起来的字符、编码等数据。

当电子签名的法律效力确定之后，电子签名和个人的图章、单位的公章就有了同样的地位和作用。因此，对于电子签名制作数据的保护必须与图章或公章的保护放在同等重要的地位。这不仅涉及个人或单位自身利益的保护问题，而且对于维护电子商务交易秩序也具有非常重要的意义。

从电子签名人的角度来看，妥善保管电子签名制作数据应注意以下几个方面的问题：

（1）建立完善的电子签名制作数据管理制度，妥善放置电子签名制作数据，严格控制网络内部用户的越权访问；

（2）设置防火墙、防病毒软件、物理隔离器之类的安全装置，并经常更新；

（3）定期评估网络、操作系统等自身的安全性，发现系统漏洞并及时更改；

（4）加强备份和灾难备份工作，定期更换电子签名制作数据。

电子签名人发现电子签名制作数据已经失密或者可能失密时，应当及时告知有关各方，并终止使用该电子签名制作数据。

电子签名人向电子认证服务提供者申请电子签名认证证书，应当提供真实、完整和准确的信息。

4.4.5 电子签名依赖方的行为规制

电子签名依赖方是指基于对电子签名认证证书或者电子签名的信赖从事有关活动的人。联合国《电子签字示范法》第十一条规定了电子签字依赖方的行为：

（1）采取合理的步骤核查电子签字的可靠性；

（2）在电子签字有证书证明时，采取合理的步骤：

（3）核查证书的有效性或证书的吊销或撤销；

（4）遵守对证书的任何限制。

4.5 电子合同法律规范

4.5.1 电子合同的有关概念

合同，又称契约。《合同法》[一]第二条规定，合同是平等主体的自然人、法人、其他组织之间设立、变更、终止民事权利义务关系的协议。

传统的合同形式主要有两种，即口头形式和书面形式。口头形式是指当事人采用口头或电话等直接表达的方式达成的协议。书面形式是指当事人采用非直接表达方式即文字方式来表达协议的内容。

传统的商务合同成立有四个基本的要素。

（1）合同内容：反映交易各方的意思表达。

（2）合同载体：通常使用纸张作为合同的载体。

（3）合同签名或盖章：通常使用签名或盖章的方式表示合同签署者对合同条款的同意。

（4）合同文本的交换方法：经常使用当面传递或邮寄的方法交换合同文本。

上述四个基本要素是相互密切关联的。例如，在实践中，交易主体通常约定以盖章的方式表示同意订立合同；没有盖章的合同不具有法律效力；仅有盖章而没有内容的合同没有意义；没有交换的合同文本不能得到双方的承认。但同时，传统的商务合同的成立还需要有一个必要条件，即合同内容、合同载体、合同签名或盖章必须结合为一体。

[一] 全国人大常委会. 中华人民共和国合同法 [EB/OL]. (1999-03-15)[2019-08-31]. http://www.npc.gov.cn/wxzl/wxzl/2000-12/06/content_4732.htm.

在实际操作中，经常使用骑缝章或"本页无正文"等方法来保证合同的基本要素不可分割。

根据功能等同法[一]，若要在交易活动中使用电子合同，也必须同时具备传统合同的四个基本要素，电子合同才能够具有法律效力。只是在网络环境下，合同的形式发生了一些变化。

（1）合同内容：电子合同与传统合同没有区别。

（2）合同载体：使用数据电文作为电子合同的载体，通过屏幕进行显示。

（3）合同签名或盖章：使用电子签名或电子盖章代替传统合同的签名或盖章。而且，电子签名或电子盖章通过加密方法将合同的各个要素连接为一个整体，实现了传统合同成立的必要条件。

（4）合同文本的交换方法：使用安全的电子通信交换电子合同。

由此，我们可以给出电子合同的定义：电子合同是平等主体的自然人、法人、其他组织之间以数据电文为载体，使用电子签名，并利用电子通信设立、变更、终止民事权利义务关系的协议。

4.5.2 电子合同的法律效力

1. 联合国有关电子合同法律效力的规定

联合国《电子商务示范法》第九条规定，"在任何法律诉讼中，证据规则的适用在任何方面均不得以下述任何理由否定一项数据电文作为证据的可接受性：

（1）仅仅以它是一项数据电文为由；

（2）如果它是举证人按合理预期所能得到的最佳证据，以它并不是原样为由。

对于以数据电文为形式的信息，应给予应有的证据力。在评估一项数据电文的证据力时，应考虑到生成、储存或传递该数据电文的办法的可靠性，保持信息完整性的办法的可靠性，用以鉴别发端人[二]的办法，以及任何其他相关因素。

联合国《电子商务示范法》第十一条进一步规定，"就合同的订立而言，除非当事

[一] 功能等同法是针对信息技术应用和互联网环境所提出的立法新方法。这种办法立足于分析传统的交易要求的目的和作用，以确定如何通过电子商务技术来达到这些目的或作用。例如，合同的书面文件可起到下述作用：提供的文件大家均可识读；提供的文件在长时间内可保持不变；可复制文件以便每一当事方均掌握一份同一数据副本；可通过签字核证数据；提供的文件采用公共当局和法院可接受的形式。因此，电子合同也应当满足所有上述书面文件的作用，即包含必须被载入合同的全部信息；采用了一种可靠方法(指明该电子合同为单一的电子可转让记录，使得该电子记录能够自其生成至其不再具有任何效力或有效性期间被置于控制之下，并且保全该电子合同的完整性)。这里的完整性的评价标准应是，除正常传送、存储和显示过程中出现的任何改动之外，电子合同所包含的信息，包括自其生成至其不再具有任何效力或有效性期间产生的任何经授权的改动，是否仍然完整且未被更改。

[二] 一项数据电文的"发端人"系指可认定是由其或代表其发送或生成该数据电文，然后予以储存的人，但不包括作为中间人来处理该数据电文的人。

各方另有协议,一项要约以及对要约的承诺均可通过数据电文的手段表示。如使用了一项数据电文来订立合同,则不得仅仅以使用了数据电文为理由而否定该合同的有效性或可执行性"。第十二条同时规定,"就一项数据电文的发端人和收件人㊀之间而言,不得仅仅以意旨的声明或其他陈述采用数据电文形式为理由而否定其法律效力、有效性或可执行性"。

2. 我国有关数据电文法律效力的规定

在电子合同的安全应用中,必须解决数据电文符合书面形式、数据电文符合原件要求和数据电文符合文件保存要求的问题。

我国《电子签名法》第三条规定,民事活动中的合同或者其他文件、单证等文书,当事人可以约定使用或者不使用电子签名、数据电文。当事人约定使用电子签名、数据电文的文书,不得仅因为其采用电子签名、数据电文的形式而否定其法律效力。第四条进一步规定了数据电文符合书面形式的要求:能够有形地表现所载内容,并可以随时调取查用的数据电文,视为符合法律、法规要求的书面形式。

第五条规定了数据电文符合原件要求的规定:

(1) 能够有效地表现所载内容并可供随时调取查用;

(2) 能够可靠地保证自最终形成时起,内容保持完整,未被更改。但是,在数据电文上增加背书以及数据交换、储存和显示过程中发生的形式变化不影响数据电文的完整性。

第六条规定了数据电文符合文件保存的要求:

(1) 能够有效地表现所载内容并可供随时调取查用;

(2) 数据电文的格式与其生成、发送或者接收时的格式相同,或者格式不相同但是能够准确表现原来生成、发送或者接收的内容;

(3) 能够识别数据电文的发件人、收件人以及发送、接收的时间。

第六条针对数据电文的存储要求设立了一套替代规则,这些规则是建立在第四条和第五条的基础上的。其中,第一款仅仅重复了第四条所规定的一项数据电文"书面形式"的条件;而第二款与第五条的第二款又非常接近。第三款的意图在于涵盖可能要存储的全部信息。除了数据电文本身的内容外,还包括了能够识别数据电文的发件人、收件人及发送、接收的时间,即用以确定数据电文相关情况的传送信息。这一规定比传统的纸质文书要严格。

3. 电子合同的应用规定

我国《电子商务法》对电子合同的应用做出了一系列规定。

㊀ 一项数据电文的"收件人"系指发端人意欲由其接收该数据电文的人,但不包括作为中间人来处理该数据电文的人。

（1）电子商务当事人使用自动信息系统订立或者履行合同的行为对使用该系统的当事人具有法律效力。

（2）电子商务经营者发布的商品或者服务信息符合要约条件的，用户选择该商品或者服务并提交订单成功，合同成立。当事人另有约定的，从其约定。

（3）电子商务经营者应当清晰、全面、明确地告知用户订立合同的步骤、注意事项、下载方法等事项，并保证用户能够便利、完整地阅览和下载。

（4）电子商务经营者应当保证用户在提交订单前可以更正输入错误。

（5）合同标的为交付商品并采用快递物流方式交付的，收货人签收时间为交付时间。合同标的为提供服务的，生成的电子凭证或者实物凭证中载明的时间为交付时间；前述凭证没有载明时间或者载明时间与实际提供服务时间不一致的，实际提供服务的时间为交付时间。合同标的为采用在线传输方式交付的，合同标的进入对方当事人指定的特定系统并且能够检索识别的时间为交付时间。

4.6 电子支付法律规范

4.6.1 国外有关电子支付的立法

1. 美国电子支付的立法

美国 1978 年颁布的《电子资金划拨法》（Electronic Funds Transfers Act，EFTA），适用于联储电划系统与消费者电子资金划拨，成为世界上最早出台的有关电子支付的专项立法。该法对提供电子支付服务的非银行机构进行了规定，确立了在电子资金转账中，系统参与者的权利与法律责任。由于该法仅适用于美国国内，且只适用客户是自然人的小额电子资金划拨，如 ATM 交易，不适用于商人客户通过银行办理的大额电子资金划拨与跨国电子资金划拨，美国法律界为填补这一空白，已在《统一商法典》第四编"银行存款和收款"中另行增设部分专门适用于这类电子资金划拨的新条款，供各州立法采用。

联邦储备银行 E 规则作为《电子资金划拨法》的实施条款，适用对象为包括银行、储蓄机构、信用社及任何拥有或管理消费者账户的个人在内的金融机构。二者对金融消费者和金融机构的权责、消费者退回未授权交易的权利保护及交易争端的处理机制进行了明确规定。

在移动支付的数据、信息安全和消费者隐私保护方面，1999 年的《金融服务现代化法案》对金融机构处理消费者隐私的行为进行了全面而又严格的规定，要求机构为消费者提供信息分享机制。这部法案包括三部分：金融隐私规范（Financial Privacy Rule），规定了私密信息的管理；安全保护规范（Safeguards Rule），要求机构制订计划维护信息安全；防范借口访问（Pretexting Provisions），严格防范欺骗式的信息获取。2009年12月通过的《美国金融改革法》明确规定了金融机构最低限度的个人数据保护标准。

2. 欧盟新版支付指令

（1）基本状况。2015年12月，欧盟执行委员会新版支付服务指令［Directive（EU）2015/2366 on Payment Services，PSD2］通过了欧盟法律审核，相关条款从2016年1月12日生效，2018年1月13日修正，现已在欧盟28个国家实行。[①] 修正后的指令替代了2007年开始实行的指令。新修订的指令充分考虑了新兴的创新支付服务，包括网络和移动支付，并为确保更加安全的支付环境提供了条件。

PSD2将新型支付服务纳入监管范围，对有限支付网络监管豁免做出了新的界定，有助于创造公平的竞争环境，进一步保障支付服务用户的权益，丰富支付服务方式选择，降低消费者支付成本，提升支付安全。

欧盟委员会于2007年发布了第一版欧盟支付服务法令（PSD），为欧盟支付市场奠定了法律基础，推动了支付服务的便捷、高效、安全化。但是，随着时间的推移，PSD存在的不足也逐渐显现，问题主要包括：新型支付服务未被纳入监管范围；PSD对有限支付网络的豁免规定在各成员方执行不一，造成监管套利；一定程度上损害了部分地区的消费者权益。

基于PSD法令存在的不足，欧盟委员会于2013年7月提交了第二版支付服务法令的提案，其目标，一是推进欧盟支付市场一体化、标准化，提高效率；二是为传统和新型支付服务机构提供公平竞争的环境；三是提升支付安全；四是保护消费者权益；五是降低支付服务费用。

（2）主要监管范围与监管对象。PSD2纳入监管范围的主要有八种支付服务。

1）将现金存入支付账户的服务以及操作支付账户的所有流程。

2）从支付账户提取现金的服务以及操作支付账户的所有流程。

3）向用户的支付账户转账，包括：①直接借记，含一次性借记；②通过支付卡或类似支付工具开展支付交易；③贷记转账，含定期付款。

4）基于用户信用额度开展的支付服务，包括：①直接借记，含一次性借记；②通过支付卡或类似支付工具开展支付交易；③贷记转账，含定期付款。

5）发行支付工具，或对支付交易开展收单业务。

6）转账汇款。

7）支付指令发起服务。

[①] European Parliament and of the Council. On payment services in the internal market, amending Directives 2002/65/EC, 2009/110/EC and 2013/36/EU and Regulation (EU) No 1093/2010, and repealing Directive 2007/64/EC[EB/OL]. (2015-11-25)[2019-08-31]. https://eur-lex.europa.eu/legal-content/EN/TXT/?uri=CELEX:32015L2366.

8）账户信息查询服务。

PSD2 的监管对象主要有六类。

1）信贷机构。主要是指传统的银行机构。

2）电子货币机构。主要指经授权发行电子货币且未获得银行牌照的支付服务机构。

3）邮局。主要是指根据欧盟成员国法律，有资格从事支付服务的邮局。

4）欧洲央行和各成员国央行。特指不履行监管职能时的央行。

5）地区性监管机构。特指不作为公共机构履行监管职能时的地区性监管机构。

6）其他提供支付服务的机构。

（3）主要监管措施。

1）牌照管理。相关牌照包括银行牌照、电子货币机构牌照和支付机构牌照三类，分别对应信贷机构、电子货币机构和支付机构。银行牌照可以从事的业务范围是三个牌照中最广泛的，不仅可以吸收存款，还可以发行电子货币，申请的企业以信贷机构为主，也有部分原来的非银行支付机构成功申请到银行牌照。电子货币机构牌照的业务类型为发行多用途预付卡或电子货币。随着互联网的发展，电子货币逐渐衍生应用于互联网支付的虚拟账户。支付机构牌照的主要业务类型为支付服务定义中的第5项、第7项和第8项。此外，支付机构还可以从事支付定义中的存取款、汇款服务。邮局、央行以及地区性监管机构由于其特殊性，无牌照申请要求。

2）安全要求。银行和支付服务提供者必须为初始支付提供者提供客户账户接口，以便协助客户进行交易；需要对用户的身份进行验证；应当尽自己的努力来说服用户他们的账户是安全的。同时，支付服务的提供者也要遵守其他有关透明度的监管、主要的营运、安全事件的报告以及客户的负面评论反馈等要求。

3）相关标准。欧洲银行管理局需要承担制定起草技术和监管指标的责任，包括公司应当怎样遵守新指令等具体细节问题。管理局对于最终实行的技术标准有着最终的决定权。

4）技术创新。安全问题不能成为阻碍创新的障碍。安全性、便捷性才是新支付手段成功所必需的。数据不安全、较差的客户体验和缺乏相关性是用户不愿意接受的。

5）营造良好的竞争环境。提供新兴支付方式的支付服务提供机构纳入监管范畴，需要向本国监管机构注册、申请支付机构牌照，并遵守与传统信贷机构一样的监管条例，以促进传统支付机构与新型支付机构之间的良性竞争。此外，PSD2将进一步保障支付服务用户的权益，有助于丰富支付服务方式选择，降低消费者支付成本，提升支付安全。

3. 联合国有关国际支付的立法

（1）联合国国际贸易法委员会电子处理资金划拨法律指南草案。

1987年，联合国国际贸易法委员会发布了《联合国国际贸易法委员会电子处理资金划拨法律指南草案》(以下简称《草案》)。该《草案》指出了电子处理资金划拨的定义：本指南所使用的电子处理资金划拨一词是指这样一种资金划拨，即在处理过程中有一个或多个以前用以票据为依据的技术来进行的步骤，现在改用电子技术来进行。其中最明显和最重要的是涉及资金划拨的银行以发送电子信息来传递指示和用电子处理借贷划拨指示，而不是实际传送以票据为依据的借贷划拨指示。

《草案》将电子处理资金划拨分为贷方划拨和借方划拨两大类，并给出了电子处理资金划拨的基本规范，包括如下。

1）一般电子处理资金划拨系统（两类资金划拨、发送资金划拨指令、结算、信用卡和借方卡）。

2）划拨资金协定和资金划拨指示（银行与客户关于划拨资金的一般协定，划拨资金和借记转让人账户的权力，资金划拨指示，银行必须按指示采取行动的时限）。

3）欺诈、差错、划拨指示处理不当及有关的责任（欺诈，差错，客户核实账户的必要性，发端银行和银行间转账发生差错和欺诈对客户应负之责任，是否允许否认责任，电子交换所或为一些银行运转或所拥有的转接装置发生故障参与银行分担损失，划拨指示处理不当，可追偿的损失）。

4）资金划拨终定（资金划拨何时终、客户间划拨终定与银行间划拨终定的关系，技术变革影响终定，终定带来的后果，终定规则和系统风险）。

（2）联合国国际贷记划拨示范法。

《联合国国际贷记划拨示范法》（UNCITRAL Model Law on International Credit Transfers）是联合国国际贸易法委员会于1992年5月通过的。其提出的有关电子资金划拨的若干原则，一直是电子支付立法中普遍采用的原则。

1）支付命令的执行时限规则。《联合国国际贷记划拨示范法》的支付命令执行时限规则比较宽松，以同日执行为原则而以第二日执行为例外，并允许受益人银行以外的接收银行通过自由设立截止时间而变相推迟支付命令的接收时间，从而实际上将执行支付命令的时限再推迟一日。

2）瑕疵支付命令的处理规则。《联合国国际贷记划拨示范法》规定了接收银行就支付命令的瑕疵向发送人发出通知的义务，从而使发送人对支付命令的瑕疵做修正以促进支付命令的接受或执行。

3）退款担保规则。大额电子资金划拨的目的是完成由发端人向受益人的支付。当资金划拨没有完成，从而资金划拨的目的未能实现时，《联合国国际贷记划拨示范法》

⊖ UNCITRAL. Uncitral legal guide on electronic funds transfers[EB/OL]. (1987-05-15)[2019-08-31]. https://uncitral.un.org/sites/uncitral.un.org/files/media-documents/uncitral/en/lg_e-fundstransfer-e.pdf.

⊖ UNCITRAL. UNCITRAL Model Law on International Credit Transfers (1992) [EB/OL]. (1992-05-15)[2019-08-31]. https://uncitral.un.org/en/texts/payments/modellaw/credit_transfers.

明确规定了退款担保规则,以保证资金划拨链上的已经进行了支付的当事人能够得到退款。

4)间接损害赔偿规则。大额电子资金划拨过程中由于划拨迟延、划拨错误或者未完成划拨所带来的间接损失往往比直接损失数额更大,而且事先难以确定。《联合国国际贷记划拨示范法》在原则上否定了间接损害赔偿的适用。因为如果要求银行为小额的划拨费承担不可预知的巨额间接损害赔偿责任是有失公平的,而且银行只能将这种责任风险转嫁于交易者,将使交易者普遍承担更高的交易费用。

5)权利义务开始时间规则。在资金划拨过程中,权利义务的开始时间是有关当事方行使权利和履行义务,并进行有关责任分配的起点,该时间点的明确化对于各方顺利开展资金划拨活动具有重要意义。《联合国国际贷记划拨示范法》使用"接受"这个术语作为导致接收银行开始承担义务的一般法律事实。接收银行对支付命令的接受方式可以归纳为两类。第一类是主动接受。受益人银行以外的接收银行通常通过执行支付命令来主动接受支付命令,而受益人银行往往通过各种具有支付性质的行为来主动接受支付命令。第二类是被动接受。一种是基于事先约定的接受,虽然表面上具有被动性,但是事先的约定使得接收银行能预见该类支付命令的接受及其后果,实际上并没有偏离确定性的立法方向。另一种是推定接受,即规定的发出拒绝通知的时间已过而未发出通知时,接收银行就接受其已接收的支付命令。

6)欺诈损失分配规则。在大额电子资金划拨中,欺诈的典型表现为,欺诈人以银行客户的名义,使用该银行客户的账户,向银行签发一项未经客户授权的支付命令,支付命令的受益人要么是欺诈人的同伙,要么就是欺诈人本人。欺诈风险的存在严重影响大额电子资金划拨的正常秩序和相关当事人的确定性利益。《联合国国际贷记划拨示范法》规定,未经授权的支付命令造成损失的风险由银行承担,但如果该支付命令是证实的支付命令,损失由客户承担;如果接收银行能证明,其接收的支付命令是因名义发送人的过错而得以接近认证程序的人的行为所造成,则名义发送人仍应承担该支付命令所造成的损失。

4.6.2 我国电子支付立法

1.《电子支付指引(第一号)》

为了规范电子支付业务,防范支付风险,维护银行及其客户在电子支付活动中的合法权益,促进电子支付业务健康发展,2005年10月,中国人民银行发布了《电子支付指引(第一号)》(以下简称《指引》)。[⊖]《指引》的规范主体主要是银行及接受其电子支

⊖ 中国人民银行. 电子支付指引(第一号)[EB/OL]. (2005-10-26)[2019-08-31]. http://www.gov.cn/ztzl/2005-10/31/content_87377.htm.

付服务的客户，主要内容涉及五个方面。

（1）电子支付活动中客户与银行的权利和义务。《指引》明确要求，客户申请电子支付业务，必须与银行签订相关协议。银行有权要求客户提供其身份证明资料，有义务向客户披露有关电子支付业务的初始信息并妥善保管客户资料。客户应按照其与发起行的协议规定，发起电子支付指令；要求发起行建立必要的安全程序，对客户身份和电子支付指令进行确认；要求银行按照协议规定及时发送、接收和执行电子支付指令，并回复确认。

（2）信息披露制度。为维护客户权益，《指引》要求办理电子支付的银行必须公开、充分披露其电子支付业务活动中的基本信息，尤其强调对电子支付业务风险的披露，并明示特定电子支付交易品种可能存在的全部风险；建立电子支付业务运作重大事项报告制度；提醒客户妥善保管、妥善使用、妥善授权他人使用电子支付交易存取工具。

（3）电子支付安全制度。《指引》要求银行采用符合有关规定的信息安全标准、技术标准、业务标准；建立针对电子支付业务的管理制度，采取适当的内部制约机制；保证电子支付业务处理系统的安全性，以及数据信息资料的完整性、可靠性、安全性、不可否认性。《指引》对于应用电子签名、签署书面协议、交易限额、日志记录、指令确认、回单确认、信息披露和及时通知都做出了一系列的要求，这些制度都是围绕防止欺诈设计的。《指引》还针对不同客户，在电子支付类型、单笔支付金额和每日累计支付金额等方面做出合理限制。

（4）电子证据的合法性。《指引》以《电子签名法》为法律依据，进一步确认了电子支付中电子证据的法律效力和实际可采性。《指引》规定：电子支付指令与纸质支付凭证可以相互转换，二者具有同等效力；《指引》要求银行认真审核客户申请办理电子支付业务的基本资料，妥善保存客户的申请资料，保存期限至该客户撤销电子支付业务后五年，从制度上保证了诉讼期间相关证据的可采纳性。

（5）差错处理。《指引》不仅明确了电子支付差错处理应遵守的据实、准确和及时的原则，还充分考虑了用户资料被泄露或篡改，非资金所有人盗取他人存取工具发出电子支付指令，客户自身未按规定操作或由于自身其他原因造成电子支付指令未执行、未适当执行、延迟执行，接收行由于自身系统或内控制度等原因对电子支付指令未执行、未适当执行或迟延执行致使客户款项未准确入账，因银行自身系统、内控制度或为其提供服务的第三方服务机构的原因造成电子支付指令无法按约定时间传递、传递不完整或被篡改等多种实际情况，明确了处理差错的原则和相应的补救措施。

2. 非金融机构支付服务管理办法

为促进支付服务市场健康发展，规范非金融机构支付服务行为，防范支付风险，保护当事人的合法权益，2010年6月，中国人民银行出台了《非金融机构支付服务管理办法》①,主要规定包括如下。

(1) 非金融机构支付服务是指非金融机构在收付款人之间作为中介机构提供部分或全部货币资金转移服务,包括网络支付、预付卡的发行与受理、银行卡收单、中国人民银行确定的其他支付服务。

(2) 非金融机构提供支付服务,应当按规定取得《支付业务许可证》。申请人及其高级管理人员最近三年内未因利用支付业务实施违法犯罪活动或为违法犯罪活动办理支付业务等受过处罚。申请人拟在全国范围内从事支付业务的,其注册资本最低限额为1亿元人民币;拟在省(自治区、直辖市)范围内从事支付业务的,其注册资本最低限额为3 000万元人民币。

(3) 支付机构应当按照《支付业务许可证》核准的业务范围从事经营活动,不得从事核准范围之外的业务,不得将业务外包。

(4) 支付机构接受的客户备付金不属于支付机构的自有财产。支付机构只能根据客户发起的支付指令转移备付金。禁止支付机构以任何形式挪用客户备付金。

(5) 支付机构应当具备必要的技术手段,确保支付指令的完整性、一致性和不可抵赖性,支付业务处理的及时性、准确性和支付业务的安全性;具备灾难恢复处理能力和应急处理能力,确保支付业务的连续性。

3. 电子商务活动中的电子支付规范

电子支付是电子商务活动中的重要环节,按照其交易流程可以形成以下子环节的规范条款。②

环节一:支付账户开设。

(1) 电子商务企业或者经营机构应当在银行或者支付机构开设支付账户。

(2) 银行或者支付机构应当事人的申请,为其开设电子支付账户时,应当核验申请人身份及申请资料的真实性,向申请人公开支付业务规则和支付账户使用规则,告知用户的权利义务和风险事项,并以书面或者电子方式与申请人签订协议。

(3) 电子账户申请人必须提交真实的开户信息。因提交虚假信息而产生的损失和后果由申请人承担。

本条第一款既是对从事电子商务的经营机构的要求,也是说明这里的电子支付是专门针对《电子商务法》的电子支付。

本条第二款包括两个要点:①非经当事人的申请,不能强制或者主动给他们开设支付账户,这个在当前具有现实意义;②要确认身份真实,开户时就应当履行法定的告知

---

① 中国人民银行. 非金融机构支付服务管理办法 [EB/OL]. (2010-06-14)[2019-06-25]. http://chengdu.pbc.gov.cn/chengdu/129312/3108163/index.html.

② 本部分内容参考了全国人大、上海市人大研究报告《电子支付立法研究》的课题报告,2014年10月。

义务。这是双方在电子支付法律关系中的账户开设环节的基本义务。

环节二：指令执行。

本条是对电子支付法律关系中在指令执行环节的权利义务的设定，特别强调了对支付指令的验证，尤其是推动利用新技术、新方法来防范支付风险。

（1）用户授权的电子支付指令是有效指令。支付指令按业务规则发出后，用户不得要求撤回或者撤销指令，但双方另有约定的除外。

（2）电子支付服务提供人应当完善业务规则，在受理电子支付指令时应当对指令信息进行验证。电子支付服务提供人可与用户约定，对较大数额或者特定时段的支付指令进行多因素验证；发现支付指令可疑时，应当取得用户确认后再进行安全的资金划拨。小微数额的电子支付，电子支付服务提供人可与用户约定便捷的核实方式。

环节三：支付完成。

对电子支付服务提供人设定这个义务有助于用户及时发现支付错误或者非授权交易，有利于风险防范和违法行为追查。

电子支付服务提供人完成电子支付后，应当及时准确地向用户提供支付结果信息或者符合约定方式的交易回单。

环节四：电子错误。

本条设定了双方当事人在发生电子支付错误时的权利义务及处置原则。

（1）电子支付发生差错时，电子支付服务提供人应当立即查找原因并采取措施纠正。因用户原因造成电子支付指令错误的，电子支付服务提供人应当及时通知用户改正。

（2）用户发现支付指令错误时，应当及时告知电子支付服务提供人，电子支付服务提供人在查明原因后将处理结果通知用户。电子支付服务提供人在收到用户通知后未及时采取措施导致用户损失的，应当赔偿用户的直接损失。

（3）电子支付服务提供人应当就电子错误发生的原因承担举证责任。

环节五：非授权交易

非授权交易是指因用户的电子支付工具被盗、丢失等原因而发生的未经用户确认的交易。在非授权交易中，电子支付账户的实际使用人不是用户本人或未得到用户的授权，且用户没有因非授权交易而获得收益。

（1）用户发现支付指令未经自己授权时，应当立即通知电子支付服务提供人。电子支付服务提供人收到用户报告后应当立即采取措施调查处理。用户、收款人和提供支付辅助服务的机构均有义务配合电子支付服务提供人的调查并提供相关证据。

（2）电子支付服务提供人应当与用户约定非授权交易中的赔偿责任和赔偿限额。用户知道非授权交易，超过合理期限未向电子支付服务提供人报告的，承担全部或者部分损失。电子支付监管机构应监督和指导电子支付服务提供人对消费者赔偿限额制定合理的业务规则。

（3）电子支付服务提供人承担非授权交易的举证责任。电子支付服务提供人不得仅根据电子支付交易记录，证明支付已获得用户的授权。

（4）鼓励电子支付服务提供人采用新技术、新方法减少非授权交易的发生。

非授权交易在当前电子支付纠纷中大量存在，现行法律缺乏明确的规定，导致处理标准、依据和结果均不一。本条的核心是：①建立消费者赔偿限额制度，但不是一上来就通过法律强制，而是推动双方当事人进行约定，这有利于支付服务提供人根据用户的信用记录分级设定，但同时也辅以从监管层面，要求电子支付服务提供人的规则合理适当；②建立归责原则和明确举证责任。

环节六：电子认证服务。

本条是设定电子认证服务机构在电子支付法律关系中的基本义务。

（1）为电子支付提供数字证书或者电子签名等技术服务的辅助机构应当按照其业务规则运行，保障认证技术的合法有效。

（2）用户依据认证证书进行交易而遭受损失，认证服务机构不能证明自己无过错的，应当承担相应责任。用户可以向电子支付服务提供人要求赔偿，也可以直接要求认证服务机构赔偿。

环节七：风险教育。

电子支付服务提供人应当制订合理的教育方案，采取多种方式开展支付风险教育活动，帮助用户熟悉金融信息的概念和加强风险意识及防控能力，掌握基本金融技能。

环节八：信息保护和保存。

（1）电子支付服务提供人和提供支付辅助服务的机构应当审慎保管用户的基本信息、支付账户信息和支付行为信息，按照法律、法规的规定和合同的约定使用信息。

（2）电子支付服务提供人应当留存完整的电子支付信息，包括用户账号、商户名称和最终收款人名称、账号、数额、商品等信息，以备核查。

环节九：防范金融犯罪。

电子支付服务提供人应当针对电子支付中的各类欺诈行为，制定反欺诈预案，加强对电子支付账户的管理，消除支付漏洞，防范网络洗钱等金融犯罪行为，加强电子支付服务提供人相互之间及与电子支付业务监管机构、犯罪侦查机构的合作和信息沟通。

4.7 电子商务物流法律规范

4.7.1 安全要求

物流作为电子商务三个主要环节中的一环，安全问题贯穿于业务活动的始终。《中华人民共和国邮政法》⊖（2015年修订，以下简称《邮政法》），《物流中心作业通用规范》（GB/T 22126—2008），《第三方物流服务质量要求》（GB/T 24359—2009）等均对物流作业的安全问题提出了相应的规定和标准。安全要求所涉及的电子商务物流业务，包括为B2B、B2C和C2C提供物流服务的所有企业。这些企业都需要按照有关法律法规的要求，建立物流作业规范，保证作业安全。经营电子商务物流业务的企业应当根据相关标准要求，建立并实施物流作业规范，确保整个作业过程的安全性。

《邮政法》第七十五条规定，邮政企业、快递企业不建立或者不执行收件验视制度，或者违反法律、行政法规以及国务院和国务院有关部门关于禁止寄递或者限制寄递物品的规定收寄邮件、快件的，对邮政企业直接负责的主管人员和其他直接责任人员给予处分；对快递企业，邮政管理部门可以责令停业整顿直至吊销其快递业务经营许可证。

电子商务物流企业在收寄物品时应当严格遵守法律法规，不得承运或快递违禁品；需要承运或快递危险品的应具备相应的行政许可，履行查验义务。

为保证电商物流过程的安全，根据交通运输部《快递市场管理办法》（2013年修订）第二十九条规定，任何组织和个人不得利用快递服务网络从事危害国家安全、社会公共利益或者他人合法权益的活动。下列物品禁止寄递：

（1）法律、行政法规禁止流通的物品；

（2）危害国家安全和社会政治稳定以及淫秽的出版物、宣传品、印刷品等；

（3）武器、弹药、麻醉药物、生化制品、传染性物品和爆炸性、易燃性、腐蚀性、放射性、毒性等危险物品；

（4）妨害公共卫生的物品；

（5）流通的各种货币；

（6）法律、行政法规和国家规定禁止寄递的其他物品。

4.7.2 实物产品配送的法律规范

我国《电子商务法》第二十条规定，电子商务经营者应当按照承诺或者与消费者约定的方式、时限向消费者交付商品或者服务，并承担商品运输中的风险和责任。但是，消费者另行选择快递物流服务提供者的除外。

2018年2月7日，国务院常务会议通过《快递暂行条例》⊖（以下简称《条例》），进一步完善了邮政业的法律法规体系。

（1）快递经营主体。《条例》第十七条规定，经营快递业务，应当依法取得快递业

⊖ 全国人大常委会.中华人民共和国邮政法（2015年修订）[EB/OL].(2015-04-24)[2019-08-31]. http://www.chinapost.com.cn/html1/report/181313/4208-1.htm.

⊖ 国务院.快递暂行条例 [EB/OL]. (2018-03-02)[2019-08-31]. http://www.gov.cn/zhengce/content/2018/03/27/content_5277801.htm.

务经营许可。

（2）快递服务条款。《条例》第二十一条规定，经营快递业务的企业在寄件人填写快递运单前，应当提醒其阅读快递服务合同条款，遵守禁止寄递和限制寄递物品的有关规定，告知相关保价规则和保险服务项目。

（3）快递验收制度。我国《电子商务法》第五十二条规定，快递物流服务提供者为电子商务提供快递物流服务，应当遵守法律、行政法规，并应当符合承诺的服务规范和时限。快递物流服务提供者在交付商品时，应当提示收货人当面查验；交由他人代收的，应当经收货人同意。

（4）快递赔偿。《条例》第二十七条明确规定，快件延误、丢失、损毁或者内件短少的，对保价的快件，应当按照经营快递业务的企业与寄件人约定的保价规则确定赔偿责任；对未保价的快件，依照民事法律的有关规定确定赔偿责任。

4.7.3　信息产品交付的法律规范

信息产品是电子商务交易中的一种特殊商品，其交付的条件和收到的条件都没有明确的法律规定，因此，需要明确经营者履行交付义务的条件和用户收到信息产品的条件。

最高人民法院《关于审理买卖合同纠纷案适用法律问题的解释》（2012年）（以下简称《解释》）[⊖]首度规定了电子信息产品的交付方式：一是交付权利凭证，二是以在线网络传输的方式接收或者下载该信息产品。

《解释》第五条规定，标的物为无须以有形载体交付的电子信息产品，当事人对交付方式约定不明确，且依照《合同法》第六十一条的规定仍不能确定的，买受人收到约定的电子信息产品或者权利凭证即为交付。

这里，买受人获得电子信息产品的密码，即属于得到了交付权利凭证；买受人以在线网络传输的方式接收或者下载这种信息产品，也即是收到约定的电子信息产品。

接受信息产品的用户应当通过安装、试用或浏览该信息以确定所接收信息产品是否为所订购产品和是否符合合同规定。未在接受之合理期间提出异议的，即视为用户收到合同约定的信息产品，用户确有证据证明该信息产品不符合合同约定的除外。

4.7.4　损失赔偿

寄件人可以根据物品的重要性，自主选择经营者网站上的保价或不保价递送服务品种。

在网上发布商品或服务信息并与用户达成合同关系的经营者，与在线下实际向用户

⊖ 最高人民法院. 关于审理买卖合同纠纷案适用法律问题的解释 [EB/OL]. 2012-06-07[2018-10-31]. http://www.chinapeace.gov.cn/2012-06/06/content_4514178_all.htm.

提供商品或服务的经营者不一致的，由两者共同承担连带责任，另有约定的除外。

在电子商务交易中，网上发布的商品或服务信息与线下提供的商品或服务不相符合的情况时有发生。一个重要原因是在网上发布商品或服务信息的经营者与在线下实际向用户提供商品或服务的经营者不一致。法律上规定由两者共同承担连带责任，以维护消费者权益。

《快递市场管理办法》第二十条规定：在快递服务过程中，快件（邮件）发生延误、丢失、损毁和内件不符的，经营快递业务的企业应当按照与用户的约定，依法予以赔偿。

企业与用户之间未对赔偿事项进行约定的，对于购买保价的快件（邮件），应当按照保价金额赔偿。对于未购买保价的快件（邮件），应按照《邮政法》《合同法》等相关法律规定赔偿。

未保价快递件丢失、毁损的，托运方对寄递物品的实际价值负有举证责任。《合同法》确定的赔偿的一般原则是："当事人一方不履行合同义务或者履行合同义务不符合约定，给对方造成损失的，损失赔偿额应相当于因违约所造成的损失"（第三百一十三条）。《合同法》第三百一十二条规定："货物毁损、灭失的赔偿额，当事人有约定的，按照其约定……或者按照交付或者应当交付时货物到达地的市场价格计算。"因此，保价与否，并非认定赔偿标准的依据。而保价与非保价的差别，仅体现在计算方式和举证责任上。

4.8 电子交易过程中的法律责任归属

4.8.1 电子商务中的民事法律责任

电子商务中的民事法律责任是指参与电子商务的民事主体因违反合同或者不履行其他义务，侵害国家、集体和他人的财产及人身权的，依法应承担的民事法律后果。民事法律责任是保障电子商务交易安全的基本措施，其基本特征为：第一，民事法律责任是公民、法人违反民事义务应当承担的责任；第二，民事法律责任具有国家强制性；第三，民事法律责任主要是财产责任，但不限于财产责任。[⊖]有关承担民事法律责任的方式，根据我国《民法总则》第一百七十九条的规定，主要有：停止侵害，排除妨碍，消除危险，返还财产，恢复原状，修理、重做、更换，继续履行，赔偿损失，支付违约金，消除影响、恢复名誉，赔礼道歉等。这些承担责任的方式可以单独适用，也可以合并适用。这些承担责任的方式可以单独适用，也可以合并适用。民事法律责任主要是一种补偿性的责任，有时也具有一定惩罚性。在电子商务中，承担民事法律责任的主体主要包

⊖ 田土成.交易安全的法律保障［M］.郑州：河南人民出版社，1998.

括交易中的买卖双方、银行和网络服务的提供者等；承担民事法律责任的方式主要有违约责任、赔偿损失、支付违约金、消除影响和赔礼道歉等。

1. 电子商务中买卖双方的违约责任

电子商务的本质是商务交易，买卖双方不履行合同同样要承担相应的违约责任。所谓违约，是指合同生效后，合同当事人未按照合同的约定履行各自义务的行为。违约的表现形式有两种：一是不履行，是指当事人在合同期内没有履行自己的义务；二是不适当履行，是指合同当事人履行合同义务不符合约定。所谓违约责任，是指当事人违反合同义务应当承担的责任。在实际生活中，判断当事人违约是否应承担违约责任的一个关键问题是，违约责任的归责原则。根据我国现行的《合同法》的规定，对合同的违约，原则上采用的是无过错责任原则，即无论当事人是否有过错，只要违反了合同约定，就应当承担违约责任，除非发生了免责事由，但是法律有特别规定或者合同有特别约定的除外。

根据我国《合同法》第七章第一百零七条的规定，违约责任主要有继续履行、采取补救措施、赔偿损失、定金罚则、支付违约金等。

（1）继续履行。继续履行是指非违约方请求违约方继续完成履行。

（2）采取补救措施。采取补救措施是指一方不履行合同时，应当采取措施避免损失的进一步扩大；当事人一方履行合同义务不符合约定的，应当采取补救措施，使其履行符合合同的约定。

（3）赔偿损失。违约的赔偿损失是指一方当事人违反合同给另一方当事人造成财产等损失的赔偿。这是合同违约中最普遍使用的一种违约责任。赔偿损失责任的构成有四个要件：一是有违约行为，表现为当事人不履行合同或不适当履行合同；二是违约人没有免责事由；三是有损害的后果，即违约行为给另一方当事人造成了财产等损失；四是违约行为与财产损失之间存在因果关系，违约行为是造成财产损失的原因。

（4）定金罚则。这也是使用较多的一种承担违约责任的方式。所谓定金，是指合同当事人为了确保合同的履行，依照法律规定或者当事人双方的约定，由当事人一方在合同订立时，或订立后，履行前，按合同标的额的一定比例，预先给付对方当事人的一定数额的货币。按照定金罚则，如果给付定金的一方违约，无权要求返还定金；如果接受定金的一方违约，应双倍返还定金。定金具有惩罚性的特点，不同于具有补偿性的赔偿损失。

（5）支付违约金。所谓违约金，是指按照当事人的约定，一方当事人违约的，应向另一方支付一定数额的货币。违约金作为一种违约形式，与损害赔偿不同，即使违约的结果未发生任何实际损害，但只要存在违约的事实，违约方就应承担违约责任并支付违约金。由此可见，违约金具有补偿性和惩罚性的双重特点。⊖ 根据我国《合同法》第一

⊖ 最高人民法院经济审判庭.合同法解释与适用[M].北京：新华出版社，1999.

百一十四条的规定,约定的违约金低于造成的损失的,当事人可以请求人民法院或者仲裁机构予以增加;约定的违约金过分高于造成的损失的,当事人可以请求人民法院或者仲裁机构予以适当减少。

2. 第三方交易平台的法律责任

对平台经营者的规范是电子商务法中非常重要的内容。《电子商务法》共有 13 条直接涉及电子商务平台经营者。

(1) 平台经营者对平台内经营者身份的查验。实名登记是针对第三方电子商务平台内经营者鱼龙混杂,且相关行政监管部门难以取证执法所提出的。《电子商务法》第二十七条规定,电子商务平台经营者应当要求申请进入平台销售商品或者提供服务的经营者提交其身份、地址、联系方式、行政许可等真实信息,进行核验、登记,建立登记档案,并定期核验更新。平台经营者应当监督平台内经营者合法经营,对于违反法律、行政法规的经营行为,平台经营者有权要求商户改正或依法采取必要的处置措施,并向有关主管部门报告。管理部门发现平台内经营者有违反法律、法规的行为,依法要求平台经营者采取措施制止的,平台经营者应当予以配合。

(2) 平台经营者对平台内经营者商品的查验。我国《电子商务法》第三十八条规定,电子商务平台经营者知道或者应当知道平台内经营者销售的商品或者提供的服务不符合保障人身、财产安全的要求,或者有其他侵害消费者合法权益行为,未采取必要措施的,依法与该平台内经营者承担连带责任。对关系消费者生命健康的商品或者服务,电子商务平台经营者对平台内经营者的资质资格未尽到审核义务,或者对消费者未尽到安全保障义务,造成消费者损害的,依法承担相应的责任。第八十二条规定,电子商务平台经营者违反本法第三十五条规定,对平台内经营者在平台内的交易、交易价格或者与其他经营者的交易等进行不合理限制或者附加不合理条件,或者向平台内经营者收取不合理费用的,由市场监督管理部门责令限期改正,可以处 5 万元以上 50 万元以下的罚款;情节严重的,处 50 万元以上 200 万元以下的罚款。

(3) 公平竞争。我国《电子商务法》第三十五条规定,电子商务平台经营者不得利用服务协议、交易规则以及技术等手段,对平台内经营者在平台内的交易、交易价格以及与其他经营者的交易等进行不合理限制或者附加不合理条件,或者向平台内经营者收取不合理费用。

(4) 平台经营者自营业务与他营业务的区分。《电子商务法》第三十七条规定,电子商务平台经营者在其平台上开展自营业务的,应当以显著方式区分标记自营业务和平台内经营者开展的业务,不得误导消费者。电子商务平台经营者对其标记为自营的业务依法承担商品销售者或服务提供者的民事责任。

4.8.2　电子商务中的刑事法律责任

在电子商务领域，急剧增加的社会财富成为各种犯罪的诱因。电子商务中的刑事责任是指在电子商务活动中由犯罪人的犯罪行为所引起的与刑事制裁相联系的法律责任。犯罪行为是对法律秩序最严重的破坏，与此相适应，刑事责任也是最严厉的法律责任。负刑事责任的人往往要受到刑罚处罚。它不仅可以剥夺被判刑人的财产，还可以剥夺其人身自由、政治权利，甚至可以剥夺其生命。

1. 电子商务犯罪的主要特征

（1）犯罪的高智能性。由于电子商务领域应用了大量的计算机技术和专业知识，因此说，犯罪的行为人大都具有熟练的计算机操作技能，有的甚至是网络技术和安全技术的专家，没有相关的技术知识难以完成犯罪。

（2）犯罪的隐蔽性强。利用计算机系统开展电子商务，业务处理的速度很快，行为人通过计算机实施的犯罪行为不容易被发觉，而且容易销毁作案证据，使其罪行难以被发现和追究。对于已发的案件，有些单位担心报案会影响自己安全经营的信誉而隐匿不报。

（3）内部人员犯罪的可能性较大。随着信息安全技术的发展和管理的完善，外部人员单凭计算机技术，破解电子商务安全保护的措施比较困难。电子商务系统内部人员，利用工作之便窃取秘密信息后而实施犯罪，成功的可能性就要大得多。另外，因为内部有关人员掌管着数额庞大的资金，如果技术防范欠缺，管理疏漏，有些人就有可能铤而走险，实施犯罪。

（4）共同犯罪较多。电子商务是由多个社会部门分工协作，各负其责，但又相互联系，组成了较为严密的体系。单个人实施犯罪较为困难，一般是多个部门的内部人员相互勾结，或者部门内部人员和外部人员相互勾结作案。

（5）社会危害性大。电子商务系统积聚和流通着巨额的社会财富，随着电子商务的快速发展，其规模越来越大，对国民经济发展和社会的稳定都将产生极大的影响。犯罪行为人一旦实施犯罪，会造成很大的危害性。

2. 我国电子商务犯罪的主要类型

（1）盗窃电子资金犯罪。盗窃电子资金犯罪是指利用计算机秘密窃取电子资金过户系统中电子资金的行为。盗窃电子资金的犯罪可以分为两类。一是虚设电子资金账户，虚存电子资金的行为；二是盗窃他人电子资金的行为，其方式有多种多样，如非法侵入或者非法操作金融计算机系统，秘密划拨他人电子资金到自己的账户上；秘密窃取他人信用卡或者信用卡账号和密码并使用等。其共同特征是，犯罪的整个过程都在金融系统的电子资金过户系统中完成。

2012年11月，某电子商务有限公司向上海徐汇警方报案称，公司向企业客户发行的500多张电子预付费卡内的金额全部被转走，损失126万余元。警方侦查发现这些被转移的金额中绝大部分流向了徐家汇商圈的"黄牛"手中。经过专案组两个多月的连续侦查，公安徐汇分局摧毁了一个利用互联网黑客技术盗窃商家电子预付卡内资金的犯罪团伙。

犯罪嫌疑人肖某交代，有人在网上与其商定，通过持有的电子预付费卡套现，并将套现钱款按约定比例汇入该人指定的银行账户。肖某等人以9.6折的价格从网络卖家处收购消费卡金额，随后以9.8折的价格卖出赚取差价。因为该卡具有网上卡卡转账功能，所以不需实体卡交易。嫌疑人通过盗取的预付卡卡号、密码将卡内金额转入肖某持有的卡中，肖某确认收到后，将钱款转入其银行账户。嫌疑人到案后交代，他们在作案时，通常选择发卡规模较小的公司，因为这些公司的系统漏洞一般偏大，容易入侵盗取预付卡数据。⊖

（2）电子商务诈骗犯罪。网络诈骗罪是以非法占有为目的，采用虚拟事实或者隐瞒事实真相的方法，利用互联网虚拟空间骗取数额不等的公私财物的行为。其主要形式有：利用网上拍卖实施的诈骗犯罪，利用收货地与受害人住处的空间差实施犯罪，黑客伪装网络客服人员进行网上虚拟交易的诈骗犯罪，利用互联网骗取信用卡的诈骗犯罪等。

"洛米欧"旗舰店是天猫上一家主营欧美女装的店铺。2015年9月，洛米欧在微淘里举行"盖楼免单"活动，其规则是，每小时的每10分钟第一个对商品发表评论的人可以免单，即买家拍一件衣服、付款，卖家会在15天以后发货，等买家收到货给个五星好评，卖家会返还货款。几次互动下来，越来越多的买家增加了对洛米欧的信任。到"双十一"购物节时，活动群里的人已经超过1 000人。双十一购物节当天，洛米欧的"免单"活动力度加大，先是衣服标价越来越贵，后是"全天疯狂免单"。但买家们很快发现，他们花高价拍下的衣服陆续到货，但很多不是双十一期间挑中的，而是一些质量低廉的衣服。买家们在QQ群里发问，卖家客服则表示，双十一拍的衣服太多，厂家生产不过来，先暂时发一批货，不对的登记下来后再调换，返款还是可以进行。15天后，到约定返款日，洛米欧老板在QQ群苦情"告白"，而后解散QQ群失踪。

经阿里巴巴统计，截至2015年12月1日，已有超300名消费者表示联系不上商家，涉及被骗总金额超400万元。12月2日当天，警方以"诈骗"对洛米欧事件进行立案侦查。⊖

（3）利用电子商务非法集资犯罪。非法集资是指单位或者个人未依照法定程序经

⊖ 王亦菲. 上海破获一起新型盗窃预付卡资金案 黑客入侵转款百万[EB/OL]. (2013-03-19)[2016-01-31].http://sh.eastday.com/m/20130319/u1a7266707.html.

⊖ 南方都市报."促销免单"诈骗 广东电商QQ群卷款400万跑路，2015-12-04.

有关部门批准,以发行股票、债券、彩票、投资基金证券或者其他债权凭证的方式向社会公众筹集资金,并承诺在一定期限内以货币、实物及其他方式向出资人还本付息或给予回报的行为。在电子商务领域,非法集资罪主要有三个构成要件:一是未经有关部门批准或者假借合法的经营形式来吸存;二是利用电子商务平台、微信平台、QQ 平台等形式承诺还本付息或者回报,向社会公众即不特定人群吸存;三是通过 P2P⊖ 等网络金融手吸存。对于此类涉及非法集资等互联网金融犯罪的行为,国家已经明确提出要坚决打击。⊜

"e 租宝"是"钰诚系"下属的金易融(北京)网络科技有限公司运营的网络平台。从 2014 年 7 月 e 租宝上线至 2015 年 12 月被查封,钰诚系以高额利息为诱饵,虚构融资租赁项目,持续采用借新还旧、自我担保等方式大量非法吸收公众资金,累计交易发生额达七百多亿元,实际吸收资金五百余亿元。

"1 元起投,随时赎回,高收益低风险"是 e 租宝广为宣传的口号。e 租宝推出过 6 款产品,预期年化收益率在 9%～14.6%,远高于一般银行理财产品的收益率,颇具欺骗性。e 租宝用融资金额的 1.5%～2% 向企业购买信息,并把这些企业信息填入准备好的合同里,制成虚假的项目在 e 租宝平台上线。钰诚集团还直接控制了 3 家担保公司和 1 家保理公司,为 e 租宝的项目提供假担保。正是在这种强大攻势下,e 租宝仅用一年半时间,就吸引来 90 多万实际投资人,客户遍布全国。

e 租宝案件中已经查明的种种犯罪事实,司法机关认为,犯罪嫌疑人的这些行为已经涉嫌集资诈骗、非法吸收公众存款。2016 年 1 月 14 日,e 租宝平台的 21 名涉案人员被北京检察机关批准逮捕。⊜

(4)电子商务非法经营犯罪。非法经营罪是指未经许可经营专营、专卖物品或其他限制买卖的物品,买卖进出口许可证、进出口原产地证明及其他法律、行政法规规定的经营许可证或者批准文件,以及从事其他非法经营活动,扰乱市场秩序,情节严重的行为。本罪在主观方面由故意构成,并且具有谋取非法利润的目的,这是本罪在主观方面应具有的两个主要内容。

2014 年 10 月,江苏省南京市玄武区法院以非法经营罪判处周某有期徒刑 5 年 3 个月,谭某有期徒刑 5 年,王某有期徒刑 4 年 6 个月。经查,2013 年年底,杭州某网络公司技术总监周某伙同谭某、王某,利用黑客手段非法获得西祠胡同网站多个版主账号

⊖ P2P,即 P2P 网络借贷,是指个体和个体之间通过互联网平台实现的直接借贷。在个体网络借贷平台上发生的直接借贷行为属于民间借贷范畴,受合同法等法律法规以及最高人民法院相关司法解释规范。个体网络借贷机构主要为借贷双方的直接借贷提供信息服务,不得提供增信服务,不得非法集资。

⊜ 人民银行等十部门.关于促进互联网金融健康发展的指导意见 [EB/OL].(2015-07-18)[2019-08-31]. http://www.gov.cn/xinwen/2015/07/18/content_2899360.htm.

⊜ 新华社.e 租宝非法集资案真相调查 [EB/OL].(2016-01-31)[2019-08-31]. http://tech.sina.com.cn/i/2016-01-31/doc-ifxnzanm3895191.shtml.

及密码，提供有偿信息删除服务。法院审理认为，互联网是公共论坛，需要保护网民合法的舆论自由，周某、谭某、王某有偿删帖行为不仅侵犯了公民的言论自由，也扰乱了市场秩序，非法经营数额超过25万元，构成非法经营罪。㊀

（5）利用跨境电子商务走私犯罪。走私普通货物、物品罪是《中华人民共和国刑法》（以下简称《刑法》）第一百五十三条所称违反海关法规，逃避海关监管，非法运输、携带、邮寄国家禁止进出口的武器、弹药、核材料、假币、珍贵动物及其制品、珍稀植物及其制品、淫秽物品、毒品，及国家禁止出口的文物、金银和其他贵重金属以外的货物、物品进出境，偷逃应缴纳关税额5万元以上的行为。跨境电子商务中存在着偷逃关税、逃避海关监管的走私行为及犯罪，给国家造成巨额税收损失。

2015年10月16日，深圳海关联合大连等多地海关摧毁奢侈品走私团伙5个，抓获涉案人员32人，涉案案值3.6亿元。海关在调查中发现，走私嫌疑人通过在繁华商业路段开设奢侈品门店，同时在网络上以"跨境电商"做掩护等方式销售走私货物。两家涉案公司销售爱马仕、普拉达等一线品牌奢侈品6 000余件，涉案货物价值超过3.6亿元。该走私团伙组织严密、分工明确，各个环节都有专人负责。国内货主雇用海外专业买手在全球各地采购国际名牌奢侈品，通过快递邮寄至香港的仓库后，再通过专业走私团伙，组织"水客"混迹在数十万入境人流中，用"蚂蚁搬家"少量多次的形式，将货物走私入境，再通过设立在各大城市繁华地带的豪华门店或网络电商渠道等方式在国内销售。㊁

3. 电子商务犯罪的刑事法律责任

对于电子商务犯罪的刑事处罚，可以分为三种情况处理。

第一种情况，与传统罪名性质相同的电子商务犯罪。这类犯罪与传统犯罪的区别仅在于发生领域不同，但在其罪名适用上完全可以依照现有刑法得到解决，传统罪名仍然可以适用于这一类电子商务犯罪。例如，电子商务诈骗犯罪可以参照诈骗罪处理；侵犯电子商务秘密的犯罪可以参照侵犯商业秘密罪处理；非法侵入电子商务网站犯罪可以参照非法侵入计算机信息系统罪处理；非法获取计算机信息系统数据、非法控制计算机信息系统罪可以参照提供侵入、非法控制计算机信息系统程序、工具罪处理。

第二种情况，需要修改犯罪构成的电子商务犯罪。这类犯罪虽然可以定义为传统罪名，但其与刑法中规定的犯罪构成并不完全一致，须在传统罪名下对犯罪构成做适当修改和补充。如非法侵入电子商务认证机构计算机信息系统的犯罪，虽然刑法中已经规定了非法侵入计算机信息系统罪，但是电子商务认证机构的计算机信息系统的重要性远远

㊀ 国家网信办. 国家网信办公布"网络敲诈和有偿删帖"十大典型案例 [EB/OL]. (2016-01-26)[2019-08-31]. http://www.cac.gov.cn/2015-01/26/c_1114134178.htm.

㊁ 广州日报. "跨境电商"做掩护走私奢侈品3年卖了2.7亿 [EB/OL]. (2015-10-29)[2019-08-31]. http://www.chinaeclaw.com/show.php?contentid=22200.

高于普通的计算机信息系统。所以应当对该罪的犯罪客体范围进行扩充，对此类犯罪的刑法处罚也应适当加重。

第三种情况，须补充新罪名的电子商务犯罪。这类犯罪在现行刑法中没有相应罪名与之对应，不能为现行刑法所涵盖，需要在刑法罪名上进行适当的补充。例如，网络游戏中的虚拟财产尚未纳入刑法财产犯罪保护的对象，非法盗窃虚拟财产往往归为侵入计算机信息系统罪。又如，网上传播黑客入侵方法、教唆他人犯罪的重要特征是教唆人与被教唆人并不直接见面，教唆的结果并不一定是所有被教唆人都实施犯罪。这种犯罪具有极强的隐蔽性、扩展性和后期爆发性。而对于这样的网站和传播人，也没有列入刑法惩治的范畴。目前，《刑法》中关于网络犯罪的规定难以适应当今网络犯罪复杂化的情况，迫切需要尽快修订现行刑法。基本的思路是充实有关防范网络犯罪新形式的相关法律规定；降低网络犯罪主体责任年龄；剥夺犯罪嫌疑人长期或短期从事某种与网络相关的职业、相关的活动的资格；对于以谋取非法利益或造成重大财产损失的网络犯罪，应当适用罚金、没收财产等财产刑。这些刑法手段的运用，可以限制犯罪行为人的犯罪能力，对网络犯罪的泛滥起到一定的控制作用。

开篇案例回顾

对平台经营者的规范是《电子商务法》中非常重要的内容。《电子商务法》共有13条直接涉及电子商务平台经营者，主要涉及4个方面。

（1）平台经营者对平台内经营者的身份的查验。

（2）平台经营者对平台内经营者商品的查验。

（3）公平竞争。

（4）平台经营者自营业务与他营业务的区分。

在本案中，京东公司提供了米莱克旗舰店的实际经营人的真实名称，履行了《电子商务法》对平台内经营者的身份的查验。

新消法第四十四条规定，网络交易平台提供者不能提供销售者或者服务者的真实名称、地址和有效联系方式的，消费者也可以向网络交易平台提供者要求赔偿。在本案中，刘书君的订单详情中显示店铺名称为米莱克旗舰店，且网页页面标注了供货者和售后服务者均系米莱克旗舰店，米莱克旗舰店的经营者系佛山市完美轩家具有限公司，故向刘书君销售涉案商品的合同相对方应系佛山市完美轩家具有限公司。京东公司作为网络交易平台提供者不是买卖合同的相对方，刘书君可通过其他合法方式维护其权益。

本章小结

1.电子商务交易安全涉及两个方面的问题。第一，电子商务交易是通过计算机及其网络而实现的，其安全与否依赖于计算机及其网络自身的安全程度。第二，电子商务交易本质上是一种商品交易,其安全问题应当通过民商法加以保护。所以,需要从上述两个方面探讨电子商务安全运作的问题。

2. 电子签字系指在数据电文中以电子形式所含、所附或在逻辑上与数据电文有联系的数据,它可用于鉴别与数据电文相关的签字人和表明签字人认可数据电文所含信息。对电子签名法的概念以及部分规定进行了说明。《电子签名法》的出台确认了电子签名在电子商务活动中的法律效力。

3. 在电子合同的安全应用中,必须解决数据电文符合书面形式、数据电文符合原件要求、数据电文符合文件保存要求的问题。

4. 对电子支付过程中所涉及的法律问题进行了分析。

5. 从民事法律责任、行政法律责任及刑事法律责任三个角度,对电子商务中的法律责任归属进行了分析。

思考题

1. 简述联合国电子商务立法的主要方面。
2. 试论述我国保护电子商务交易安全的法律法规。
3. 什么是电子签名,电子签名的使用需要注意哪些问题?
4. 电子合同与传统合同有哪些区别,如何保证电子合同的有效性?
5. 试论述电子支付中的当事人及其权利义务。
6. 我国刑法对计算机犯罪是如何规制的?

第5章
电子支付系统

学习目标

- 了解电子支付系统的构成和功能。
- 了解 ATM 和 POS 的支付流程。
- 掌握我国银行系统的主要支付结算工具和支付体系。
- 掌握我国支付系统的功能。
- 了解我国银行互联互通的发展历史。
- 掌握现代化支付系统的组成和结构。
- 了解 SWIFT 和 CHIPS 主要服务。
- 基本概念：电子支付、电子支付系统、互联网支付系统。

电子支付系统是电子商务系统的重要组成部分。本章主要介绍了电子支付系统的构成和功能，比较了传统电子支付系统和互联网互联支付系统的特点和差别，并对国内电子支付体系和国际电子支付体系进行了分析。

开篇案例 利用支付宝行骗的新型网络犯罪⊖

2014年3月至4月间，被告人杨某通过在百姓网发布代办信用卡、提高信用卡额度等虚假信息，欺骗张某等7名被害人在农业银行办理银行卡后存入一定数额的钱款，同时将银行卡与杨某的手机号绑定，再让被害人将身份证信息和银行卡信息通过微信或者QQ发送给他。杨某获取上述信息后，分别用7名被害人的银行卡开通并绑定自己手机号的支付宝，将被害人张某等7人在银行卡内共计5万余元的钱款转至该支付宝，再转入其本人的支付宝，将银行卡内钱款占为己有。同年4月21日，杨某被公安机关抓

⊖ 沈言.（2014）沪二中刑终字第1234号 [EB/OL].(2014-11-21)[2019-08-20]. http://www.law-lib.com/cpws/cpws_view.asp?id=200402585350.

获,到案后如实供述了上述犯罪事实。

上海市宝山区人民法院认为,被告人杨某冒用他人信用卡,骗取他人钱款,数额巨大,其行为已构成信用卡诈骗罪。依照刑法第一百九十六条第一款第(三)项、第六十七条第三款、第六十四条、"两高"《关于办理妨害信用卡管理刑事案件具体应用法律若干问题的解释》第五条第二款第(三)项之规定,以信用卡诈骗罪判处杨某有期徒刑5年,并处罚金5万元。

一审宣判后,被告人杨某不服,向上海市第二中级人民法院提出上诉。杨某对原判认定的事实和证据不持异议,但是辩称骗取的是被害人钱款,而不是银行的资金,应以诈骗罪论处,不构成信用卡诈骗罪。其辩护人认为,杨某没有冒用他人信用卡的行为,只是以代办信用卡或者提高信用卡额度为幌子从被害人的储蓄卡内骗取资金,由于储蓄卡不是信用卡,故杨某不构成信用卡诈骗罪。

上海市第二中级人民法院经审理认为,张某等7名被害人根据上诉人杨某要求办理的银行卡属于刑法规定的"信用卡"。杨某以欺骗的方式非法获取被害人信用卡信息资料后,通过互联网终端将被害人钱款转出后占为己有,其行为应当认定为冒用他人信用卡,实施信用卡诈骗,已构成信用卡诈骗罪。遂于2014年11月21日裁定,驳回上诉,维持原判。

5.1 电子支付系统概述

5.1.1 电子支付系统的构成

电子支付系统是能够提供一种或者几种支付功能的若干软件按照一定的排列次序组合在一起的计算机结构。电子支付系统是电子商务的重要组成部分,消费者、商家和金融机构之间使用安全电子支付手段交换商品或服务。这里的安全电子支付手段包括电子现金(Electronic Cash)、信用卡(Credit Card)、借记卡(Debit Card)、智能卡(Smart Card)等,支付信息通过安全网络和安全电子支付手段传送到银行或相应的处理机构,以此来实现电子支付。电子支付系统是集购物流程、支付工具、安全技术、认证体系、信用体系及现在的金融体系于一体的综合大系统,其基本构成如图5-1所示。

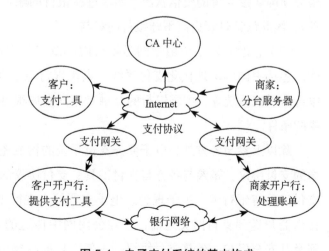

图5-1 电子支付系统的基本构成

电子支付系统包括以下组成要素。

（1）客户：客户是指与某商家有交易关系并存在未清偿的债权债务关系（一般是债务）的一方。客户用自己拥有的支付工具（如信用卡、电子钱包等）发起支付，是支付体系运作的原因和起点。

（2）商家：商家是拥有债权的商品交易的另一方，他可以根据客户发起的支付指令向金融体系请求获取货币给付。商家一般准备了优良的服务器来处理这一过程，包括认证以及不同支付工具的处理。

（3）支付网关：支付网关是公用网和金融专用网之间的接口，支付信息必须通过支付网关才能进入银行支付系统，进而完成支付的授权和获取。支付网关的建设关系着支付结算的安全及银行自身的安全，关系着电子商务支付结算的安排以及金融系统的风险，必须十分谨慎。因为电子商务交易中同时传输了两种信息：交易信息与支付信息，必须保证这两种信息在传输过程中不能被无关的第三者阅读，包括商家不能看到其中的支付信息（如信用卡号、授权密码等），银行不能看到其中的交易信息（如商品种类、商品总价等）。

（4）客户开户行：客户开户行是指客户在其中拥有账户的银行，客户所拥有的支付工具就是由开户行提供的。客户开户行在提供支付工具的时候也同时提供了一种银行信用，即保证支付工具的兑付。在卡基支付体系中，客户开户行又被称为发卡行。

（5）商家开户行：商家开户行是商家在其中开设账户的银行，其账户是整个支付过程中资金流向的地方。商家将客户的支付指令提交给其开户行后，就由开户行进行支付授权的请求以及行与行间的清算等工作。商家的开户行是依据商家提供的合法账单（客户的支付指令）来工作的，因此又称为收单行。

（6）CA中心：CA中心即认证机构，负责为参与商务活动的各方（包括客户、商家与支付网关）发放数字证书，以确认各方的身份，保证电子商务支付的安全性。认证机构必须确认参与者的资信状况（如通过在银行的账户状况，与银行交往的信用历史记录等）。因此认证过程也离不开银行的参与。

（7）金融专网：金融专网是银行内部及银行间进行通信的网络，具有较高的安全性，包括中国国家现代化支付系统、人民银行电子联行系统、工商银行电子汇兑系统、银行卡授权系统等。中国银行的金融专用网发展很迅速，为逐步开展电子商务提供了必要的条件。

除以上参与各方外，电子商务支付系统的构成还包括支付中使用的支付工具以及遵循的支付协议，是参与各方与支付工具、支付协议的结合。其中目前经常被提及的电子支付工具有银行卡、电子现金、电子支票等。在网上交易中，消费者发出的支付指令，在由商户送到支付网关之前，是在公用网中传送的。考虑公用网上支付信息的流动规则及其安全保护，就是支付协议的责任。目前已经出现了一种比较成熟的支付协议（如

SET 协议、SSL 协议等)。一般一种协议针对某种支付工具，对交易中的购物流程、支付步骤、支付信息的加密、认证等方面做出规定，以保证在复杂的公用网中的交易双方能快速、有效、安全地实现支付与结算。

5.1.2 电子支付系统的功能

虽然货币的不同形式会导致不同的支付方式，但安全、有效、便捷是各种支付方式追求的共同目标。对于一个支付系统而言（可能专门针对一种支付方式，也可能兼容几种支付方式），它应有以下的功能。

（1）使用电子签名、生物认证方法实现对各方的认证。为实现交易的安全性，对参与贸易的各方身份的有效性进行认证，通过认证机构或注册机构向参与各方发放数字证书，或通过生物认证方法以证实其身份的合法性。

（2）使用加密技术对业务进行加密。可以用单钥体制或双钥体制来进行消息加密，并采用数字信封、数字签字等技术来加强数据传输的保密性，以防止未被授权的第三方获取消息的真正含义。

（3）使用消息摘要算法以确认业务的完整性。为保护数据不被未授权者建立、嵌入、删除、篡改、重放，而是完整无缺地到达接收者，可以采用数据杂凑技术；通过对原文的杂凑生成消息摘要，并传送给接收者，接收者就可以通过摘要来判断所接收的消息是否完整。若发现接收的消息不完整，则要求发送端重发以保证其完整性。

（4）当交易双方出现纠纷时，保证对业务的不可否认性。这种方法用于保护通信用户对付来自其他合法用户的威胁，如发送用户否认他所发的消息，接收者否认他已接收的消息等。支付系统必须在交易的过程中生成或提供足够充分的证据来迅速辨别纠纷中的是非，可以用仲裁签名、不可否认签名等技术来实现。

（5）能够处理贸易业务的多边支付问题。网上贸易的支付要牵涉到客户、商家和银行等多方，其中传送的购货信息与支付指令必须捆绑在一起。商家只有确认了支付指令后才会继续交易，银行也只有确认了支付指令后才会提供支付。但同时，商家不能读取客户的支付指令，银行不能读取商家的购货信息，这种多边支付的关系可以通过双重签名等技术来确认。

5.1.3 传统电子支付系统

电子支付系统（Electronic-payment System）最早出现于 20 世纪 60 年代。美国率先开发出全球首个电子资金转账（EFT）系统，随后英国和德国也相继研制出自己的电子资金转账系统。到 1985 年，世界上出现了电子数据交换（EDI）技术并在电子支付中得到了广泛的应用。随着 EFT 技术的推广，产生了各种各样的电子支付系统。例如，用于零售业务的银行卡授权支付体系、自动清算所，以及 20 世纪末发展起来的网上支付和移动支付等；在批发业务方面，企业银行系统与金融机构间的电子汇兑系统等大额支付系统也迅速发展。

EFT 系统缩短了银行之间支付指令传输的时间，并减少了在途流动资金。然而，EFT 系统并没有改变支付系统的基本结构。在过去的 20 年，很多所谓的支付革新致力于减小银行成本、加快支票清算速度以及减少欺诈，而消费者很少与 EFT 系统进行交互。电子商务中的支付创新改变了消费者处理支付的方式。消费者电子支付系统正在迅速地完善。包括网络支付和移动支付在内的支付形式，与以往的各种电子支付无论在技术上还是在经营理念上都发生了巨大变化。

在传统电子支付系统中，应用比较广泛的主要有 ATM 系统、POS 系统、电话银行系统及电子汇兑系统。

1. ATM 系统

CD/ATM 系统（简称 ATM 系统）即自动柜员机系统，是利用银行发行的银行卡，在自动存款机（Cash Dispenser）或自动取款机 ATM（Automated Teller Machine）上，执行存取款和转账功能的一种自助银行系统。ATM 系统是银行柜台存取款系统的延伸，能以联机或脱机方式自行完成存取款和转账等金融交易。该系统是最早获得成功的电子资金转账系统。截至 2019 年第一季度末，我国 ATM 机的装机容量已经达到 111.14 万台，全国每万人对应的 ATM 数量为 7.96 台，环比下降 0.33%。⊖⊖

一次典型的 ATM 交易过程通常包括三个步骤。

（1）顾客将银行卡插入卡片输入口，然后机器通知顾客在数字键盘上输入其密码，输入密码的时间每次不能超过 30 秒，若连续三次输入错误的密码，ATM 会将卡片自动扣留，并打印吞卡收条，合法的持卡人可以凭此收条，到管理该 ATM 的银行领回被扣留的卡片；若顾客未能在规定时间内完成操作，则 ATM 将会拒绝受理该业务并退卡。

（2）顾客输入正确的密码后，可选择交易类型，机器会进一步提示顾客用数字键输入交易额，这项操作同样要求在 30 秒内完成。在按 Enter 键之前，顾客可以改变交易金额。

（3）顾客按 Enter 键后，系统将检验持卡人的身份和权限，若检验通过，顾客则可以得到要求的服务，获得相关凭证。

一笔典型的交易所用的时间，一般在 30 秒到 60 秒，软件预制的交易时间不得超过 2.5 分钟。一旦超过此时限，机器将退回银行卡，拒绝受理此交易，并返回至初始状态。

⊖ 自 2018 年第一季度起，ATM 数量统计口径调整，不仅统计银行业存款类金融机构布放的在用自助存款机、自助取款机、存取款一体机、自助缴费终端等传统自助设备，新增统计了自助服务终端、可视柜台（VTM）、智能柜台等新型终端设备。

⊖ 中国人民银行. 2019 年第一季度支付体系运行总体情况 [EB/OL]. (2019-07-03)[2019-08-23]. http://www.pbc.gov.cn/zhifujiesuansi/128525/128545/128643/3853065/index.html.

自动存款机具有自动识别纸币真伪的功能,客户存款时可直接将现金放入现金输入口,自动存款机检验无误后,系统即将存款金额过账到客户的账户。

2. POS 系统

从 20 世纪 60 年代末开始,发达国家的金融机构为了扩大银行卡的功能和使用范围,在零售商店、酒吧等销售点处开办了电子转账系统(Point of Sales,POS)。持卡人在消费点消费后,可通过 POS 系统直接进行电子资金转账工作。

POS 机的发展经过了几个阶段,从最早使用借记卡专有系统,到共享的联机系统,再到现在能够完成网上购物、网上支付和电子转账的 POS 系统。截至 2019 年第一季度末,我国联网的 POS 机具达到 3 235.42 万台,全国每万人对应的 POS 机具数量为 231.87 台,环比下降 5.61%。㊀

为了使用 POS 系统,银行必须首先与特约点签约并安装 POS 终端系统,通过通信网络连接银行的主机系统。同时,客户必须向银行申请信用卡账户,经审核批准后方可获得信用卡,并提供相应密码,银行随后也将客户资料输入主机系统,客户完成消费活动后,在特约商户的 POS 上使用信用卡就可以完成转账结算。

POS 系统组成如图 5-2 所示。

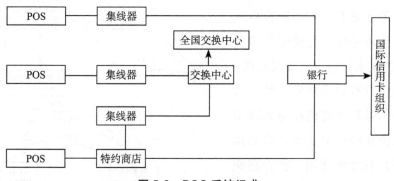

图 5-2　POS 系统组成

POS 交易流程通常分为三步。

(1)顾客递交银行卡并输入密码,营业员负责刷卡并输入交易数据,这些信息通过通信网络传输到银行的主机系统。主机方面先检查银行卡的合法性,再检查用户密码是否正确,如果密码正确,则可进入下一步账务处理,如果密码不正确,则要求顾客重新输入,若错误次数达到三次,则在 POS 终端做压卡处理。

(2)完成合法性检验后,银行主机系统会进行自动的账务处理,并向 POS 终端返回交易成功的信息。

㊀ 中国人民银行. 2019 年第一季度支付体系运行总体情况 [EB/OL]. (2019-07-03)[2019-08-23]. http://www.pbc.gov.cn/zhifujiesuansi/128525/128545/128643/3853065/index.html.

（3）POS 终端收到交易成功的信息以后，自动打印客户凭单，将银行卡返回客户，整个 POS 交易完成。

POS 系统的推广使用使银行、商场、客户三方的交易都能在短时间内完成，给三方都带来了较大的经济效益和社会效益。

3. 电话银行系统

电话银行中心是通过数字处理技术及软硬件技术的结合将电信网络紧密地融合在一起，利用电话、手机、计算机等通信方式向客户提供金融服务的机构。电话银行中心提供的服务可以实现与客户沟通的渠道多样化、服务方式自动化、服务过程个性化、服务管理科学化；受理通过电话、手机、计算机、传真、电子邮件等多种通信方式发出的业务请求；不受时间、地域的限制，向客户提供 365 天每天 24 小时不间断的金融服务。

作为银行卡工程的增值服务系统之一，电话银行是在银行卡工程的基础上，依托各入网银行的银行卡授权及清算网络，通过电话语音系统，为多家银行的持卡人提供综合缴费服务，如缴纳电信通信费、水电费、直接打长话服务、查询银行卡余额等。

从技术角度来看，可以将电话银行系统分为支付网关、语音平台两大部分，基本结构如图 5-3 所示。

从业务角度来看，电话银行系统可分为客户管理系统、自助电话缴费系统、综合查询系统、电话支付系统。

电话系统具有较高的安全性。为了防止客户卡号和卡密码在电话通信中泄露，系统在设计上要求客户必须先在系统开户后才能使用。客户在交易时输入客户号和部分卡信息后，由系统找到相应卡号，再结合卡密码一

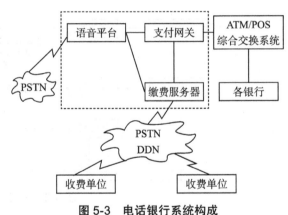

图 5-3　电话银行系统构成

起打包送至银行，这样，就防止了客户的卡号和卡密码在电话通信中泄露。

4. 电子汇兑系统

电子汇兑系统泛指行际间各种资金调拨作业系统，包括一般的资金调拨业务系统和清算作业系统。一般的资金调拨业务系统，如托收系统用于行际间的资金调拨；清算作业系统用于行际间的资金清算。电子汇兑系统是银行之间的资金转账系统，它的转账资金额度很大，是电子银行系统中最重要的系统。

通常，一笔汇兑交易，由汇出行发出，至汇入行收到为止。一般将汇兑作业分成两类：联行往来汇兑业务和通汇业务。联行往来汇兑业务是指汇出行与汇入行隶属同一银

行的汇兑业务；通汇业务的资金调拨作业需要经过不同银行多重转手处理才能顺利完成，因此，通汇业务实际是一种行际间的资金调拨业务。

电子汇兑系统由于功能和作业性质的不同可分为以下几个部分。

（1）通信系统：负责为银行、资金调拨系统或清算系统提供信息服务，为其成员金融机构传送与汇兑有关的各种信息。成员行接收到信息后，若同意处理，则将其转送到相应的资金调拨系统或清算系统内，再由后者进行各种必要的资金转账处理。最著名的通信系统是国际环球同业财务电信系统 SWIFT。通信系统的存在，可以解决没有资金往来历史的银行间的汇兑问题，在国际贸易中，这类系统的存在是十分必要的。

（2）资金调拨系统：这类系统是典型的汇兑作业系统，它们的功能比较齐全，提供资金调拨和清算服务。代表性的系统包括美国的 CHIPS、FEDWIRE 和日本的全银。中国各商业银行的电子汇兑系统以及中国人民银行的全国电子联行系统均属此类。

（3）清算系统：当汇入行接受汇出行委托，执行资金调拨处理，导致行际间发生借差或贷差，且两家银行又无直接清算能力时，则需委托另一个适当的清算系统进行处理。以美国为例，CHIPS 除可做资金调拨外，还可兼做清算，但对象仅限于纽约地区的银行。纽约以外的银行清算要交给具有清算能力的 FEDWIRE 来处理。中国的异地跨行转汇，必须经过中国人民银行的全国电子联行系统，才能得以最终清算。

图 5-4 是一个典型的联行电子汇兑系统。

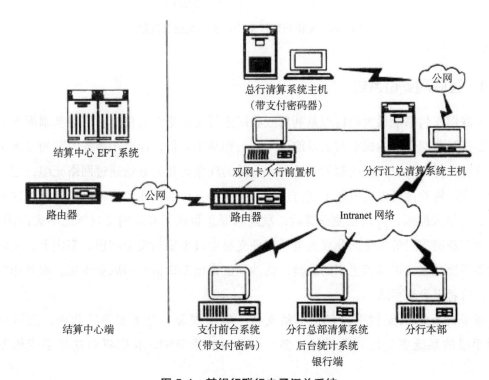

图 5-4　某银行联行电子汇兑系统

联行电子汇兑系统的业务流程如图 5-5 所示。

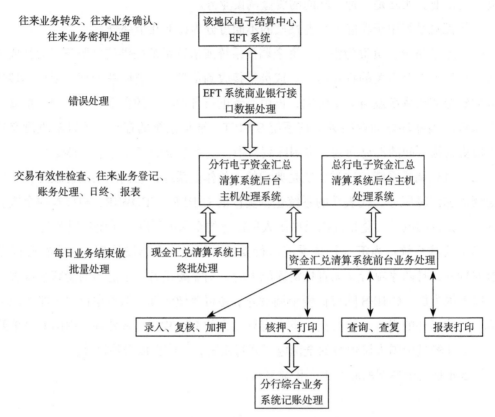

图 5-5　某银行联行电子汇兑系统业务流程

5.1.4　互联网支付系统

互联网支付系统最大的特点是利用互联网进行支付指令的传输。网络基础服务的发展，使得互联网支付的成本较之以前更为低廉和易于获得，而电子商务的蓬勃发展更是给予这种支付方式以无限的前景和活力。大量的现金流化为数据通过网络光缆，超越地域和国别，转瞬便可以完成整个支付过程。互联网支付的便捷和快速是人们青睐这种支付方式的最大原因，然而在便捷背后，危险和罪恶也成了互联网支付挥之不去的阴影，这使得互联网支付的安全问题成为电子商务交易中最重要的安全问题。事实上，互联网支付并不比现金支付承担更多的风险，伪钞和盗窃也不比卡号盗取更少见，而且相对于前者，后者更容易预防。

常见的互联网支付手段包括卡基支付、电子现金、电子支票等几种，支持这些支付手段的系统更是达到几百种之多。在后面的章节中，我们将对这些系统做专门讨论。

5.2 国内电子支付体系

5.2.1 我国支付清算系统概述

1. 我国支付清算系统的历史沿革

新中国成立之初,我国支付清算系统是借鉴苏联的经验而建立起来的,整个系统是以手工操作为主的地区封闭式的清算系统。资金的跨地区流动是通过邮电局汇兑方式完成的,具有效率低、清算周期长、在途资金量大的特点。支付清算系统电子化程度低,一定程度上制约了这个系统自身的高效发展。

20 世纪 80 年代,为适应经济的改革,金融体制相应进行了大的改革,从高度集中的中国人民银行分出了自主经营的国有商业银行,并开始建立多种形式的股份制和民营性质的商业银行,这对资金和货币在社会的流动提出了新的要求。从改革开放的 80 年代起,中国人民银行开始对支付清算系统进行改革。

首先改革的是非票据化的支付结算工具,推行了以汇票、本票、支票和信用卡(简称"三票一卡")等票据为主体的信用卡支付工具;其次,"手工联行系统"得以建立,各银行通过邮电局传送全部的异地支付凭证,用来实现银行系统内直接通汇行间的资金往来,跨行的资金往来则通过转汇来完成。

从 1989 年起,中国银行开始建立以卫星通信为传输手段的全国电子联行系统。该系统可以处理异地行间和跨行的大额贷记支付业务,支付信息随发随收,当时核对,并通过中央银行进行实时清算,这是我国金融机构异地资金划汇的主渠道。2005 年中国人民银行的跨行交易规模只有 1 万亿元,而 2015 年第二季度,仅银行卡跨行支付系统联网特约商户就达到 1 370.70 万户。该季度共发生银行卡交易 3 207.74 亿笔,金额 166.70 万亿元。[⊖] 同时,各商业银行为改进其服务,也相继在行内建立了电子汇兑系统,改用邮路传输支付凭证为电子支付方式来处理各自行内的支付业务,以加快社会资金周转。同城票据交换所在全国大规模建立,城市内及附近银行的分支机构每日参加一到二次票据交换,每次交换差额送人民银行会计营业部门办理转账和资金清算。

2. 国内银行系统主要支付结算工具

(1)贷记支付工具:包括汇兑、委托收款、托收承付、定期贷记、贷记银行卡等。其中,汇兑主要用于商业、政府、银行间及个人消费者异地、同城资金划拨和支付。

(2)借记支付工具:银行汇票、国内信用证、银行本票、支票、旅行支票、定期借

⊖ 中国人民银行. 2015 年第二季度支付体系运行总体情况 [EB/OL]. (2015-09-08)[2019-08-23]. http://www.pbc.gov.cn/zhifujiesuansi/128525/128545/128643/2947525/index.html.

记、借记银行卡等。其中，银行汇票主要用于异地的商业、消费和其他支付；国内信用证用于异地商业支付；支票用于票据交换范围内的商业和个人消费性支付；旅行支票用于未来提供给个人用于异地旅行时的消费支付；定期借记用于同城或异地的支付，如房租、公共事业费、税款等。

3. 我国银行体系

改革开放后，我国银行业的多种所有制体系已经形成，包括国有、民营、股份制、外资等不同类型，这些机制灵活的商业银行，在金融市场的竞争中必将根据业务发展的需要而创造各种不同的支付和清算工具。在整个银行体系中，中国人民银行是中央银行，在国务院领导下制定和实施货币政策，对金融机构实施监督和管理；国家开发银行、中国进出口银行、中国农业发展银行是政策性银行；包括国有银行、股份制银行、城市商业银行、城乡信用合作社、外资银行等均为商业银行，以营利为目的，在规定的范围内开展业务。图5-6反映了我国银行业的体系结构。

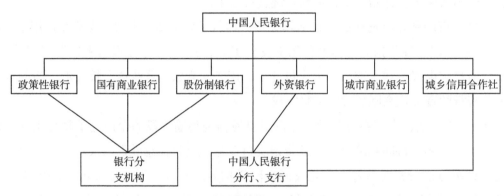

图5-6 我国银行业体系结构

5.2.2 我国支付清算网络体系

经过多年的建设，我国支付清算网络体系已经基本形成。这一网络体系包括四个主要部分：中央银行支付清算系统，金融市场支付清算系统，银行业金融机构支付清算系统，第三方服务组织支付清算系统（参见图5-7）。

（1）中央银行支付清算系统。包括大额支付系统，小额支付系统，全国支票影像交换系统，境内外币支付系统，中央银行会计集中核算系统，同城票据交换系统。

（2）金融市场支付清算系统。包括中央债券综合业务系统，全国银行间外汇交易系统，全国银行间拆借交易系统，中国证券登记结算公司生产系统。

（3）银行业金融机构支付清算系统。包括政策性银行内业务系统、商业银行内业务系统，农村信用社行内业务系统。

（4）第三方服务组织支付清算系统。包括中国银联银行卡跨行交易清算系统，城市商业银行汇票处理系统，集中代收付中心业务系统，农信银支付清算系统，其他第三方支付服务组织业务处理系统。

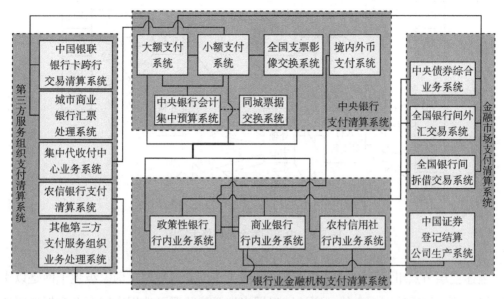

图 5-7　中国支付清算网络体系总体架构图

资料来源：中国人民银行支付结算司.中国支付体系发展报告[M].北京：中国金融出版社，2010：81.

5.2.3　中国国家金融网络

中国国家金融网络（CNFN）是一个国家级的计算机网络系统，该系统使中央银行、各商业银行和其他金融机构有机地连接在一起，最终为广大客户提供全面的支付服务和金融信息服务，是中国支付清算网络体系运作的网络基础。

CNFN 的建设目标之一是为了实现一网多用。围绕这个建设目标，在网络结构设计时，采用了将通信子网与资源子网分离的方案，以便建设一个独立于应用的国家级金融通信网络，即中国国家金融网络 CNFN。其网络结构采用了如图 5-8 所示的拓扑结构。

CNFN 分别在北京和无锡设立了中国处理中心 NPC（National Processing Center），又称主站。这两个 NPC 的结构和处理能力都相同，且互为备份。两个 NPC 之间由单路单载波 SCPC（Single Channel Per Carrier）的高速卫星线路和地面高速 E1 线路相连。正常运行时，由主 NPC（北京主站）控制和管理全网，一旦发生灾难，备用 NPC（无锡主站）就实时接管主 NPC 的所有业务。

CNFN 网络分成二级；处理节点分为三个层次，包括全国处理节点、城市处理节点和县节点等。在网络的三层节点中，一级节点是 NPC；二级节点是城市处理中心 CPC（City Processing Center），又称小站；三级节点是中国人民银行县支行处理节点 CLB（Country Level Bank）。

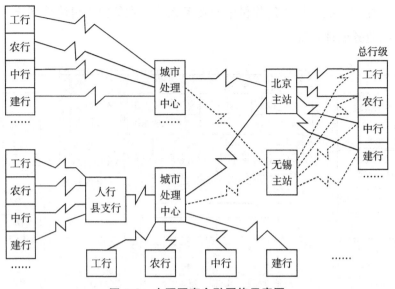

图 5-8 中国国家金融网络示意图

上述三层节点组成了二级网络，即国家级主干网和区域网。国家级主干网是以中国人民银行的卫星通信网为主体，区域网根据当地通信状况可选用中国金融数据地面通信骨干网、卫星通信网等。

5.2.4 电子资金划拨系统

电子资金划拨系统分为大额电子资金划拨系统（High Value Payment System，HVPS）和小额电子资金划拨系统（Bulk Electronic Payment System，BEPS）。前者的服务对象包括货币、黄金、外汇、商品市场的经纪商与交易商，在金融市场从事交易活动的商业银行及从事国际贸易的工商企业。

1. 大额电子资金划拨系统

大额电子资金划拨系统是逐笔实时处理的全额清算系统，用于处理同城和异地的跨行与行内的大额贷记支付，以及时间紧急的其他贷记业务，主要用于行际和行内的清算资金余额转账、企业间的资金调拨，以及投资支付和其他大额资金支付。

在中央银行开设有备用金或清算账户的金融机构，可通过该系统及时划拨大额资金，如证券市场和货币市场的资金调拨与结算，银行内部和银行之间的资金头寸调拨等。此类支付活动的金额大、风险大，要求实时逐步全额最终完成。考虑到系统的安全，以及我国商业银行目前必须在中央银行保持较高比例法定储备金等情况，中央银行将允许大额资金的参与者在限额内出现隔夜透支。对账户余额不足的支付指令，采用排队等待机制，等待有足够的资金进入该账户时，则自动支付。

中央银行通过该系统将能对我国 80% 的资金进行直接的监督和控制，能对每个清算账户资金进行实时跟踪,从而实现有效的宏观调控。因此,该系统对社会经济、支付体系和金融体系本身的平稳运作关系重大,对系统的安全性要求很高。特别是异地的大额支付,经过的节点多、链路长,安全的难度更大。为确保系统的绝对安全,每笔支付经过的每个节点,都需严格控制和法律确认,保证交接的严密性。

图 5-9 显示了大额电子资金划拨系统的业务处理流程。

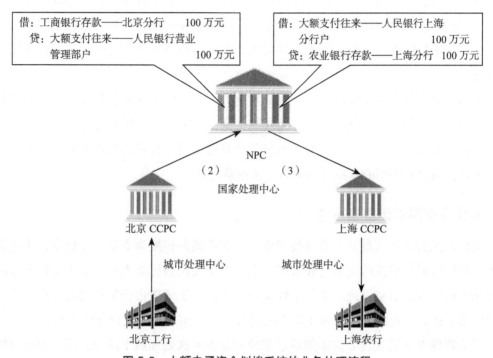

图 5-9 大额电子资金划拨系统的业务处理流程

在图 5-9 中,中国工商银行北京市分行通过大额支付系统向中国农业银行上海市分行支付一笔金额为 100 万元的大额汇款,具体步骤如下。

(1)中国工商银行北京市分行将大额支付指令实时发送至北京 CCPC。
(2)北京 CCPC 将大额支付指令实时转发至 NPC。
(3)NPC 实时全额完成资金清算后转发至上海 CCPC。
(4)上海 CCPC 将大额支付指令实时转发至中国农业银行上海市分行,完成资金汇划。

2. 小额电子资金划拨系统

小额电子资金划拨系统(BEPS)适用于诸如付款到收款存在时间差的支付,预先授权的循环支付(如代发工资、代付房租、水电费、电话费、税金和保险费等),截留票据的借记和贷记支付等。这类支付金额不大,时间要求不高,但交易笔数大,为提高效率和降低成本,一般采用批处理方式,净额结算资金。BEPS 可有效地加快资金流动,减少现金、支票和各类票据的流通量,降低风险,节约转账成本,方便客户。

该系统的输入方式，既允许基于纸凭证（如支票等）输入，也允许基于脱机或联机输入。若用纸凭证输入，最佳方案是先经票据自动清分机阅读和清分，将这些物理凭证转换成逻辑凭证，然后以电子方式进行电子支付处理。

该系统的客户可以是直接参与者，即在中央银行开设有结算账户的金融机构，也可以是由直接参与者代理的间接参与者。

根据支付业务的发起者和接收参与者是否属于同一城市处理中心，小额批量支付系统处理的业务可以分为同城业务和异地业务。同城业务是指属于同一城市处理中心的参与者相互间发生的支付业务；异地业务是指分属不同城市处理中心的参与者相互间发生的业务。

小额批量支付系统处理的同城贷记支付业务，其支付指令从付款行发起，经付款清算行、城市处理中心、收款清算行，至收款行止。小额批量支付系统处理的异地贷记支付业务，其支付指令从付款行发起，经付款清算行、付款行城市处理中心、国家处理中心、收款行城市处理中心、收款清算行，至收款行止。

3. 全国支票影像交换系统

支票影像交换系统是基于影像技术将实物支票截留转换为支票影像信息，传递至出票人开户银行提示付款的支票清算系统。它是中国人民银行继大额、小额支付系统建成后的又一重要金融基础设施。支票影像交换系统定位于处理银行机构跨行和行内的支票影像信息交换，其资金清算通过中国人民银行覆盖全国的小额支付系统处理。

支票影像业务的处理分为影像信息交换和业务回执处理两个阶段，即支票提出银行通过影像交换系统将支票影像信息发送至提入行提示付款；提入行通过小额支付系统向提出行发送回执完成付款。

支票影像交换系统采用两层结构：第一层是影像交换总中心，负责接收、转发跨分中心支票影像信息。第二层是影像交换分中心，分中心设在省（区）首府和直辖市，负责接收、转发同一省、自治区、直辖市区域内系统参与者的支票影像信息，并向总中心发送和从总中心接收跨分中心的支票影像信息。

全国支票影像交换系统拓扑图如图 5-10 所示。

2006 年 12 月，支票影像交换系统在北京、天津、上海、河北、广东和深圳六省（市）成功试点运行。在此基础上，2007 年 6 月，中国人民银行完成支票影像交换系统在全国的推广建设。2009 年 5 月，中国人民银行支付清算司发布《全国支票影像交换系统业务处理办法（试行）》，支票影像交换系统的运作逐渐规范。2016 年，全国支票影像交换系统共处理业务 7.92 万笔，金额 4 100 亿元。⊖

⊖ 中国人民银行. 中国支付体系发展报告 2016（中英文）[R/OL].(2017-07-12)[2019-08-20]. http://www.pbc.gov.cn/zhifujiesuansi/128525/128545/128646/3343451/index.html.

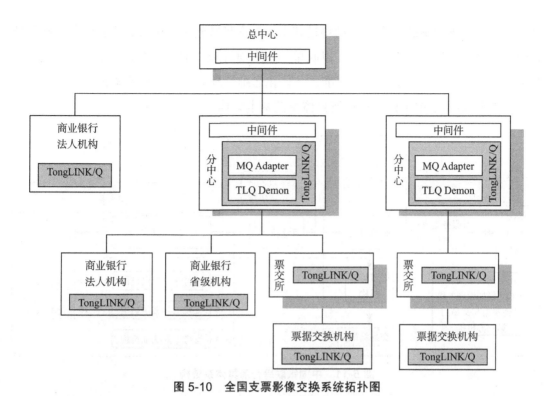

图 5-10 全国支票影像交换系统拓扑图

注：图中 TongLINK/Q 是指中国人民银行选用的东方力通（TongTech）的消息中间件。

5.2.5 中国银联银行卡跨行交易清算系统

1. 从"金卡工程"到银联卡

"金卡工程"始于 1993 年。在此后 8 年中，各家商业银行参与建立全国 18 家银行卡信息交换中心。然而，由于多家银行协调困难，中国人民银行牵头的这项工程并未使众多商业银行形成预想的合力。而 Visa 等银行卡国际组织运作方式的成功，使银行界开始考虑重新打造一个自负盈亏的、有效率的商业化运作公司。

2002 年，中国人民银行在先后组织建立了 18 家城市银行卡交换中心和银行卡信息交换总中心的基础上，批准成立中国银联（China UnionPay），负责建设运营统一的全国跨行交易网络，制定业务规则和技术标准，发挥卡组织的行业协调作用。中国银联成立后，银行卡联网通用的范围和质量都提升到一个新的水平，为各商业银行加速发展银行卡业务提供了可靠的制度保障。

2. 中国银联跨行清算体系

中国银联于 2008 年启动第二代银行卡跨行交易清算系统建设，2011 年建成并投入运营。第二代系统形成了以交易转接系统两地"双中心同步运行"为核心，入网机构同时连接两个处理中心，向任意一个处理中心发送交易，两个中心均能处理转接交易，一旦某中心发生灾难事故，系统自动将送到本机的交易转到另一中心，由正常中心接管所有交易，保证业务连续性。同时，以收单、发卡前置和外围应用系统为依托，以网络及基础环境为保障，采用统一技术标准、一体化运维管理的集中式系统架构。

图 5-11 显示了中国银联跨行清算体系的基本结构。

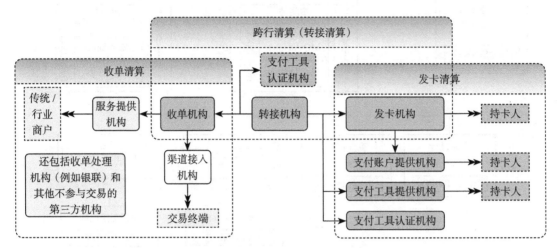

图 5-11 中国银联跨行清算体系结构

第二代系统是以转接清算服务为核心、支持 POS 等多渠道支付接入及各种银行卡和创新支付工具使用的功能齐全的开放型支付服务平台；充分利用数据信息，通过联合营销支持系统和数据服务系统，提供面向商户、持卡人、成员机构等的个性化增值服务，全面提升银联网络对成员机构、商户、持卡人支付以外的附加价值。

3. 中国银联对信用卡推广的促进作用

中国银联从 2002 年成立伊始，通过三步走的方法，推动银行卡联网通用在全国的实现。

第一步，同城联网通用。通过城市银行卡信息中心，实现银行卡在中心城市的同城通用。

第二步，重点城市联网通用。按照时任总理温家宝提出的联网通用"314"目标（在全国 300 个以上地市级城市实现各商业银行系统内银行卡的联网运行和跨地区使用，在 100 个以上城市实现各类银行卡的跨行通用，在 40 个以上城市推广普及全国统一的银联卡），实现银行卡在重点城市的跨银行、跨地区通用。

第三步，全国联网通用。在重点城市联网通用的基础上，逐步把网络覆盖到全国地市以上城市和发达地区县级城市，并通过农民工银行卡特色服务，把联网通用扩大到农村地区。

截至 2019 年上半年底，银联受理网络已覆盖 174 个国家和地区超过 5 500 万商户，基本满足境内居民出境用卡需求。境外发行银联卡的国家和地区增至 54 个，累计发行量突破 1.2 亿。[注] 顺应全球支付产业数字化升级,银联国际已实现了银联电子化发卡功能,用户无须拥有银联实体卡,只要在钱包内在线申请银联虚拟卡,即可享受银联移动支付服务。

5.2.6　中国银联提供的服务种类

（1）基础服务。中国银联建设和运营银行卡跨行交易清算系统这一基础设施,推广统一的银行卡标准规范,提供高效的跨行信息交换、清算数据处理、风险防范等基础服务。同时,联合商业银行银行卡自主品牌,推动银行卡产业创新发展,维护国家经济、金融安全。

（2）银行服务。中国银联坚持"服务第一"的理念,为国内主要商业银行提供了集清算数据处理、技术支持、风险控制、数据分析、产品创新于一体的综合服务方案,为国内商业银行提供了跨行、跨地区、跨境的银行卡转接服务。同时,本着"同创品牌、和谐共赢"的原则,整合资源、搭建平台,与商业银行一起做大做强中国银行卡产业。

（3）商户服务。中国银联以银商合作共赢为出发点,为商户提供了配套的综合服务,努力为商户提供各种各样的支付解决方案,帮助商户解决支付应用方面的实际问题,目前已经为国内四十多家知名企业集团提供了综合支付解决方案,实现了商业运行的高效和便捷。

（4）持卡人服务。中国银联建立健全持卡人服务体系,探索建立了形式多样的持卡人服务平台,满足持卡人多样化的增值服务需求,在银行卡产品研发方面与商业银行推出了多种类别的银联标准卡,深受市场欢迎。

5.3　国际电子支付体系

5.3.1　国际电子汇兑系统

第二次世界大战后,商品生产的规模和交换方式都发生了很大的变化。科学技术的发展,促使劳动生产率和国际贸易迅速提高和急速发展,从而使商品流动和货币流动急速加大。通过电信和手工处理纸基票证这种传统的转账方式,已经不能适应时代发展的要求。为适应国际贸易急速发展的需要,从 20 世纪 60 年代末开始,国际银行界纷纷研究建立各种国际资金调拨系统。在诸多国际资金调拨系统中,最重要的是 SWIFT 系统和 CHIPS 系统。SWIFT 系统主要提供通信服务,为其成员金融机构传送各种标准的国

[注] 中国银联. 境外 54 个国家和地区发行银联卡 发卡量突破 1.2 亿 [EB/OL](2019-08-02)[2019-08-20]. http://corporate.unionpay.com/infonewsCenter/infoCompanyNews/file_149928482.html.

际资金调拨信息,而国际间的资金调拨处理则主要由 CHIPS 系统完成。

1. SWIFT——环球同业银行金融电讯协会

SWIFT(Society for Worldwide Interbank Financial Telecommunication)又称"环球同业银行金融电讯协会",是国际银行同业间的国际合作组织,成立于 1973 年,为全球用户提供报文传输、网络连接、标准和业务应用服务,连接全球近 120 个支付清算系统,是全球跨境支付业务的重要通信渠道。

目前,全球大多数国家和银行已使用 SWIFT 系统。SWIFT 的使用,为银行的结算提供了安全、可靠、快捷、标准化、自动化的通信业务,从而大大提高了银行的结算速度。由于 SWIFT 的格式具有标准化特征,目前信用证的格式主要都是使用 SWIFT 电文,因此有必要了解 SWIFT 的主要内容。

SWIFT 分配给每个成员银行的份额是由该成员实际使用 SWIFT 网的通信量来决定的。占系统总交易量 1.5% 以上的国家或国家集团才有资格被任命为董事会成员。每个成员行在参加 SWIFT 时,需要一次支付参加费、安装费,支付用于购买接口设备的费用;支付的培训费,由每个银行采用的实现手段而定。

SWIFT 的成员行每个季度支付一次通信费用。通信费是基于路由和通信量定价的。传输比 325 个字符长的信息(有的财务报表可长达 2 000 个字符)时,按比例增加费用。高优先权的信息增收特别费。

SWIFT 的目标是在所有金融市场,为其成员提供低成本、高效率的通关服务,以满足成员金融机构及其终端客户的需求。现在,全球的外汇交易电文基本上都是通过 SWIFT 传输的,但 SWIFT 仅为全球的金融系统提供通信服务,不直接参与资金的转移处理服务。

SWIFT 提供的服务包括如下。

(1)提供全球性通信服务。196 个国家和地区的 7 457 个金融机构由 SWIFT 网络连接。

(2)提供接口服务。使用户能低成本、高效率地实现网络存取。

(3)存储和转发电文(Store-and-forward Messaging)服务。2001 年转发的电文达 15 亿条。

(4)交互信息传送(Interactive Message)服务。为提高服务的响应性和灵活性,1997 年 SWIFT 宣布,计划开发基于 IP 的产品和服务,包括交互信息传送服务,作为存储和转发电文服务的补充。SWIFT 在 2000 年开始提供这种交互服务。

(5)文件传送服务。1992 年开始提供银行间的文件传送 IFT(Interbank File Transfer)服务,用于传送处理批量支付和重复交易的电文。

(6)电文路由(Message Routing)服务。通过 SWIFT 传输的电文可同时复制给第三方，以便能由第三方进行电子资金转账处理，或转道另一网络完成支付结算，或证券交易结算，或外汇交易结算处理。

（7）具有冗余的通信能力为客户提供通信服务。SWIFT 的设计能力是每天传输 1 100 万条电文，而当前每日传送 500 万条电文，这些电文划拨的资金以万亿美元计。

SWIFT 提供 240 种以上电文标准。SWIFT 的电文标准格式，已经成为国际银行间数据交换的标准语言。鉴于 SWIFT 在外汇交易中的重要作用，我国的金融网络和金融应用系统，必须与 SWIFT 接轨。因此，我国银行的电文，或者直接采用 SWIFT 格式，或者基于 SWIFT 格式开展支付、证券、债券和贸易等业务电文的通信。通过 SWIFT 传输的电文类型包括客户汇兑（Customer Transfer）、银行汇兑（Bank Transfer）、贷记/借记通知（Credit/Debit Advice）、财务报表（Statement）、外汇买卖和金融市场的确认（Foreign Exchange and Money Market Confirmations）、托收（Collections）、黄金及贵金属交易（Gold/Precious Metal）、跟单信用证（Documentary Credits）、银行同业证券交易（InterBank Securities Trading）、余额报告（Balance Reporting）、支付系统（Payment Systems）等各种与汇兑有关的信息。

SWIFT gpi（Global Payments Innovation，gpi）项目是 SWIFT 组织发起、全球大型银行参与的全球支付创新项目。自 2017 年启动以来，SWIFT gpi 已经成为跨境支付领域的新标准。我国已有 27 家中资银行签约加入 SWIFT gpi。如今，每天有数十万笔跨境支付使用新的 gpi 标准发送；使用 gpi 完成的支付金额超过 1 000 亿美元；50% 的 gpi 支付到达最终受益人账户的时间少于 30 分钟。

SWIFT gpi 采用了分布式簿记技术（一种区块链技术）、云存储技术等，可以实现银行之间的快速到账，银行扣费透明，汇兑信息无损，并且支付状态可以随时跟踪。从目前银行升级的结果来看，客户不仅可以通过手机收到资金汇出和到账情况，以及费用情况；收款方还可以收到资金到账的提醒。

2. CHIPS——纽约清算所银行同业支付系统

CHIPS 是 Clearing House Interbank Payment System 的缩写，系"纽约清算所银行同业支付系统"的简称。纽约是世界上最大的金融中心，是外国客户和往来银行进行票据交换和清算的场所，因此，由纽约清算所建立的 CHIPS 系统也就成为世界性的资金调拨系统。现在，世界上 90% 以上的外汇交易是通过 CHIPS 完成的。

纽约清算所于 1970 年建立 CHIPS 系统。当时采用联机作业方式，通过纽约清算所的交换中心同 9 家银行的 42 台宝来 TC 500 终端相连。1982 年，成员银行共有 100 家，包括纽约当地银行、其他地区和国家的银行。

90 年代初，CHIPS 发展为由 12 家核心货币银行组成，有 140 家金融机构加入的资金调拨系统。2007 年，CHIPS 成为全球最大的私营支付清算系统之一，主要进行跨国美元交易的清算，拥有安全、可靠、高效的支付系统，处理全球 95% 左右的美元交易。截至 2015 年，CHIPS 每天结算超过 25 万笔交易，在国内和跨境交易中价值超过 1.5 万亿美元。

通过 CHIPS 系统的国际资金调拨处理过程并不复杂。例如，纽约的 A 行从 SWIFT 网等国际线路接受的某国甲行的电报付款指示，要求 A 行于某日（Value Date，即生效日）扣其往来账，并将此款拨付给在纽约 B 行设有往来账户的其他国际某乙银行。若 A 行和 B 行均为 CHIPS 的成员行，则这笔资金可以通过图 5-12 所示的方法完成。

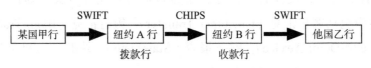

图 5-12 通过 CHIPS 的资金调拨过程

A 行从 SWIFT 网接到甲行的上述付款通知后，核对电文的信息识别码（MAC）无误，A 行操作员根据发来的电文，依据纽约清算所规定的标准格式，将有关数据（A 行、B 行、甲行和乙行的编号，付款金额，Value Date 等数据）录入计算机终端。该电文经 CHIPS 网传送到 CIHPS 中央计算机系统存储起来。只有当 CHIPS 中央计算机系统稍后接到 A 行下达的"解付"（Release）命令后，才将此付款通知传送到 B 行（收款银行）的计算机终端。

每个营业日终了，CHIPS 中央计算机系统对各参加银行（如上述的 A 行和 B 行）当日生效的每笔交易进行统计，得出各参加银行应借或应贷的净金额。中央计算机系统除了要给各参加银行传送当日交易的摘要报告外，还需于当日下午 4:30 后，通过 FedWire 网，将各参加银行应借或应贷的净金额通知纽约区联邦储备银行。该银行利用其会员银行的存款准备金账户完成清算。清算完成后，通知 CHIPS，CHIPS 则于 17:30—18:30，用 1 小时的时间轧平账务。于是，通过 CHIPS 系统进行的电子资金转账，都得到最终的清算。

由图 5-12 可以看出，利用 CHIPS 进行国际间的资金转账是很方便的。由此，外国银行都愿意在纽约设分行，并且都想加入 CHIPS 系统。面对日益增多的参加银行，为了清算能快速完成，纽约清算所决定，该所会员银行可利用其在纽约区联邦储备银行的存款准备金账户，代理各参加银行结算。目前，参加清算的银行除了纽约清算所 12 家会员银行外，另有 Bank of America 及 Continental Bank International 加入，总共 14 家。因此，在 CHIPS 清算体制下，非参加银行代理清算，参加银行又由会员银行代理清算，这种层层代理机制构成了庞大复杂的国际清算网。

CHIPS 的一次性成员费用是 5 万美元。CHIPS 对所有参加办理结算和清算的业务，不分清算金额的大小，发送或接收经过编辑的每笔转账费用是 28 美分，成员行每月的最低开销是 2 500 美元。此外,每个成员行负责与 CHIPS 中央计算机相连线路的费用,每月 700～1 000 美元。

CHIPS 系统的特点具体如下。

(1) 允许事先存入付款指示。参加银行除了可在当日调拨资金外,还被允许事先将付款指示存入中央计算机系统,以后须经拨款银行下达"解付"命令后,CHIPS 的中央计算机系统才会于解付日将此付款通知传送给收款银行。未下达"解付"命令前,拨款银行有权取消该笔付款指示。

(2) 完善的查询服务功能。由于中央计算机系统能即时将每笔资金调拨情况存入文件,因此各参加行的账务管理员可随时查询自己银行的每笔提出或存入的金额,并及时调整自己的头寸。

(3) 自动化程度高。CHIPS 设计了一个灵活的记录格式,以方便发报行和收报行能进行计算机自动处理。这样参与行的支付信息可在不同系统之间流动而无须人工干预。例如,CHIPS 接受 SWIFT 的标识码,并自动地与 CHIPS 的通用标识码相互参照。

(4) 安全性好。CHIPS 两套系统互为备份,每套系统又是双机互为备份。两套系统分别安装在不同的地方,并用高速线路连接。为保证电源的不间断供应,由蓄电池储备电能,并以双内燃发电机系统来保证。保密性是通过保密模块(ISM)、保密设备和一系列规定来实现的。每个成员行均有一台专门设计的保密机,该保密机遵守 ANSI X9.9 金融机构保密检测标准。付款电文都经保密机加密并加 MAC 传送,以保证电文的传输安全。

5.3.2 卡基支付网络

1. 信用卡收单网络

信用卡网络发展最早,也最成熟。由于当时只有信用卡这一个支付工具,因此网络的架构、标准规范等都只适用于信用卡。

在信用卡网络的发展中,逐渐形成了开放型和封闭型两种类型。封闭型信用卡网络以运通、大来等为代表,它们可以独享所有收益,不必与他人分享利润,在同样条件下就可以保持现有的折扣,获得较高的利润,或者降低折扣来增强自己的收单竞争力,发展目标单一明确;弱点则是它们必须承担所有的成本,由于其自身能力有限,使得网络的发展规模受到限制。开放型的信用卡网络则以 VISA、万事达等为代表,开放式的结构使其可以连接各收单机构开拓的商户,得以形成大规模的网络。不过,由于信用卡市场竞争越来越激烈,开放型网络显示出比封闭型网络更加有利于信用卡的品牌推广,所以,信用卡网络有向开放型发展的趋势。

2. ATM/EFT 网络

ATM/EFT 网络运营商最初是为美国各银行提供 ATM 专业化服务的机构，专门从事 ATM 维护、监控等服务，并逐渐发展为连接各 ATM 和借记卡发卡银行的 ATM/EFT 网络运营商，同时开始利用其价格优势将网络介入商户消费领域，发展成能进行 ATM 交易和密码借记卡 POS 交易的独立的 ATM/EFT 网络，并从区域性的网络逐渐发展为全美性网络。目前，ATM/EFT 网络除了能受理密码借记卡交易外，还可以受理 P2P 支付、电子账单支付等。

当支付工具带有 EFT 网络品牌时，交易即通过该网络渠道进行。由于 EFT 网络运营商是从 ATM 专业化服务商发展而来的，因此大部分网络运营商同时也都是收单交易处理商，例如 Concord 是美国最大的密码借记卡收单交易处理商。密码借记卡网络交易采用单信息模式，交易成本较低，同时由于发卡机构不需为密码借记卡交易承担风险，因此，商户受理 EFT 网络品牌的密码借记卡需要支付的回佣较低。

3. ACH 网络

ACH（Automated Clearing House）即自动清算所网络，是美国一个全国性的电子转账系统，创建于 1979 年。目前，ACH 发展迅速，体现出较好的开放性，能够受理多种新型支付交易，如预授权交易、支票电子转换支付、电子账单支付和 P2P 支付等。ACH 支持的交易包括：工资发放、社会福利发放、各种贷款的自动还款、B2B 支付、电子支付、联邦及各州的所征税款支付。由于其交易成本低廉，因此被不断地应用于新的用途，发展势头强劲，目前已经有上万个金融机构加入，仅 2017 年就处理了超过 210 亿宗交易，每年移动超过 43 万亿美元，实现超过 250 万亿美元的电子金融交易。

开篇案例回顾

支付宝于 2004 年从淘宝网分拆独立，逐渐向更多的合作方提供支付服务，发展成为中国最大的第三方支付平台，它所倡导的"简单、安全、快速"的支付解决方案确实给人们的生活带来了便利。近年来，随着银行卡产业的发展与信息技术的进步，信用卡的使用渠道不断拓宽，信用卡诈骗活动的犯罪手段也随之发生了变化，从传统的在自动柜员机上使用他人信用卡，演变为在销售点终端机具、网上支付、电话支付渠道使用他人信用卡或者信用卡信息。不法分子利用信用卡可以通过支付宝网上交易的特点实施犯罪。本案即是一起以欺骗的方式非法获取被害人借记卡信息资料，后通过支付宝非法转移、占有被害人钱款的新类型犯罪案件。

1. 被害人根据行为人要求办理的借记卡属于刑法规定的"信用卡"

根据 2004 年 12 月 29 日十届全国人大常委会第十三次会议通过的《关于〈中华人民共和国刑法〉有关信用卡规定的解释》，刑法规定的信用卡，是指由商业银行或者其他金融机构发行的具有消费支付、信用贷款、转账结算、存取现金等全部功能或者部分功能的电子支付卡。

在本案中,张某等7名被害人根据杨某要求办理的借记卡系具有转账结算、存取现金等功能的电子支付卡,故根据上述立法解释的规定,属于刑法规定的"信用卡"。

2. 行为人实施冒用他人信用卡进行诈骗的行为认定

《刑法》第一百九十六条规定了"冒用他人信用卡"等四种进行信用卡诈骗活动的情形,但是对何为"冒用他人信用卡",行为人取得他人信用卡的方式及"冒用"的具体手段没有做出具体规定。2009年12月15日,"两高"《关于办理妨害信用卡管理刑事案件具体应用法律若干问题的解释》第五条第二款对"冒用他人信用卡"具体规定了四种情形,其中第三种情形为窃取、收买、骗取或者以其他非法方式获取他人信用卡信息资料,并通过互联网、通信终端等使用的行为。

在本案中,杨某以欺骗的方式非法获取被害人信用卡信息资料后,通过支付宝的互联网终端将被害人钱款转出后占为己有。杨某的这种犯罪行为,骗取被害人钱款时不需要被害人提供信用卡卡片,犯罪手段极为隐蔽,危害性很大,其行为符合《关于办理妨害信用卡管理刑事案件具体应用法律若干问题的解释》第五条第二款第(三)项的规定,应当认定为冒用他人信用卡,实施信用卡诈骗。

3. 行为人实施的行为侵犯了国家对信用卡的管理制度和他人财产所有权

信用卡诈骗罪侵犯的客体是国家对信用卡的管理制度和公私财产所有权,犯罪对象是信用卡。行为人冒用他人信用卡实施诈骗的行为侵犯了国家对信用卡的管理制度和他人财产所有权。

在本案中,被告人杨某实施的通过支付宝转移占有被害人银行卡内钱款的犯罪手段极为隐蔽。通过本案的审理,有以下三点值得引起人们的高度警惕,以免上当受骗:一是开通银行卡所绑定的手机号码必须是本人的手机号;二是不能轻易将本人的身份证和银行卡的信息告知他人;三是未经正规渠道核实不要轻信他人发布在网上的信息。

本章小结

1. 介绍了电子商务支付系统的构成和功能。
2. 介绍了传统的电子支付系统,并重点介绍了ATM和POS的支付流程。
3. 介绍了我国银行互联互通的历程、发展现状及趋势。
4. 详细说明了我国现代化支付系统的组成及功能。
5. 简单介绍了国际电子支付体系。

思考题

1. 电子支付系统是怎样构成的,有哪些功能?
2. 我国支付清算系统还存在哪些问题?
3. 我国支付清算系统的体系结构是怎样的,具有哪些功能?
4. "银联"与"金卡工程"是为什么目的建立的,它们有什么区别?
5. 请说明现代化支付系统的组成和功能。
6. SWIFT是怎样一个机构,它提供哪些服务?
7. CHIPS是如何实现资金划拨的?

第6章
电子支付的基本模式

学习目标

- 掌握电子支付的划分基础及电子支付的主要类型。
- 了解电子支付工具及其主要特点。
- 了解传统电子支付模式与互联网支付的主要区别。
- 掌握互联网支付的主要模式及其特征。
- 掌握第三方平台结算支付的类型和支付流程。
- 了解信用卡在线支付的两种模式,掌握它们的主要优缺点。
- 了解移动支付的相关概念,掌握移动支付的流程和主要特点。
- 基本概念:电子支付工具、电子现金、电子票据、第三方平台结算、EFT、SSL、SET

电子支付是依赖于网络技术的支付。随着互联网络的发展,电子支付产生了许多不同的模式。本章在介绍电子支付相关概念和电子支付工具的基础上,对电子支付的一般模式、合并账单支付模式、信用卡在线支付模式等进行了专门的介绍。

开篇案例 国美在线的电子支付业务

国美电器集团作为中国最大的家电零售连锁企业之一,成立于1987年,是一家以经营电器及消费电子产品零售为主的全国性连锁企业。2003年,国美电器在我国香港开业,迈出中国家电连锁零售企业国际化的第一步;2004年,国美电器在香港成功上市。2010年,国美完成了新的五年战略规划并开始全方位的实施与推进。2015年,国美电器在全国大中型城市拥有直营门店1 700多家,年销售能力千亿元以上;在全国216个城市拥有大型家电仓储中心,2 000多个县级以上城市全部实现本地化物流配送安装,铺就了全国最大电商自有物流网络。

国美电器的线下实体店为顾客提供了先进的销售点服务系统(POS机)和自动柜员机

（ATM 机）等支付终端，但是收银台在销售旺季仍然存在很大的收款压力。为了改善顾客的购物体验，也为了提高供应链效率，国美电器开设了网上商城。为了推动网络购物，国美提供了种类繁多的支付方式，包括货到付款、邮局汇款、门店付款及网上支付等。

对于网上支付，国美集团非常重视。前期，集团选择了河北分公司网上商城，进行了为期三个月的试点，结果却令人失望。试点失败的原因比较复杂，有技术上的也有管理上的。首先，河北地区的银行卡持卡率比较低，用户基础不够好；其次，家用电器产品涉及的支付金额比较大，为了安全起见，需要客户下载证书后才可进行支付，客户使用网上支付的意愿不高；最后，整个支付流程比较复杂，掌握起来有一定难度。

这次失败使国美电器吸取了很多教训。比如，在开展网络支付的地区上，国美电器准备选择银行卡客户资源比较好，网络购物发展比较快，用户网络支付意愿较强的北京、上海、广州等城市作为新的试点城市，并从长久考虑，调整了网上支付实施策略：

（1）选择专业的第三方支付公司或者银行为其提供能够适应全国 33 个城市使用的"一揽子"解决方案，使支付数据能够彼此兼容；

（2）为了缓解旺季销售的实体店收银压力，国美电器需要整合线上、线下交易数据，实现支付信息的及时传输；

（3）为了鼓励消费者使用网上支付，支付流程应该更简洁、更人性化；

（4）试点使用网上支付形式开展网上团购、拍卖等促销活动；

（5）全面发力移动支付。通过几年的努力，国美在移动支付的客户体验方面进入行业领先水平。

6.1 电子支付相关概念

6.1.1 电子支付的定义

电子支付是支付命令发送方把存放于商业银行的资金，通过一条线路划入收益方开户银行，以支付给收益方的一系列转移过程。[1] 我国给出的定义是：电子支付是指单位、个人直接或授权他人通过电子终端发出支付指令，实现货币支付与资金转移的行为。[2]

电子支付从基本形态上看是电子数据的流动，它以金融专用网络为基础，通过计算机网络系统传输电子信息来实现支付。电子支付的类型按电子支付指令发起方式分为网上支付、电话支付、移动支付、销售点终端交易、自动柜员机交易和其他电子支付。按照支付指令的传输渠道，电子支付可以分为卡基支付、网上支付和移动支付（见图 6-1）。

---

[1] 参见 1989 年美国全国统一州法专员会议 (National Conference of Commissioners of Uniform State Law, NCCUSL) 和美国法律学会 (ALI) 批准的"统一商业法规"第 4A 编。

[2] 中国人民银行.电子支付指引(第一号)[EB/OL]. (2005-10-31)[2019-08-20]. http://www.gov.cn/ztzl/2005-10/31/content_87377.htm.

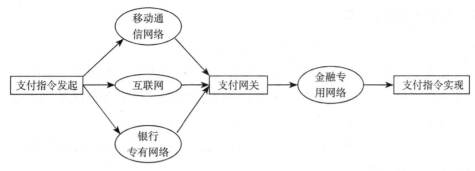

图 6-1 基于支付指令传输渠道划分的电子支付类型

卡基支付是通过银行专有网络传输支付指令,其工具包括借记卡、贷记卡和储值卡。借记卡是指由商业银行向社会发行的具有消费信用、转账结算、存取现金等全部或部分功能的支付工具,不能透支。贷记卡是由银行或信用卡公司向资信良好的个人和机构签发的一种信用凭证,持卡人可在指定的特约商户购物或获得服务。储值卡是指非金融机构发行的具有电子钱包性质的多用途卡种,不记名,不挂失,适用小额支付领域。

电子钱包性质的储值卡基本上是由非金融机构发行。一些城市,如上海和厦门,使用的卡基电子货币可用于公共交通、餐饮连锁店等。预计卡基电子货币将越来越多地用于公共交通、高速公路收费、汽车租赁、旅游集散地、停车场、加油站及超市,并可能扩大到公用事业收费等。储值卡的资金清算,由发行者为商户提供交易数据处理服务,并借助银行完成发行者与商户之间的资金划转。

网上支付是指人们通过互联网完成支付的行为和过程,通常情况下仍然需要银行作为中介。在典型的网上支付模式中,银行建立支付网关和网上支付系统,为客户提供网上支付服务。网上支付指令在银行后台进行处理,并通过传统支付系统完成跨行交易的清算和结算。在传统的支付系统中,银行是系统的参与者,客户很少主动地参与到系统中;而对于网上支付系统来说,客户成为系统的主动参与者,这从根本上改变了支付系统的结构。常见的网上支付模式有网银模式、银行支付网关模式、共建支付网关模式和IT公司支付模式。

移动支付是指利用移动电话,采取编发短信息和拨打某个号码的方式实现支付。手机支付系统主要涉及三方:消费者、商家及无线运营商,因此手机支付系统大致可分为三个部分,即消费者前端消费系统、商家管理系统和无线运营商综合管理系统。消费者前端消费系统保证消费者顺利地购买到所需的产品和服务,并可随时观察消费明细账、余额等信息。商家管理系统可以随时查看销售数据及利润分成情况。无线运营商综合管理系统是手机支付系统中最复杂的部分,包括鉴权系统和计费系统两个重要的子系统。它既要对消费者的权限、账户进行审核,又要对商家提供的服务和产品进行监督,看是否符合所在国家的法律规定。此外,最重要的是,它为利润分成的最终实现提供了技术保证。随着信息技术的飞速发展,电子支付工具具有广阔的发展前景。

6.1.2 电子支付的特点

与传统的支付方式相比,电子支付具有以下特征。

(1)电子支付是采用先进的技术,通过数字流转来完成信息传输的,其各种支付方式都是采用数字化的方式进行款项支付的;而传统的支付方式则是通过现金的流转、票据的转让及银行的汇兑等物理实体流转来完成款项支付的。

(2)电子支付的工作环境基于一个开放的系统平台(互联网),而传统支付则是在较为封闭的系统中运作。

(3)电子支付对软、硬件设施的要求很高,一般要求有联网的微机、相关的软件及其他一些配套设施,传统支付则没有这么高的要求。

(4)电子支付具有方便、快捷、高效、经济的优势。用户只要拥有一台上网的PC机,便可足不出户,在很短的时间内完成整个支付过程。支付费用仅相当于传统支付的几十分之一,甚至几百分之一。

(5)安全问题仍然是困扰电子支付发展的关键性问题。诸如基于仿冒应用的钓鱼欺骗风险,基于短信和网站欺诈的钓鱼欺骗风险,界面劫持风险,暴力登录尝试风险,外联风险等,都对电子支付产生巨大危害。

6.1.3 电子支付的类型

当前流行的电子支付类型主要是支付指令在用户和电子支付机构之间或相互之间的流转。对这些支付类型进行分类,可以分析和归纳电子支付的各方主体在支付各环节的角色定位,提炼出民事权利义务关系。

1. 基本类型

线上支付可以分为五种类型,包括网络银行、非金融支付机构、移动支付、虚拟货币(内部循环)、其他形式(参见图6-2)。

2. 网络银行支付

网络银行是传统银行转型的一种新形态。图6-3反映了网络银行(含支付网关代理)的支付流程。

3. 非金融机构支付

非金融机构支付(又称第三方支付)的特点是绑定银行账户,其支付流程如图6-4所示。从图6-2可以看出,买家、商户、第三方支付机构、网上银行是电子支付中的四个主要参与者。从规制对象的角度来看,主要应对这四个主体进行规制。而从支付流程的角度来看,主要包括支付账户开户、指令执行、支付完成三个阶段。

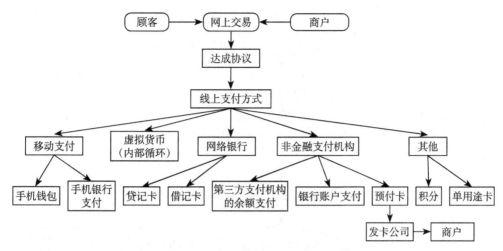

图 6-2　线上支付分类图

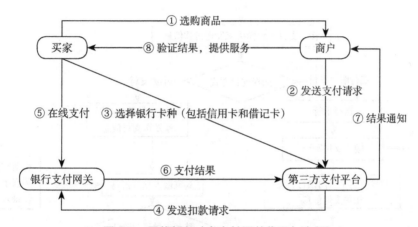

图 6-3　网络银行（含支付网关代理）流程

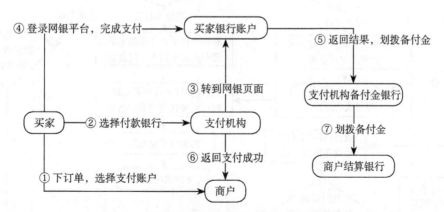

图 6-4　第三方支付：绑定银行账户支付流程

4. 移动支付

移动支付是我国近两年发展特别迅速的一种电子支付。图 6-5 反映了移动支付的详细流程。

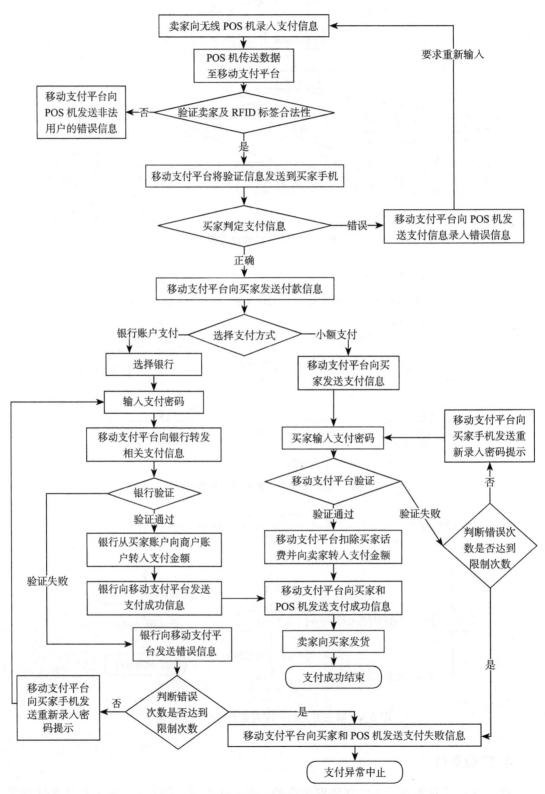

图 6-5 移动支付全流程

6.2 电子支付工具

6.2.1 银行卡

银行卡中最常见的是信用卡和借记卡。

1. 信用卡

信用卡是银行或其他财务机构签发给资信状况良好人士的一种特制卡片,是一种特殊的信用凭证。持卡人可凭卡在发卡机构指定的商户购物和消费,也可在指定的银行机构存取现金。信用卡是一种可在一定范围内替代传统现金流通的电子货币,具有支付和信贷两种功能。持卡人在使用其购买商品或享受服务时,无须事先在卡内存入资金。持卡人可在其被授予的信用额度内使用信用卡在商家购物,并在某个期限之内实际支付这些账单——信用卡支付的滞后性实际上是给持卡人提供了短期的信贷即透支的功能,这个信贷的额度取决于发卡机构对持卡人信用度的评价。

信用卡使用流程中的参与者主要包括发卡行、收单行、持卡人、商家及信用卡组织。发卡行是向持卡人签发信用卡的银行,收单行是接收商户账单并向商户付账的银行。由于发卡行和收单行往往不是同一家银行,所以就需要通过信用卡组织的国际清算网络进行身份信息的认证及授权信息的传递。世界上主要的清算网络有 VISA 组织和 MasterCard 组织。一个典型的信用卡支付流程如图 6-6 所示(非网上支付)。

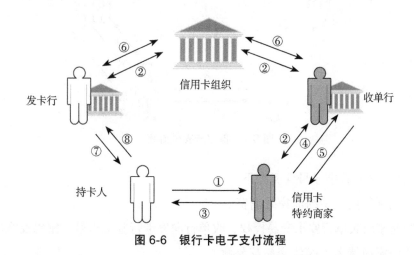

图 6-6 银行卡电子支付流程

其中,图 6-6 中数字序号含义如下。
① 持卡人到信用卡特约商家处消费。
② 特约商家向收单行要求交易授权,收单行向发卡行要求交易授权。
③ 特约商家向持卡人确认交易及金额。
④ 特约商家向收单行请款。

⑤ 收单行付款给特约商家。
⑥ 收单行与发卡行通过信用卡组织的清算网络清算。
⑦ 发卡行给持卡人账单。
⑧ 持卡人付款。

2. 借记卡

银行借记卡是指商业银行向个人和单位发行的，凭此向特约单位购物、消费和向银行存取现金的银行卡。现阶段我国各银行发行的银行卡大多是借记卡。持卡人在使用借记卡支付前需要在卡内预存一定的金额，银行不提供信贷服务。

借记卡使用流程同样包括发卡行、收单行、持卡人、商家及清算网络（如银联）。收单行会先通过清算网络验证持卡人出示的卡号和密码，并查询其账户中是否有足够的资金用于支付。支付完成后资金将直接从持卡人的账户中划拨到收单行，然后支付给商家。借记卡支付与信用卡支付流程有类似之处，主要区别就在于借记卡无信贷功能，是即时的支付，其具体的支付流程如图 6-7 所示。

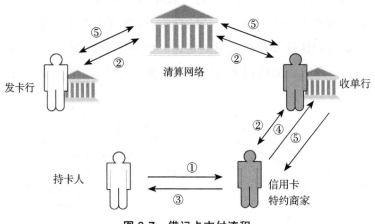

图 6-7　借记卡支付流程

其中，图 6-7 中数字序号含义如下。
① 持卡人到信用卡特约商家处消费。
② 特约商家向收单行要求交易授权，收单行向发卡行验证卡号、密码及账户金额。
③ 特约商家向持卡人确认交易及金额。
④ 特约商家向收单行请款。
⑤ 收单行从发卡行的持卡人账户划拨资金到特约商家。

6.2.2　电子现金

所谓电子现金（E-cash），是一种以电子数据形式流通的，能被客户和商家普遍接受的，通过互联网购买商品或服务时可以使用的货币。电子现金是现实货币的电子化或数字模拟，它把现金数值转换成为一系列的加密序列数，通过这些序列数来表示现实中各种金额的币值。电子现金以数字信息形式存在，存储于电子现金发行者的服务器和用户计算机终端上，通过互联网流通。

电子现金既具有现钞所拥有的基本特点，又由于和网络结合而具有互通性、多用途、快速简便等特点，已经在国内外的网上支付中广泛使用。在网上交易中，电子现金主要用于小额零星的支付业务，因为不需要输入密码，使用起来要比银行卡更为方便。不同类型的电子现金都有自己的协议，每个协议由后端服务器软件（电子现金支付系统）和客户端软件（电子现金软件）执行。中国银行发行的电子现金的流程如图 6-8 所示。

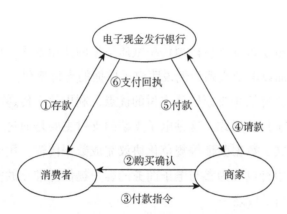

图 6-8　银行单独发行的电子现金支付流程

图 6-9 显示了有第三方参与的电子现金的支付流程。目前，广泛使用的云闪付、Apple Pay 等都属于这一类。

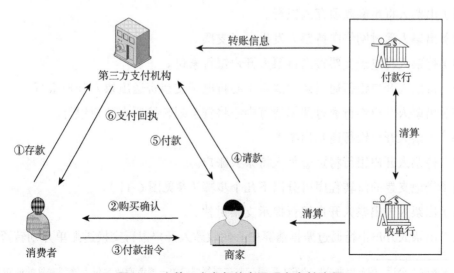

图 6-9　有第三方参与的电子现金支付流程

在我国，商业银行经人民银行批准后可发行电子现金。其类型有三种：一是商业银行发行实名单电子现金；二是省会（首府）城市及副省级城市承办全国或国际性经济、文化、体育等大型活动时，经活动组织方建议，与该活动组织方签署金融服务合作协议的商业银行，可向人民银行申请阶段性发行非实名单电子现金；三是通过人民银行发卡技术标准符合性和系统安全性审核的商业银行，经持卡人申请，可发行主账户复合电子现金。⊖

一般来说，银行借记卡和信用卡均可以与电子现金账户进行绑定，绑定后可以通过绑定账户对电子现金账户进行充值。客户可以对电子现金账户进行详情查询、交易明细查询、充值账户绑定及充值等操作，还可以将电子现金账户关联至网上银行。

6.2.3 电子票据

在电子支付中，电子票据支付模拟传统纸质票据的使用方式，可以说是传统票据支付在网络的延伸。下面以电子支票为例说明电子票据的支付流程。

电子支票是一种借鉴纸张支票转移支付的优点，利用数字传递将钱款从一个账户转移到另一个账户的电子付款形式。这种电子支票的支付主要是通过专用网络及一套完整的用户识别、标准报文、数据验证等规范化协议完成数据传输。用电子支票支付，事务处理费用较低，而且银行也能为参与电子商务的客户提供标准化的资金信息，故而可能是目前最有效率的支付手段之一。

根据支票处理的类型，电子支票可以分为两类：一类是借记支票（Credit Check），即债权人向银行发出支付指令，以向债务人收款的划拨；另一类是贷记支票（Debit Check），即债务人向银行发出支付指令，以向债权人付款的划拨。

电子借记支票的流转程序可分以下几个步骤（参见图6-10）。

（1）出票人将足额款项存入银行。

（2）出票人通过网络向持票人发出电子支票。

（3）持票人将电子支票寄送持票人开户银行索付。

（4）持票人开户银行通过票据清算中心将电子支票寄送出票人开户银行。

（5）出票人开户银行通过票据清算中心将资金划转持票人开户银行。

（6）出票人开户银行通知出票人。

（7）持票人开户银行将资金划入持票人账户。

电子贷记支票的流转程序可分以下几个步骤（参见图6-11）。

（1）出票人向出票人开户银行提示支票付款。

（2）出票人开户银行通过票据清算中心向收款人开户银行交换进账单并划转资金。

⊖ 国务院办公厅. 国务院办公厅转发人民银行监察部等部门关于规范商业预付卡管理意见的通知 [EB/OL]. (2011-05-23)[2019-05-20]. http://www.gov.cn/zwgk/2011-05/25/content_1870519.htm.

（3）收款人开户银行向收款人划转资金。

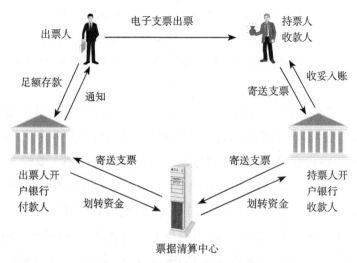

图 6-10　电子借记支票流转程序

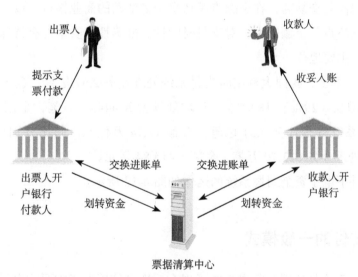

图 6-11　电子贷记支票流转程序

根据中国人民银行《票据交易管理办法》[⊖]，电子商业汇票签发、承兑、质押、保证、贴现等信息应当通过电子商业汇票系统同步传送至票据市场基础设施。当一家企业与另一家企业使用电子票据方式进行资金结算时，该企业只需在企业网上银行中做电子票据背书[⊖]转让申请、换人复核及发送，另一家企业在企业网上银行中做电子票据背书转让回复、换人复核及发送，瞬间即可轻松地完成资金结算，前后仅需几分钟时间。

⊖ 中国人民银行. 票据交易管理办法 [EB/OL]. (2016-12-05)[2019-05-20]. http://www.gov.cn/gongbao/content/2017/content_5213210.htm.
⊖ 电子形式背书是指在票据市场基础设施以数据电文形式记载的背书，和纸质形式背书具有同等法律效力。

6.2.4　电子资金划拨

根据美国 1978 年《电子资金划拨法》，电子资金划拨是不以支票、期票或其他类似票据的凭证，而是通过电子终端、电话、电传设施、计算机、磁盘等命令、指示或委托金融机构向某个账户付款或从某个账户提款；或通过零售商店的电子销售、银行的自动提款机等电子设施进行的直接消费、存款或提款等。

电子资金划拨根据发起人的不同，可以分为贷记划拨和借记划拨。贷记划拨（Credit Transfer）是由债务人发起的划拨，即债务人（支付人）向其开户银行发出支付命令，将其存放于该银行账户的资金，通过网络与电信线路，划入债权人（收款人）开户银行的一系列转移过程。借记划拨（Debit Transfer）是由债权人发起的划拨，即债权人（收款人）命令开户银行将债务人（支付人）资金划拨到自己的账户。

电子资金划拨系统根据服务对象的不同与支付金额的大小分为小额电子资金划拨系统（BEPS）与大额电子资金划拨系统（HVPS）。前者服务对象主要是广大个人消费者，特点是交易发生频繁、交易金额小且多样化；后者的服务对象包括货币、黄金、外汇、商品市场的经纪商与交易商，在金融市场从事交易活动的商业银行，以及从事国际贸易的工商企业，其特点是金额巨大，对支付时间性、准确性与安全性有特殊要求，在电子资金划拨中处于主要地位。

2019 年第一季度，我国大额实时支付系统处理业务 2.67 亿笔，金额 1 180.02 万亿元，同比分别增长 6.29% 和 18.95%；日均处理业务 444.49 万笔，金额 19.67 万亿元。小额批量支付系统处理业务 5.51 亿笔，金额 12.74 万亿元，同比分别增长 10.36% 和 65.24%；日均处理业务 612.70 万笔，金额 1 415.84 亿元。[⊖]

互联网条件下电子资金划拨系统的运作如图 6-12 所示。

6.3　电子支付的一般模式

电子支付，不论是使用银行卡、电子现金，还是使用电子支票或电子资金划拨，支付活动基本上可以分为四种模式（参见图 6-13）。

在图 6-13 的 A 模式中，付款人在商店购买商品，使用电子支付工具支付款项；收款人电子支付工具的信息通知自己的开户银行；收款人开户银行与付款人开户银行清算，并通知收款人；付款人开户银行将支付账单交给付款人。A 模式是最一般的支付模式。

⊖ 中国人民银行. 2019 年第一季度支付体系运行总体情况 [EB/OL]. (2019-07-03)[2019-08-22]. http://www.pbc.gov.cn/zhifujiesuansi/128525/128545/128643/3853065/index.html.

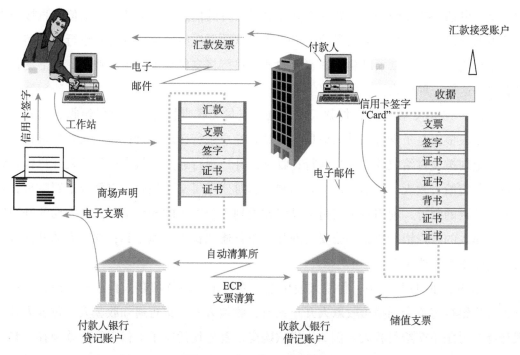

图 6-12 电子资金划拨流程图

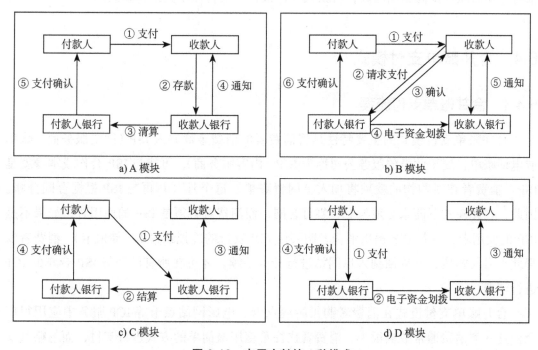

图 6-13 电子支付的 4 种模式

在图 6-13 的 B 模式中，付款人使用电子支付工具支付款项；收款人根据电子支付工具的信息向付款人开户银行请求支付；付款人开户银行通过电子资金划拨支付给收款人开户银行；收款人开户银行通知收款人；收款人开户银行将支付账单交给付款人。例如，支付电话费的步骤是，消费者将有关电子支付的信息告诉电信局；电信局直接请求消费者的开户银行支付；消费者的开户银行将款项划拨给电信局的开户银行；电信局的开户银行通知电信局款项已到；消费者的开户银行将支付账单交给消费者。网上支付水电费也是这样一种模式。

在图 6-13 的 C 模式中，付款人使用电子支付工具直接将款项支付给收款人开户银行；收款人根据电子支付工具的信息向付款人开户银行请求支付；付款人开户银行通过电子资金划拨支付给收款人开户银行；收款人开户银行通知收款人；付款人开户银行将支付账单交给付款人。例如，一个人驾驶汽车时违反了交通规则，交警开出罚款单；驾车人到邻近的银行，利用电子支付工具将款项划入公安局的开户银行；公安局的开户银行与驾车人的开户银行清算，公安局的开户银行通知罚单款项已到；驾车人的开户银行将支付账单交给驾车人。

在图 6-13 的 D 模式中，付款人使用电子支付工具将款项存入自己的开户银行；付款人开户银行将资金划拨给收款人开户银行；收款人开户银行通知收款人；付款人开户银行将支付账单交给付款人。例如，贷款购房，首先使用电子支付工具将款项存入自己的开户银行；付款人开户银行将款项划拨给房屋开发商的开户银行；房屋开发商的开户银行通知房屋开发商款项已到；付款人开户银行将支付账单交给付款人。

6.4 合并账单支付模式

6.4.1 合并账单支付流程

合并账单支付模式的主要特性是将消费者的消费金额并入 ISP（网络服务商）账单或电话账单，属于此类的服务公司称为 ICP（内容服务商），可能与 ISP 合作或本身就是 ISP。消费者在线购物的款项将加入上网费账单，每个月 ICP 再与 ISP 根据合同分账。因此，在此模式下商家必须与 ISP 签订合同，而消费者必须是 ISP 的使用者，如果不是 ISP 的使用者，有些 ISP 提供消费者购买该 ISP 发行的虚拟预付卡（储值卡），消费者取得此卡号与密码，必须回到入口网站进行开卡手续，才可在所有已经与 ISP 合作的 ICP 进行消费。

合并账单支付模式在消费者购买游戏点卡、电影网站点卡等 ICP 服务中应用很广泛。这一类消费通常数额很小，消费者往往希望用最简单的方式进行支付，而忽略其安全性。

ISP 账单模式架构图如图 6-14 所示。ICP 与 ISP 签订合同后，ICP 将商品通过 ISP 放在入口网站，消费者（付款人）通过互联网登录入口网站消费，数据由 ISP 记录，固定时间与 ICP 分账。ISP 实际收款方式是以账单向付款人请款。

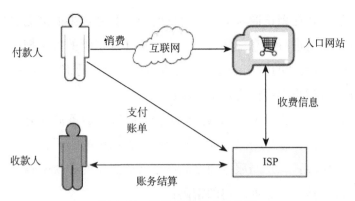

图 6-14 ISP 账单模式架构图

此种付款方式的优点为：付款人为原来 ISP 的用户，身份不需要再以其他方式鉴别，付款人的信用程度已有相当程度的认定，不易有不认账的情况。收款人因有 ISP 当第三者，可免除收费困扰。同时，ICP 提供的商品或服务也因有第三者存在而更能保证品质。以往商品特性往往被限制，实体的物品因有物流的问题而很少被利用，因此，ICP 提供的服务多为歌曲、电子书、电子数据下载等，但近几年来，ICP 提供的商品已包括实体物品，ISP 负责现金流部分，物流则由 ICP 自己负责。

6.4.2 合并账单支付模式的优缺点

合并账单支付模式具有以下优点。

（1）支付方式非常方便，只需要输入自己网络接入的用户名和密码即可。

（2）合并账单模式是一种延迟付款的方式，因此付款人可先利用该现金于其他用途或得到消费额度最多一个月的利息收入。

（3）ICP 可对消费者缴费信用状况做事先评估，对信用不佳者可拒绝提供服务。

合并账单支付模式存在以下缺点。

（1）只要知道网络接入的用户名和密码就可以完成付款，没有任何身份认证措施，因此安全性比较差。

（2）对于 ICP 来说，通过 ISP 收款可能会遇到坏账风险。因为账单支付模式是后结算的，付款人可能会在该付款的时候恶意拒付。

（3）安全机制不完整，至多以 SSL 进行通信加密及密码的保护。

6.5 信用卡在线支付 SSL 模式

6.5.1 信用卡在线支付 SSL 模式简介

SSL 是设计用来保证互联网信息传递的保密性的，并不是专门用于电子支付的技术。通过 SSL，消费者在浏览商家页面信息的时候，其客户端的浏览器与商家服务器通过一个加密的安全通道进行信息交换，第三者无法通过窃听的方法把得到的加密数据还原成明文。㊀ 同样，消费者的信用卡授权信息也将在安全的通道中传递。

SSL 协议在运行过程中可分为六个阶段：

（1）建立连接阶段：客户通过网络向服务商打招呼，服务商回应；

（2）交换密码阶段：客户与服务商之间交换双方认可的密码；

（3）会谈密码阶段：客户与服务商之间产生彼此交谈的会谈密码；

（4）检验阶段：检验服务商取得的密码；

（5）客户认证阶段：验证客户的可信度；

（6）结束阶段：客户与服务商之间相互交换结束信息。

SSL 在信息传递上的安全性，刚好适应了电子支付的需要。又由于架构简单，处理的步骤少、速度快，所以虽然存在较大的安全性漏洞，但依然被广泛地应用于信用卡在线支付模式中。

6.5.2 信用卡在线支付 SSL 模式的工作流程

信用卡在线支付 SSL 模式的工作流程如图 6-15 所示。

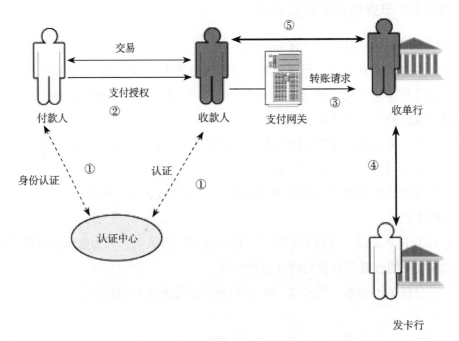

图 6-15　信用卡在线支付 SSL 模式工作流程

㊀ 虽然从理论上来说，使用足够的时间，SSL 的 128 位加密可能会被破解。但这个时间可能非常长，例如需要花费几万年，所以可以说从实践上无法破解．

其中，图 6-15 中数字序号含义如下。

① 身份认证。SSL 模式的身份认证机制比较简单，只是付款人与收款人在建立"握手"关系时交换数字证书。

② 付款人建立和收款人之间的加密传输通道之后，将商品订单和信用卡转账授权传递给收款人。

③ 收款人通过支付网关将转账信息传递给其收单行。

④ 收单行通过信用卡清算网络向发卡行验证授权信息，发卡行验证信用卡相关信息无误后，通知收单行。

⑤ 收单行通知收款人电子支付成功，收款人向收单行请款。

6.5.3 信用卡在线支付 SSL 模式的优缺点

信用卡在线支付 SSL 模式具有以下优点。

（1）流程简单，信用卡在线支付模式中，SSL 模式是流程最简单的模式。

（2）架构简单，认证过程比较简便，处理速度快，费用较低。

（3）使用方便，付款人只需在选购商品后输入卡号、有效期、姓名等资料立即就可以完成付款。

信用卡在线支付 SSL 模式存在以下缺点。

（1）付款人的信用卡资料信息先传送到商家，再转发给银行，付款人无法确认商家是否能够保密自己的相关信息。

（2）只能提供交易中客户与服务器间的双方认证，在涉及多方的电子交易中，SSL 协议并不能协调各方间的安全传输和信任关系，因此无法达到电子支付的"不可否认性"要求。

SSL 协议运行的基础是商家对消费者信息保密的承诺，信息的保密性由商家决定，这就有利于商家而不利于消费者。在电子商务初级阶段，由于运作电子商务的企业大多是信誉较高的大公司，因此该问题还没有充分暴露出来。但随着电子商务的发展，各中小型公司也参与进来，这样在电子支付过程中的单一认证问题就越来越突出。

6.6 信用卡在线支付 SET 模式

6.6.1 信用卡在线支付 SET 模式简介

信用卡在线支付 SET 模式，是在电子支付中遵守 SET 协议的信用卡支付模式，以实现信用卡的即时、安全可靠的在线支付。在这种信用卡在线支付模式中，运用了一系列先进的安全技术与身份认证手段，如私有密钥加密、共卡密钥加密、数字摘要、数字签名、双重签名和数字证书等。

SET 协议的作用，是为达到在线的安全交易。安全电子交易的目的是提供信息的保密性，确保付款的完整性，以及能对商家及持卡人进行身份验证（Authentication）。而实施 SET 机制可以做到：

（1）能对付款信息及订单信息进行个别保密；
（2）能确保所有传送信息的完整性；
（3）能验证付款人是信用卡的合法使用者；
（4）能验证商家是该信用卡的合法特约商家；
（5）建立一个协议，该协议不是依赖传输安全机制；
（6）能在不同平台上及不同网络系统上使用。

SET 协议为了能做到上述六点，必须要架构一个 PKI 对参与的成员进行认证，同时利用密钥对传送信息进行加密。在 SET 协议中对认证的架构规定严谨，如图 6-16 所示。

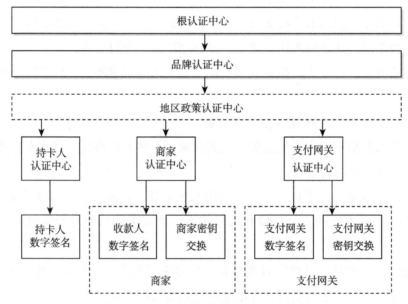

图 6-16　SET 支付模式的 PKI 认证架构

通过图 6-16 可知，认证是采用层级式的架构，而无论是付款人、收款人或收单银行，都需要经过认证才能参与交易。其中，地区政策认证中心并不一定存在，品牌认证中心可能直接认证付款人、收款人及金融机构。

当利用信用卡进行 SET 在线支付时，需要在客户端上安装一个特殊的客户端软件配合信用卡的运用才能使用。这个特殊的客户端软件通常称为电子钱包客户端软件，所以基于 SET 协议的信用卡支付模式本质上属于电子钱包网络支付模式。⊖

⊖ 所谓电子钱包（E-wallet），是一个客户用来进行安全网络交易特别是安全网络支付并且存储交易记录的特殊计算机软件或硬件设备，就像生活中随身携带的钱包一样，能够存放客户的电子现金、信用卡号、个人信息等，经过授权后可方便地、有选择地取出使用的互联网支付工具。

6.6.2 信用卡在线支付 SET 模式的工作流程

在 SET 协议环境下，应用信用卡进行电子支付需要在客户端下载一个客户端软件，在商家服务端安装商家服务器端软件，在支付网关安装对应的网关转换软件等，并且各参与者还要各自下载一个证实自己真实身份的数字证书，借此获取自己的公开密钥和私人密钥，且把公开密钥公开等，手续较烦琐。

信用卡在线支付 SET 模式的工作流程如图 6-17 所示。

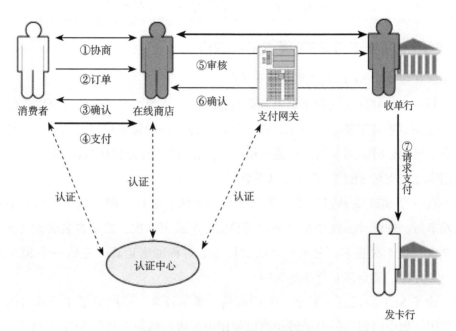

图 6-17 SET 协议的工作流程图

根据 SET 协议的工作流程图，可将整个工作程序分为以下七个步骤。

① 消费者与在线商店协商有关购买事宜。

② 消费者利用自己的 PC 机通过互联网选定所要购买的物品，并在计算机上输入订货单，订货单上包括在线商店、购买物品名称及数量、交货时间及地点等相关信息。

③ 在线商店通过电子商务服务器做出应答，告诉消费者所填订货单的货物单价、应付款数、交货方式等信息是否准确，是否有变化。

④ 消费者选择付款方式，确认订单，签发付款指令。此时 SET 开始介入。在 SET 中，消费者必须对订单和付款指令进行数字签名，同时利用双重签名技术保证商家看不到消费者的账号信息。

⑤ 在线商店接受订单后，向消费者所在银行请求支付认可。信息通过支付网关到收单行，再到电子货币发行公司进行确认。

⑥ 批准交易后，收单行返回确认信息给在线商店。

⑦ 收单行通知发卡行请求支付。

在认证操作和支付操作中间一般会有一个时间间隔，例如，在每天的下班前请求银行结一天的账。

前三步与 SET 无关，SET 从第四步开始发挥作用，一直到第七步。在处理过程中，通信协议、请求信息的格式、数据类型的定义等，SET 都有明确的规定。在操作的每一步，消费者、在线商店、支付网关都通过 CA 来验证通信主体的身份，以确保通信的对方不是冒名顶替。所以，也可以简单地认为，SET 规格充分发挥了认证中心的作用，以维护在任何开放网络上的电子商务参与者提供信息的真实性和保密性。

6.6.3 信用卡在线支付 SET 模式的优缺点

信用卡在线支付 SET 模式具有以下优点。

（1）每一个步骤都通过数字证书验证对方身份，达到了电子支付安全性的要求。

（2）使用双重数字签名，商家只能看到被允许看到的订单信息，而无法看到信用卡信息。商家只能够将信用卡信息传递到银行，由银行解密得到其中的明文。

信用卡在线支付 SET 模式存在以下缺点。

（1）在一个 SET 交易过程中，参与交易的实体有客户、网上商店、认证中心、收单行和发卡行。据统计，整个交易平均需验证数字证书 9 次，数字签名的验证 6 次，传递证书 7 次，做 5 次签名，分别做 4 次对称和非对称加密运算。完成一个 SET 的过程耗时 1~2 分钟，甚至需要更多的时间。

（2）由于 SET 协议过于复杂，使用麻烦，成本较高，一般只适用于具有电子钱包的客户使用，如中国银行的电子钱包可以使用中国银行借记卡进行 SET 支付。[1]

付款人需要安装数字证书和专用的软件来进行操作，所以步骤烦琐。

开篇案例回顾

从国美电器网上商城的案例中，我们可以得出以下结论。

（1）电子支付，无论是传统的电子支付，还是互联网支付及移动电子支付，都离不开完善的支付基础设施和发展壮大的银行卡持卡群体，从国美河北网上商城的失败事件中，我们了解到国内发展网络购物或是网络支付还存在地域差异，忽视这种差异的存在将会给企业带来损失。

（2）鉴于国美电器的网上商城销售商品的特殊性，即商品支付金额较高，需要安全级别更高的系统来支持其运行；而另一方面，能够提供较高安全级别的支付品种已经上线，但需要数字证书作为支撑，而数字证书普及程度低的现状大大抑制了国美电器的网上支付。对于类似国美电器这样的网上商城来说，积极参与到数字证书的推广活动中去对其未来的网上业务将大有裨益，但是，数字证书的普及是需要整个支付产业链及政府

---

[1] 中国银行网址：http://www.bank-of-china.com。

的协力配合才有可能实现的。

（3）与线下销售相比，国美网上商城提供的服务比较单一，并没有将网上商城的优势完全发挥出来。国美多样化的支付需求对第三方支付服务商和银行提出了挑战，除了提供安全、人性化的支付服务以外，如何使网络支付系统满足客户不同种类的促销活动将是其网络支付服务的一个重要课题。

本章小结

1. 电子支付是指单位、个人直接或授权他人通过电子终端发出支付指令，实现货币支付与资金转移的行为。

2. 电子支付的基本工具包括银行卡、电子现金、电子钱包、电子票据、电子资金划拨等。

3. 在线支付的一般模式主要有四种。

4. 信用卡在线支付主要采用 SSL 安全模式和 SET 安全模式。

思考题

1. 简述电子支付的常用支付工具及主要特点。

2. 简述电话支付和银行卡支付的异同，它们各自的优势在哪里？

3. 请举一个使用账户支付的例子，说明其支付流程，并指出可能存在支付风险的环节。

4. 在本章介绍的支付模式中，哪些可以用于 B2B 业务，可能存在哪些问题？

5. 在本章所介绍的支付模式中，哪一个支付模式最安全，它是如何保证支付安全的？

6. 请说明移动电子支付与互联网支付存在哪些异同点。

第 7 章
第三方平台支付服务

学习目标

- 了解第三方平台支付服务的发展背景。
- 掌握第三方平台支付服务的基本概念和特点。
- 掌握第三方平台支付服务模式的分类和流程。
- 了解如何从管理和法律角度规范第三方平台支付服务。
- 基本概念：非金融机构、第三方平台、支付服务、支付网关、账户支付

非金融机构支付服务是最近几年新出现的支付服务形式，它是指非金融机构在收付款人之间作为中介机构提供下列部分或全部货币资金转移服务：㊀

（1）网络支付；㊁

（2）预付卡的发行与受理；㊂

（3）银行卡收单；㊃

（4）中国人民银行确定的其他支付服务。

专门从事网络支付服务的非金融机构又称为第三方支付平台或第三方平台。在第三方平台支付服务模式下，支付者必须在第三方平台上开立账户，向第三方平台提供信用卡信息或账户信息，在账户中"充值"，通过支付平台将该账户中的虚拟资金划转到收款人的账户，完成支付行为。收款人可以在需要时将账户中的资金兑成实体的银行存款。

㊀ 中国人民银行. 非金融机构支付服务管理办法 [EB/OL]. (2010-06-14) [2019-08-20]. http://www.gov.cn/flfg/2010-06/21/content_1632796.htm.

㊁ 《非金融机构支付服务管理办法》所称网络支付，是指依托公共网络或专用网络在收付款人之间转移货币资金的行为，包括货币汇兑、互联网支付、移动电话支付、固定电话支付、数字电视支付等。

㊂ 《非金融机构支付服务管理办法》所称预付卡，是指以营利为目的发行的、在发行机构之外购买商品或服务的预付价值，采取磁条、芯片等技术以卡片、密码等形式发行的预付卡。

㊃ 《非金融机构支付服务管理办法》所称银行卡收单，是指通过销售点（POS）终端等为银行卡特约商户代收货币资金的行为。

开篇案例　支付宝爆发式的成长历程

支付宝是国内领先的第三方支付企业，由阿里巴巴集团在2004年12月创立，致力于为中国电子商务提供"简单、安全、快速"的在线支付解决方案。支付宝作为第三方机构建立的支付平台，为资金在客户向商家之间建立一个缓冲的平台，让支付安全等级发生了质的变化，不但促进淘宝和其他电子商务网站的快速成长，也让支付宝成为中国最大的第三方支付公司。

从2004年建立开始，支付宝始终以"信任"作为产品和服务的核心。不仅从产品上确保用户在线支付的安全，同时也让用户通过支付宝在网络间建立起相互的信任，为营造纯净的互联网环境迈出了非常有意义的一步。支付宝提出的建立信任，化繁为简，以技术的创新带动信用体系完善的理念，深得人心。如果说支付宝成立初期主要还是依靠淘宝网用户的C2C交易支付，那么短短几年时间，支付宝用户则已经覆盖了整个C2C、B2C及B2B领域。

2010年年末，支付宝与来自手机芯片商、系统方案商、手机硬件商、手机应用商等六十多家厂商联合成立"安全支付产业联盟"，并针对移动互联网发布无线支付产品——"手机安全支付"，为手机应用开发者提供一个开放式平台。

自2004年支付宝成立以来到2014年，全国人民10年网络总支出笔数为423亿笔，多达50万家独立电子商务企业使用支付宝作为网络支付工具，而支付宝合作商户也进一步涵盖了包括服装、电子、机械、家居、文化等在内的几乎所有已应用电子商务的产业领域。

2014年10月，在支付宝的基础上，蚂蚁金服正式成立。蚂蚁金服致力于通过科技创新能力，推动支付宝整体水平迈上新台阶。2015年10月发布的支付宝9.2版本推出了英文版和繁体版，直接跨越语言屏障，让外国人和港澳台人士能够在淘宝和天猫上尽情购物，也可以通过支付宝绑定二十多家中外银行在中国大陆发行的银行卡。

为了让海外用户可以便利地参与购物，支付宝强化了与国际支付机构之间的合作。尤其在俄罗斯、巴西、印度尼西亚等大型新兴经济体，支付宝不仅接入当地最流行的电子支付方式，还提供钱包支付、网银支付和线下支付等多种方式选择。2017年6月，摩纳哥与支付宝签订战略合作协议（MOU），举国商户将接入支付宝。这是蚂蚁金服第一次与主权国家政府签订战略合作协议，摩纳哥也成为第12个接入支付宝的欧洲国家。

2019年第二季度，阿里巴巴集团收入达1 149.24亿元，同比增长42%；其中净利润191.22亿元，同比增长幅度达到150%。在附注中阿里巴巴写道，净利润的同比大幅增长来源于蚂蚁金服的影响。⊖

2019年，支付宝在第三方支付市场规模领域依然处于全国领先地位。支付宝的优势在于"线上+线下"的融合，线上有淘宝、天猫等电商平台的支持；线下使用支付宝

⊖ 阿里2020财年一季度收入1 149.24亿元，同比增长42% [EB/OL]. (2019-08-15)[2019-08-20]. https://www.sohu.com/a/334000250_313745?spm=smpc.tag-page.feed.2.15658044188882IcKe63b.

收款的门店数量非常稳定且不断增长。同时，支付宝还陆续开通了越来越丰富的线上服务。2019年8月，支付宝投资30亿元，打响了刷脸支付的圈地战。支付宝的小程序也在不断增加，吸引了很多有意向的合作伙伴入驻。

7.1 第三方平台支付服务的发展

7.1.1 第三方平台支付服务的历史沿革

第三方支付平台是在2000年前后开始出现的，于2001年前后开始正式运行。首信易支付、上海环迅IPS、银联电子支付、云网是早期的第三方平台支付服务提供商。随着2003年电子商务的复苏，电子商务交易额成倍增长，第三方支付平台获得了快速增长的机会。到2005年，第三方平台网络支付交易额已经占当年网络支付总额的34.2%，终于成为互联网支付产业中重要的组成部分。⊖

2004年支付宝成立，虽然成立时间较晚，但依托于阿里巴巴和淘宝网原本的用户资源，支付宝一经成立就表现出强大的潜力。

2005年第三方支付平台迎来了蓬勃的发展期。首都电子商务工程首先推出"易支付"，具有网上支付、电话支付、手机支付、短信支付、WAP支付和自助终端，采用二次结算模式，可做到日清日结。紧接着，快钱公司启动覆盖全国20个城市的品牌宣传活动，采取的发展方式是对个人用户提供免费服务。网银在线携手VISA国际组织共同宣布，在中国电子商务在线支付市场推广"VISA验证服务"信用卡安全支付标准，期望提高在线支付的便捷性和安全性。同年7月，全球最大的在线支付商PayPal宣布落地中国，起名"贝宝"；同年10月，腾讯公司推出"财付通"，进军网上支付领域。

2006年以后，第三方支付平台进入激烈的竞争阶段，逐渐形成了三个梯队。一是以支付宝和财付通为代表的第一梯队，它们分别依托其购物平台淘宝和拍拍，在市场中继续保持领先地位，二者市场份额总额超过60%；二是包括汇付天下、上海银联、快钱、易宝支付、广州银联、环迅支付等第三方支付平台的第二梯队，市场份额约占25%；其他的第三方支付平台属于第三梯队，它们结合自身优势，采取差异化的发展策略，逐步深入生活缴费、信用卡还款等与日常生活密切相关的各个领域。

7.1.2 第三方平台支付服务发展现状

根据前瞻产业研究院统计数据，2019年中国第三方综合支付交易规模达到了312.4万亿元，同比增幅42%左右（参见图7-1），其中移动业务规模占比达61.9%。⊖

⊖ 艾瑞市场咨询. 中国网上支付研究报告(2006年)[R/OL]. (2006-10-11)[2010-08-01]. http://report.iresearch.cn/885.html.

⊖ 前瞻产业研究院. 2019年中国第三方支付行业市场现状及趋势分析[EB/OL]. (2019-04-03)[2020-03-27]. https://bg.qianzhan.com/report/detail/459/190403-8cfe62f1.html.

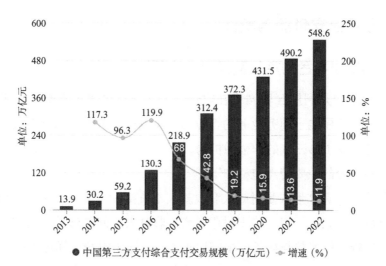

图 7-1　2013～2018 年中国第三方支付业务交易规模

资料来源：前瞻产业研究院。

在 2019 年第三季度第三方移动支付市场中，第一梯队的支付宝、财付通分别占据了 54.5% 和 39.5% 的市场份额。第二梯队的支付企业在各自的细分领域发力：壹钱包通过举办"920 年度营销节"带动壹钱包 App 交易活跃；京东支付针对大型商超零售场景在全国近百个城市、千家门店推出了智能收银解决方案——自助收银机，以"自助收银 + 人脸支付"的方式提升用户结算体验，交易规模排名第四；联动优势受益于平台化、智能化、链化、国际化战略，推出面向行业的"支付 + 供应链金融"综合服务，促进交易规模平稳发展；另外，快钱在购物中心、院线、文化旅游等场景快速扩展；易宝支付加大营销力度，在航旅领域持续发力；苏宁支付致力于 O2O 化发展，为 C 端消费者、B 端商户提供便捷、安全的覆盖线上线下的全场景支付服务。图 7-2 显示了 2019 年第三季度第三方移动支付交易规模的市场份额。⊖

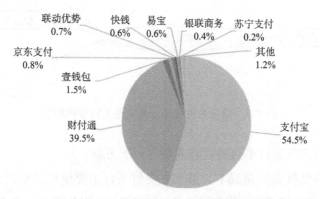

图 7-2　2019 年第三季度第三方移动支付交易规模的市场份额

资料来源：艾瑞咨询。

⊖ 艾瑞咨询. 2019Q3 中国第三方支付行业数据发布 [EB/OL]. (2020-01-20)[2020-03-27]. http://report.iresearch.cn/report/202001/3525.shtml.

7.2 第三方平台支付服务概述

7.2.1 第三方支付平台的定义及特点

第三方支付平台是利用互联网络在收付款人之间提供货币资金转移服务的中介机构。它主要是面向开展电子商务业务的企业提供与电子商务支付活动有关的基础支撑与应用支撑的服务，属于第三方的非金融机构。

第三方支付平台的主要特点包括如下。

（1）支付中介。具体形式是付款人和收款人不直接发生货款往来，借助第三方支付服务商完成款项在付款人、银行、支付服务商、收款人之间的转移。第三方支付服务商所完成的每一笔资金转账都与交易订单密切相关，并非像银行一样提供资金汇划服务。

（2）中立、公正。第三方支付服务商不直接参与商品或服务的买卖，公平、公正地维护参与各方的合法权益。

（3）技术中间件。第三方支付服务商连接多家银行，使互联网与银行系统之间能够加密传输数据，向商家提供统一的支付接口，使商家能够同时利用多家银行的支付通道。

7.2.2 第三方支付平台存在的意义

第三方支付平台是网络支付的枢纽（参见图7-3）。在支付活动中，第三方支付企业充当各个银行的代理人为商户提供互联网支付产品，通过支付网关为商户提供多种支付工具的支付功能。第三方支付平台作为中介方，可以促成商家和银行的合作。对于商家，第三方支付平台可以降低企业运营成本；对于银行，可以直接利用第三方的服务系统提供服务，帮助银行节省网关开发成本。

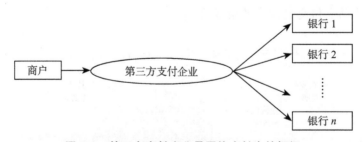

图7-3 第三方支付企业是网络支付中的枢纽

具体来说，第三方支付平台的优势表现在以下方面。

（1）有利于降低社会交易成本。第三方支付平台主要使用网络信息技术实现支付业务，大大加快了业务处理速度，提高了业务处理的效率，从而降低了整个社会的交易成本。

（2）有利于提高企业竞争力。第三方支付平台提供了统一的应用接口，打破了银行间的壁垒，使企业不必与自成体系的多家银行连接，减少了支付环节、支付延迟、信用欺诈的风险，提高了交易成功率。特别是当企业进入网络虚拟市场后，利用第三方支付平台可以有效扩大业务覆盖区域，并且使顾客在支付手段上有更多的选择。生产企业还能够从第三方支付平台获得更多的增值服务，如定制的实时交易查询和数据报表功能、退款功能，信用卡风险控制，向分支机构（代理商）清算货款等。

（3）有利于提升银行的信息化水平。第三方支付平台依靠现代信息技术进入银行业，这对于长期处于统一管理下的我国银行业是很大的冲击。虚拟市场的竞争将给银行业提出严峻的挑战。转变思想观念，大力推广电子银行业务，我国银行业才能在国际银行和虚拟银行的双重夹击下获得新的发展。

7.3 第三方平台的支付流程与分类

7.3.1 第三方支付平台的支付流程

第三方支付平台的支付是典型的应用支付层架构。提供第三方结算电子支付服务的平台往往都会在自己的产品中加入一些具有自身特色的内容。但是从总体来看，其支付流程都是付款人提出付款授权后，平台将付款人账户中的相应金额转移到收款人账户中，并要求其发货。有的支付平台会有"担保"业务，如支付宝。担保业务是将付款人将要支付的金额暂时存放于支付平台的账户中，等到付款人确认已经收到货品（或者服务），或在某段时间内没有提出拒绝付款的要求，支付平台才将款项转到收款人账户中。

第三方平台支付模式的资金划拨是在平台内部进行的，此时划拨的是虚拟的资金。真正的实体资金还需要通过实际支付层来完成。如图7-4所示的是有担保功能的第三方结算支付的流程。

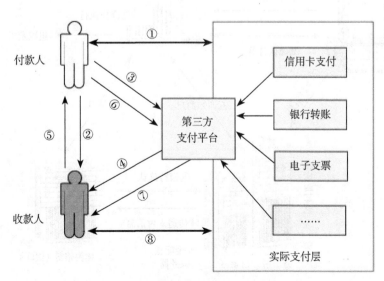

图7-4　第三方支付平台支付流程

其中，图 7-4 中数字序号含义如下。

① 付款人将实体资金转移到第三方支付平台的支付账户中。

② 付款人购买商品（或服务）。

③ 付款人发出支付授权，第三方支付平台将付款人账户中相应的资金转移到自己的账户中保管。

④ 第三方支付平台告诉收款人已经收到货款，可以发货。

⑤ 收款人完成发货许诺（或完成服务）。

⑥ 付款人确认可以付款。

⑦ 第三方支付平台将临时保管的资金划拨到收款人账户中。

⑧ 收款人可以将账户中的款项通过第三方支付平台和实际支付层的支付平台兑换成实体货币，也可以用于购买商品。

7.3.2 第三方支付的分类

1. 银行网关代理支付

第三方支付平台与各大银行签订代理网关的合同，通过银行提供的接口与本平台的系统进行无缝连接，然后将集合了众多银行支付网关的支付系统平台提供给商户使用。支付网关（Payment Gateway）是连接银行网络与互联网的一组服务器，主要作用是完成两者之间的通信、协议转换和进行数据加密、解密，以保护银行内部的安全。其具体流程如图 7-5 所示。

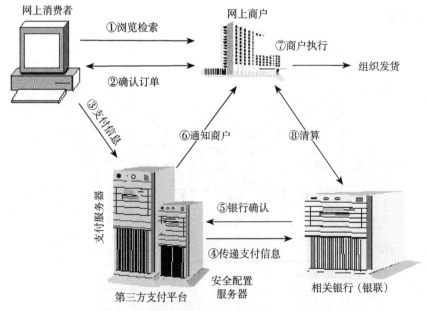

图 7-5 第三方平台代理银行网关支付的流程

其中,图 7-5 中的数字序号含义如下。

① 网上消费者到网上商户处检索产品。

② 网上消费者与网上商户确认订单。

③ 支付信息传输给第三方支付平台。

④ 第三方支付平台通知相关银行。

⑤ 银行确认支付信息。

⑥ 第三方支付平台将支付信息通知商户。

⑦ 商户组织发货。

⑧ 银行与网上商户相互确认清算。

银行网关代理支付服务与银行网关支付服务的区别在于前者的直接提供者是第三方支付企业,而后者则是银行本身。国内大部分银行都开通了网络银行,但并不是所有银行都有能力建立独立的支付网关;此外,即使建立了也不一定能获得实现利润所需的规模。由第三方支付企业代理则可以部分地解决这个问题,第三支付产品的兼容性强的特性能够吸引更多的商户,容易实现规模经济。

2. 账户支付

账户支付通常有两种,一种是 E-mail 账户支付,另一种是 ID(IDentity)账户支付,其中 E-mail 账户的支付较为常见。使用 E-mail 账户支付的产品很多,比如 PayPal、支付宝、快钱等都是基于用户 E-mail 进行支付的方式。E-mail 支付特点是不需要频繁输入银行卡的密码和账号,因此比较安全,但是抵抗"冒牌"网站和邮件欺诈的能力比较低,存在一定安全隐患。

使用 E-mail 支付需要经历两个过程,即充值过程和实际支付过程。完成实际支付的前提是账户中须有足够的资金,当资金余额不足以完成支付时,可以向账户中充值以完成支付。通常,充值过程与实际支付过程是相对独立的,完成充值的用户不一定马上就进行支付,而进行支付也不需要每次都预先充值。比较典型的使用 E-mail 进行支付的系统包括 eBay 的 PayPal、淘宝的支付宝及快钱等。图 7-6 描述了 E-mail 账户支付消息流在主要支付参与者之间传递的情况。消息流的具体内容和支付实现的具体流程如图 7-7 所示。

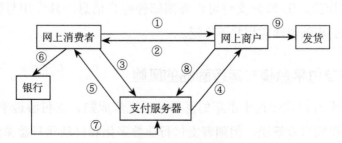

图 7-6　E-mail 账户支付的消息流

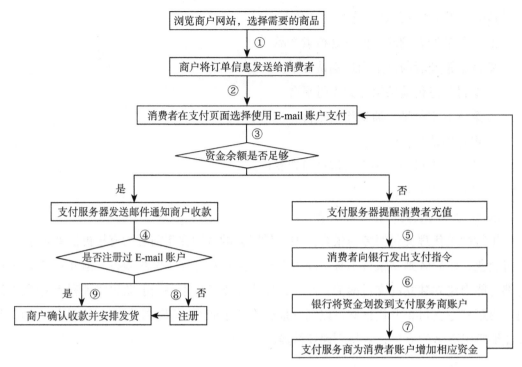

图 7-7　E-mail 账户支付的流程图

用户注册 E-mail 账户支付的时候，一般会绑定一个或几个银行卡账号。E-mail 账户中的资金可以转至绑定的银行账号中，绑定的银行账号则可以为 E-mail 账户充值。使用 E-mail 账户支付可以避免银行卡号在互联网中传输的危险。E-mail 账户具有类似防火墙的特性，它在银行卡账号和互联网之间形成了一个隔离层。支付服务器有时候会发送邮件通知给用户，这些自动邮件的存在导致了邮件欺诈的产生。一些不法分子冒充支付服务器发送邮件给用户，骗取用户的银行卡账号，这种犯罪越来越常见，钓鱼邮件已经成为网络支付结算最大的危害之一。邮件账户已经不能更好地保护银行卡账号，在这种情况下，ID 支付产生了。

ID 支付常常与邮件账户支付配合使用，在使用邮件账户注册的同时，客户可以获得一个 ID，需要支付时无论使用 ID 还是邮件账户都可以进行支付。ID 账户支付在 E-mail 账户与互联网之间形成了隔离层，支付时不再需要输入 E-mail 账号，一定程度上可以避免邮件诈骗。ID 账户支付可以隔离邮件账户信息，其作用与防火墙类似，但这种支付方式由于步骤烦琐应用并不广泛。

7.3.3　第三方支付平台模式运行面临的风险

第三方支付平台模式经过十多年的发展已经逐步成熟，支付渗透率达到较高水平，支付安全问题也得到有效解决。但随着支付行业数字化和自动化日益深化，网络攻击的形式也愈加复杂，新的支付安全问题带来了一系列的压力与挑战。

（1）客户信息存在泄露风险。根据中国支付清算协会的调查[1]，2018年，用户认为在支付过程中遇到的安全问题排名第一位的是个人信息被泄露，占比为81.0%。在客户端方面，客户端应用软件在敏感信息保护、安全漏洞防护、信息传输安全等方面存在隐患；在第三方支付平台方面，支付业务系统在系统安全、数据保护、业务连续性、账户管理、内控管理等方面也存在一定的问题。而有关支付产品质量管理方面存在的不足也亟待解决。

（2）资金流动转移过程存在漏洞。与银行等传统支付流程不同，在第三方平台支付的资金转移过程中，金融机构很难对资金流向进行准确的识别，造成虚假交易和非法注资。例如，犯罪分子可以同时扮演买方和卖方这一双重角色，既作为在电子商务网站上出售商品的卖家，又作为购买该商品的买家，买卖双方订立虚假买卖合同后，买家支付的"货款"会暂时转移到第三方支付平台的专用账户中，待买家确认收货后再转移至卖家账户，最终顺利完成所谓的"交易"。此外，在第三方支付交易中，若出现交易遭遇失败或者面临取消这两种情况，会涉及退款退到何处的问题，这时存在两种选择：一是退到原虚拟账户或者与其绑定的银行账户中；二是退到支付人指定的其他虚拟账户或者与其绑定的银行账户中。若犯罪分子选择第二种方式，资金的流向则发生了改变，也达到了洗钱的目的。

（3）沉淀资金的监管问题。第三方支付的交易资金在支付平台上存在一定的时滞，在平台上停留时间过长的备付金变为沉淀资金后，其总体规模、利息剩余及流向难以控制和监管。一方面，第三方支付业务量的扩张使得沉淀资金的数额迅速增长，导致资金挪用风险增加。另一方面，当备付金账户不足以满足消费者的支付需求时，会造成市场份额的减少和市场稳定性的下降，甚至对整个金融支付体系的安全稳健运行产生冲击。

（4）相关制度的滞后。作为新兴行业，第三方支付法律制度、信用制度及行业规范的滞后性明显。首先，尽管央行通过发放第三方支付牌照的方式使得市场总体结构逐步趋于稳定，第三方支付行业集中化发展趋势也越发明显，但与传统金融领域完善的制度相比，第三方支付领域的退出机制滞后。退出市场的第三方支付机构，其用户的权益保障问题成为监管部门和法律体系亟待填补的空白。

（5）针对第三方支付行业的赔付机制和信用评价缺乏统一的标准。与传统的交易过程不同，第三方支付的交易本身就会造成资金流和物流在时空上的不同步。此时，信用制度和行业规范的不健全使得责任主体的界定模糊，更容易引发信息不对称条件下的欺诈行为，进而出现交易违约现象，导致信用风险发生的概率升高。

---

[1] 中国支付清算协会. 2018年移动支付用户调研报告 [R/OL]. (2018-12-24)[2019-08-01]. http://www.pcac.org.cn/index.php/focus/list_details/ids/654/id/50/topicid/3.html.

7.4 第三方平台支付服务中的管理规范

7.4.1 《关于促进互联网金融健康发展的指导意见》

为鼓励金融创新，促进互联网金融健康发展，明确监管责任，规范市场秩序，经党中央、国务院同意，中国人民银行等十部委联合印发了《关于促进互联网金融健康发展的指导意见》(以下简称《指导意见》)㊀。

《指导意见》第七条涉及第三方支付机构业务开展的基本要求：互联网支付应始终坚持服务电子商务发展和为社会提供小额、快捷、便民小微支付服务的宗旨。银行业金融机构和第三方支付机构从事互联网支付，应遵守现行法律法规和监管规定。第三方支付机构与其他机构开展合作的，应清晰界定各方的权利义务关系，建立有效的风险隔离机制和客户权益保障机制。要向客户充分披露服务信息，清晰地提示业务风险，不得夸大支付服务中介的性质和职能。互联网支付业务由人民银行负责监管。

《指导意见》第二条涉及第三方支付机构的资金存管和支付清算问题：鼓励从业机构相互合作，实现优势互补。支持各类金融机构与互联网企业开展合作，建立良好的互联网金融生态环境和产业链。鼓励银行业金融机构开展业务创新，为第三方支付机构和网络贷款平台等提供资金存管、支付清算等配套服务。支持小微金融服务机构与互联网企业开展业务合作，实现商业模式创新。支持证券、基金、信托、消费金融、期货机构与互联网企业开展合作，拓宽金融产品销售渠道，创新财富管理模式。鼓励保险公司与互联网企业合作，提升互联网金融企业风险抵御能力。

《指导意见》第十条涉及互联网基金销售问题：第三方支付机构在开展基金互联网销售支付服务过程中，应当遵守人民银行、证监会关于客户备付金及基金销售结算资金的相关监管要求。第三方支付机构的客户备付金只能用于办理客户委托的支付业务，不得用于垫付基金和其他理财产品的资金赎回。互联网基金销售业务由证监会负责监管。

7.4.2 《电子支付指引（第一号）》

中国人民银行《电子支付指引（第一号）》的有关规范内容参见第 4 章 4.6.2 小节。

7.4.3 《非金融机构支付服务管理办法》

随着非金融机构支付服务业务范围、规模的不断扩大和新的支付工具推广，以及市场竞争的日趋激烈，这个领域一些固有的问题逐渐显露，新的风险隐患也相继产生，如客户备付金的权益保障问题，预付卡发行和受理业务中的违规问题，反洗钱义务的履行问题，支付服务相关的信息系统安全问题，以及违反市场竞争规则、无序从事支付服务

㊀ 中国人民银行等十部门. 关于促进互联网金融健康发展的指导意见 [EB/OL]. (2015-07-18)[2019-08-31]. http://www.gov.cn/xinwen/2015-07/18/content_2899360.htm.

问题等。这些问题仅仅依靠市场的力量难以解决，必须通过必要的法规制度和监管措施及时加以预防和纠正。为此，2010年6月，中国人民银行颁布了《非金融机构支付服务管理办法》，并于2010年9月1日起施行。

（1）《非金融机构支付服务管理办法》明确，非金融机构提供支付服务，应当依据本办法规定取得《支付业务许可证》，成为支付机构。支付机构依法接受中国人民银行的监督管理。未经中国人民银行批准，任何非金融机构和个人不得从事或变相从事支付业务。未取得支付业务申请人资格，任何非金融机构和个人不得从事或变相从事支付业务。

（2）《非金融机构支付服务管理办法》规定，支付机构之间的货币资金转移应当委托银行业金融机构办理，不得通过支付机构相互存放货币资金或委托其他支付机构等形式办理。支付机构不得办理银行业金融机构之间的货币资金转移。

（3）《非金融机构支付服务管理办法》要求，支付机构在规范经营、资金安全、系统运行等方面应承担相应的责任与义务。规范经营主要强调支付机构应按核准范围从事支付业务，报备与披露业务收费情况，制定并披露服务协议，核对客户身份信息，保守客户商业秘密，保管业务及会计档案等资料，规范开具发票等。资金安全主要强调支付机构应在同一商业银行专户存放接受的客户备付金，且只能按照客户的要求使用。系统运行主要强调支付机构应具备必要的技术手段及灾难恢复处理能力和应急处理能力等。此外，支付机构还需配合人民银行的依法监督检查等。

7.4.4 《非银行支付机构网络支付业务管理办法》

为规范非银行支付机构网络支付业务，防范支付风险，保护当事人合法权益，2015年12月，中国人民银行发布了《非银行支付机构网络支付业务管理办法》。该办法共7章57条，主要包括以下内容。

1. 支付机构与网络支付业务

支付机构是指依法取得《支付业务许可证》，获准办理互联网支付、移动电话支付、固定电话支付、数字电视支付等网络支付业务的非银行机构。

网络支付业务是指客户通过计算机、移动终端等电子设备，依托公共网络信息系统远程发起支付指令，且付款客户电子设备不与收款客户特定专属设备交互，由支付机构为收付款客户提供货币资金转移服务的活动。

网络支付业务应同时具备四个基本特征：

⊖ 中国人民银行. 非金融机构支付服务管理办法 [EB/OL]. (2010-06-14)[2019-08-31]. http://www.gov.cn/flfg/2010-06/21/content_1632796.htm.

⊖ 中国人民银行. 非银行支付机构网络支付业务管理办法 [EB/OL]. (2015-12-28)[2015-12-31]. http://www.gov.cn/zhengce/2015-12/28/content_5028605.htm.

（1）为收付款客户提供资金转移服务的主体是支付机构；

（2）客户发起支付指令所借助的是计算机、移动终端等电子设备；

（3）支付指令依托公共网络信息系统远程发起，即客户的电子设备经由公共网络信息系统与相关后台系统进行交互并传递支付指令；

（4）支付指令发起过程中，付款客户的电子设备不与"收款客户特定专属设备"进行交互。

2. 基本要求

（1）支付机构应当遵循主要服务于电子商务交易的原则，基于客户的银行账户或者按照本办法规定为客户开立支付账户，提供网络支付服务。

（2）支付机构应当依法维护当事人的合法权益，保障客户信息安全和资金安全。

（3）支付机构开展网络支付业务，应当落实实名制管理要求，遵守反洗钱和反恐怖融资相关规定，履行反洗钱和反恐怖融资义务；涉及跨境人民币结算和外汇支付业务的，应当按照中国人民银行、国家外汇管理局相关规定执行。

3. 客户管理

（1）支付机构应当采取有效措施核实并依法留存客户身份基本信息，建立客户唯一识别编码。

（2）支付机构为客户提供网络支付服务，应当与客户签订服务协议。

（3）获得互联网支付业务许可的支付机构，应当经客户主动提出申请，方为其开立支付账户。支付机构不得为金融机构，以及从事信贷、融资、理财、担保、货币兑换等金融业务的其他机构开立支付账户。

（4）支付机构为客户开立支付账户的，应当对客户实行实名制管理。

（5）支付账户不得出借、出租、出售，不得利用支付账户从事或者协助他人从事非法活动。

4. 业务管理

（1）支付机构不得为客户办理或者变相办理现金存取、信贷、融资、理财、担保、货币兑换业务。

（2）支付机构基于银行卡为客户提供网络支付服务的，应当执行银行卡业务相关监管规定，以及银行卡行业规范。

（3）支付机构根据客户授权，向客户开户银行发送支付指令，扣划客户银行账户资金的，支付机构、客户和银行在事先或者首笔交易时，应当按照规则明确相关授权并依照执行。

（4）除单笔金额不足200元的小额支付业务，以及公共事业费、税费缴纳等收款人固定并且定期发生的支付业务外，支付机构不得代替银行进行客户身份及交易验证。银行对客户资金安全的管理责任不因支付机构代替验证而转移。

（5）支付机构应根据客户身份对同一客户开立的所有支付账户进行关联管理。个人客户拥有综合类支付账户的，其所有支付账户的余额付款交易（不包括支付账户向客户本人同名银行账户转账，下同）年累计应不超过 20 万元。个人客户仅拥有消费类支付账户的，其所有支付账户的余额付款交易年累计应不超过 10 万元。超出限额的付款交易应通过客户的银行账户办理。

（6）单位客户单笔超过 5 万元的转账业务须提交付款用途和事由，以及付款依据或者相关证明文件。

5. 风险管理与客户权益保护

（1）支付机构网络支付业务相关系统设施和相关产品运用的具体技术，应当持续符合国家、金融行业标准和相关信息安全管理要求。

（2）支付机构应当在境内拥有并运营独立、安全、规范的网络支付业务处理系统及其备份系统。支付机构为境内交易提供服务的，应当通过境内业务处理系统为其办理网络支付业务，并在境内完成资金结算。

（3）支付机构应当综合客户身份核实方式、交易行为特征、资信状况等因素，建立客户风险评级管理制度，并动态调整客户风险评级。

（4）支付机构应根据客户支付指令验证方式、客户风险评级、交易类型、交易金额、交易渠道、受理终端类型、商户类别等因素，建立交易风险管理制度和交易监测系统。

（5）支付机构应当采取有效措施，确保客户在执行支付指令前可对资金收付账户、交易金额等交易信息进行确认，并在支付指令完成后及时将结果通知客户。

6. 监督管理

中国人民银行及其分支机构依法对支付机构的网络支付业务活动进行监督和管理。

7.4.5 《条码支付业务规范（试行）》

为规范条码（二维码）支付业务，保护消费者合法权益，促进条码支付业务健康发展，中国人民银行发布了《条码支付业务规范（试行）》[⊖]，于 2018 年 4 月 1 日起实施。该规范共 5 章 50 条，主要包括以下内容。

1. 条码支付业务

条码支付业务是指银行业金融机构（以下简称"银行"）、非银行支付机构（以下简

⊖ 中国人民银行. 中国人民银行关于印发《条码支付业务规范（试行）》的通知 [EB/OL]. (2017-12-27)[2019-08-31]. http://www.pbc.gov.cn/goutongjiaoliu/113456/113469/3450002/index.html.

称"支付机构")应用条码技术,实现收付款人之间货币资金转移的业务活动。

条码支付业务包括付款扫码和收款扫码。付款扫码是指付款人通过移动终端识读收款人展示的条码完成支付的行为。收款扫码是指收款人通过识读付款人移动终端展示的条码完成支付的行为。

2. 条码生成和受理

(1)银行、支付机构开展条码支付业务,应将客户用于生成条码的银行账户或支付账户、身份证件号码、手机号码进行关联管理。

(2)银行、支付机构开展条码支付业务,可以组合选用下列三种要素对客户条码支付交易进行验证:①仅客户本人知悉的要素,如静态密码等;②仅客户本人持有并特有的,不可复制或者不可重复利用的要素,如经过安全认证的数字证书、电子签名,以及通过安全渠道生成和传输的一次性密码等;③客户本人生物特征要素,如指纹等。

(3)银行、支付机构应根据风险防范能力的分级,对个人客户的条码支付业务进行限额管理:①风险防范能力达到 A 级,即采用包括数字证书或电子签名在内的两类(含)以上有效要素对交易进行验证的,可与客户通过协议自主约定单日累计限额;②风险防范能力达到 B 级,即采用不包括数字证书、电子签名在内的两类(含)以上有效要素对交易进行验证的,同一客户单个银行账户或所有支付账户单日累计交易金额应不超过5 000元;③风险防范能力达到 C 级,即采用不足两类要素对交易进行验证的,同一客户单个银行账户或所有支付账户单日累计交易金额应不超过1 000元;④风险防范能力达到 D 级,即使用静态条码的,同一客户单个银行账户或所有支付账户单日累计交易金额应不超过 500 元。

(4)银行、支付机构提供付款扫码服务的,应具备差异化的风控措施和完善的客户权益受损解决机制,在条码生成、识读、支付等核心业务流程中明确提示客户支付风险,切实防范不法分子通过在条码中植入木马、病毒等方式造成客户信息泄露和资金损失。

(5)银行、支付机构应指定专人操作与维护条码生成相关系统。条码信息仅限包含当次支付相关信息,不应包含任何与客户及其账户相关的支付敏感信息。特约商户展示的条码,仅限包含与当次支付有关的特约商户、商品(服务)或商品(服务)订单等信息。移动终端展示的条码,不得包含未经加密处理的客户本人账户信息。

(6)银行、支付机构应确保条码支付交易经客户确认或授权后发起,支付指令应真实、完整、有效。移动终端完成条码扫描后,应正确、完整显示扫码内容,供客户确认。特约商户受理终端完成条码扫描后,应仅显示扫码结果并提示下一步操作,不得显示付款人的支付敏感信息。

(7)交易信息至少应包括:直接提供商品或服务的特约商户名称、类别和代码,受理终端（网络支付接口）类型和代码，交易时间和地点（网络特约商户的网络地址），交易金额，交易类型和渠道，交易发起方式等。网络特约商户的交易信息还应当包括订单号和网络交易平台名称。支付交易完成后，特约商户受理终端和移动终端应显示支付结果；支付失败的，特约商户受理终端和移动终端还应显示失败的原因。

3. 特约商户管理

（1）银行、支付机构拓展特约商户时，应进行查询确认，如商户及其法定代表人或负责人在特约商户信息管理系统中存在不良信息记录的，应谨慎为该商户提供条码支付服务；不得将已纳入黑名单的单位和个人，以及由纳入黑名单的个人担任法定代表人或者负责人的单位拓展为特约商户，已经拓展为特约商户的，应当自该特约商户被列入黑名单之日起10日内予以清退。

（2）银行、支付机构拓展特约商户应落实实名制规定，严格审核特约商户的营业执照等证明文件，以及法定代表人或负责人的有效身份证件等申请材料，确认申请材料的真实性、完整性和有效性，并留存申请材料的影印件或复印件。

（3）对依据法律法规和相关监管规定免于办理工商注册登记的实体特约商户（小微商户），收单机构在遵循"了解你的客户"原则的前提下，可以通过审核商户主要负责人身份证明文件和辅助证明材料为其提供条码支付收单服务。辅助证明材料包括但不限于营业场所租赁协议或者产权证明，集中经营场所管理方出具的证明文件等能够反映小微商户真实、合法从事商品或服务交易活动的材料。

（4）以同一个身份证件在同一家收单机构办理的全部小微商户基于信用卡的条码支付收款金额日累计不超过1 000元，月累计不超过1万元。银行、支付机构应当结合小微商户风险等级动态调整交易卡种、交易限额、结算周期等，强化对小微商户的交易监测。

（5）银行、支付机构在条码支付受理协议中，应要求特约商户基于真实的商品或服务交易背景受理条码支付；按规定使用受理终端或网络支付接口、银行结算账户的，不得利用其从事或协助他人从事非法活动；妥善处理交易数据信息，保存交易凭证，保障交易信息安全；不得向客户收取或变相收取附加费用，或降低服务水平。

（6）银行、支付机构应当对实体特约商户条码收单业务进行本地化经营和管理，通过在特约商户及其分支机构所在省（区、市）辖内的收单机构或其分支机构提供收单服务，不得跨省（区、市）开展条码收单业务。

4. 风险管理

（1）银行、支付机构应建立全面风险管理体系和内部控制机制，提升风险识别能力，采取有效措施防范风险，及时发现、处理可疑交易信息及风险事件。

（2）银行、支付机构开展条码支付业务，应当评估业务相关的洗钱和恐怖融资风险，采取与风险水平相适应的管控措施。

（3）银行、支付机构应建立特约商户风险评级制度，综合考虑特约商户的区域和行业特征、经营规模、财务和资信状况等因素，对特约商户进行风险评级。

（4）银行、支付机构应结合特约商户风险等级及交易类型等因素，设置或与其约定单笔及日累计交易限额。

（5）银行、支付机构对风险等级较高的特约商户，应通过强化交易监测、建立特约商户风险准备金、延迟清算等风险管理措施，防范交易风险。

（6）银行、支付机构应建立特约商户检查、评估制度，根据特约商户的风险等级，制定不同的检查、评估频率和方式，并保留相关记录。

（7）银行、支付机构应制订突发事件应急预案，建立灾难备份系统，确保条码支付业务的连续性和业务系统安全运行。

（8）银行、支付机构发现特约商户发生疑似套现、洗钱、恐怖融资、欺诈、留存或泄露账户信息等风险事件的，应对特约商户采取延迟资金结算、暂停交易、冻结账户等措施，并承担因未采取措施导致的风险损失责任；发现涉嫌违法犯罪活动的，应及时向公安机关报案。

开篇案例回顾

无论是国外还是国内，第三方支付服务机构都是电子支付体系中的重要组成部分。支付宝能够迅速成长起来，主要得益于以下几个原因。

（1）电子商务的迅速发展。电子商务网站、生产企业和消费者对网上支付都产生了极大的需求。

（2）高度重视支付安全。支付宝是2005年研发成功，可连接大多数主流银行，支持近几十种银行卡的在线支付。在以后的十多年中，支付宝一直在不断地完善这一系统。除了采用独立的支付密码、网站SSL加密技术等安全措施外，它还采用了目前最为安全的技术手段——数字证书技术，通过这一技术，即使用户发送的信息在网上被他人截获，甚至丢失了个人的账户、密码等信息，仍可以保证自己的账户、资金安全。可以说，使用数字证书技术，可以有效地保证账户及支付的安全。另外，支付宝还提供了让用户绑定手机的功能，开通了手机绑定功能后，可以使用手机短信来及时关闭或开启余额支付功能，当账户余额发生大额变动时，系统还会发短信提醒。

（3）不断开展业务创新。支付宝一直能够在第三方支付市场上处于领先地位，和这个企业的不断创新业务密不可分。刷脸支付、小程序等新的业务形态不断丰富着整个企业的线上服务，牢牢地吸引了客户。

本章小结

1. 非金融机构支付服务是最近几年新出现的支付服务形式,它是指非金融机构在收付款人之间作为中介机构提供的部分或全部货币资金转移服务,包括网络支付、预付卡的发行与受理、银行卡收单和中国人民银行确定的其他支付。
2. 对第三方平台支付服务发展的外部环境和内部环境进行了阐述。
3. 对第三方平台支付服务在整个电子支付服务中的地位和存在意义进行了分析。
4. 深入地剖析了两种第三方平台支付模式的流程。
5. 从管理和法律两个角度对第三方平台支付服务存在的问题进行了分析。

思考题

1. 什么是非金融机构支付服务?
2. 请举两个第三方平台支付服务的例子,并比较它们之间的异同点。
3. 结合前面几章的知识,说明基于银行卡的第三方平台支付服务与网络银行支付服务之间的区别。
4. 账户支付是如何进行的?账户支付最大的安全问题是什么?如何避免?
5. 如何推进第三方平台支付流程的标准化管理?
6. 相比较于金融机构,第三方平台支付服务具备哪些优势?

第8章
移动支付

学习目标

- 掌握移动支付的概念和分类。
- 掌握移动支付模式,了解各种模式的主要特点。
- 了解两种移动支付传输技术的区别及各自特点。
- 掌握移动支付安全风险来源,了解主要的无线网络标准的安全隐患。
- 基本概念:移动电子商务、移动支付、空中交易、广域网交易

互联网经济泡沫的破裂,使一度风风火火的电子商务徘徊不前。然而,从2001年起,随着无线通信技术的快速发展,手持设备用户激增,无线技术与电子商务相结合的产物——"移动电子商务"发展势头良好,为电子商务注入了一股新鲜血液。

本章讨论了移动电子商务中的支付问题,包括移动支付的概念与流程、分类与模式,并分析了移动支付中面临的安全威胁。

开篇案例 非法获取他人信息绑定银行卡获利被判刑⊖

移动支付在给人们带来便捷的同时,也成为不法分子觊觎的目标,该类犯罪具有隐秘性,给人民群众的财产安全带来了较大威胁。

2018年2月,在被害人杨某住处内,被告人周某趁给杨某修手机之机,获得杨某的手机SIM卡,后又获得杨某身份证和银行卡信息资料,利用手机SIM卡注册微信、支付宝并绑定杨某的银行卡,将该银行卡内人民币22 219元占为己有。

被告人周某于2018年2月21日被民警查获,涉案赃款14 089.3元已被扣押并发还杨某。

顺义区人民法院经审理认为:公诉机关指控被告人周某犯信用卡诈骗罪的事实清楚,

⊖ 修手机时获取他人信息 绑银行卡获利被判十月 [EB/OL]. (2018-09-10) [2019-08-20]. http://bjsyfy.chinacourt.gov.cn/article/detail/2018/09/id/3491221.shtml.

证据确实、充分，指控罪名成立。鉴于被告人周某自愿认罪认罚，故对其从宽处罚。

最终，法院以信用卡诈骗罪判处被告人周某有期徒刑 10 个月，并处罚金人民币 2 万元；责令被告人周某退赔被害人杨某的经济损失。

8.1 移动支付概述

8.1.1 什么是移动支付

1. 移动电子商务的概念

移动电子商务是基于无线网络，运用移动通信设备，如笔记本电脑、手机、个人数据助手（Personal Data Assistants，PDA），进行的商品交易或服务交易。从另一角度来说，移动电子商务也可以定义为移动通信网络为用户提供的网络交易的增值服务。

相对于基于互联网的电子商务，移动电子商务增加了移动性和终端的多样性。无线系统允许用户访问移动网络覆盖范围内任何地方的服务，通过对话交谈和文本文件直接沟通。由于移动电话的广泛使用，小的手持设备将比个人计算机具有更广泛的用户基础。因此，用户至少可以从移动电子商务中享受到以下四个方面的好处。

（1）方便。用户在需要时能够随时访问金融服务，因此能够在任何时间、任何地点进行电子商务交易和支付。

（2）灵活。用户可以根据他们的个人需要灵活地选择访问和支付方法。

（3）安全。移动终端能够确保移动电子商务交易具有很高的安全性。

（4）熟悉。用户可以使用他们非常熟悉的移动电话作为交易和支付工具，并且可以根据用户的爱好设置个性化的信息格式。

2. 移动支付的概念

移动支付（Mobile Payment，MPayment）是使用移动设备（通常是手机）通过无线方式完成支付行为的一种新型支付方式。移动支付将终端设备、互联网、应用提供商及金融机构相融合，为用户提供货币支付、缴费等金融服务。使用者通过移动设备、互联网或者近距离传感直接或间接向银行金融机构发送支付指令，产生货币支付与资金转移行为，从而实现移动支付功能。

目前，业界还没有统一的、被各方所接受的移动支付定义，不同的参与方和研究机构从各自角度对移动支付进行定义。例如，高德纳认为，"移动支付是在移动终端上使用包括银行账户、银行卡和预付费账号等支付工具完成交易的一种支付方式"，并且认为移动支付不包括基于话费账户的手机支付、IVR 支付（结合其他通信手段如 SMS 和 USSD 强化安全的 IVR 支付除外），以及通过智能手机外接插件实现 POS 功能的三种模式[1]。与之相比，弗雷斯特的定义更为宽泛，其认为，"移动支付是通过移动终端进行资金划转来完成交易的一种支付方式，但不包括使用移动终端语音功能完成的交易"[2]。德勤认为，移动支付是指用户使用移动终端，接入通信网络或使用近距离通信技术完成信息交互，实现资金从支付方向受付方转移从而实现支付目的的一种支付方式。与其他各方的定义相比，该定义的外延更广，可以囊括目前市场上的主要移动支付形式。[3]

3. 移动支付的分类

根据支付的空间和时间特点，目前的移动支付业务可分为现场支付和远程支付两种（参见图8-1）。

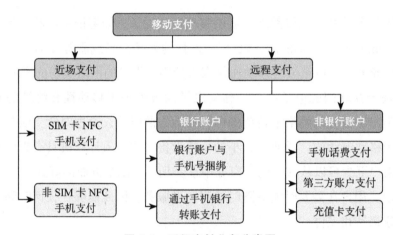

图8-1 手机支付业务分类图

现场支付已经比较成熟，它是指通过非接触技术[4]将移动设备与POS机或ATM机连接以实现支付功能。这样的交易一般只需几百毫秒，广泛应用于乘坐公交、商场购物等。远程支付是目前移动电子商务主要依赖的支付方式。它可以独立于交易用户的物理位置，不需要在产品销售结算处有支付终端。这种支付一般是通过手机网上支付或短信支付来完成的。从支付的速度来看，远程支付具有明显的时间延迟，快时需几秒钟，慢时甚至需几分钟。目前，在国内开展的手机购物、手机银行等均属此类非现场的远程支付。

根据交易结算是否具有即时性，移动支付可以分为现场支付（Local Payment）和非

---

[1] Gartner. Forecast: Mobile Payments, Worldwide, 2009-2016 [EB/OL]. (2012-05-09) [2016-01-23]. https://www.gartner.com/doc/2010515.

[2] Thomas Husson on. Mobile Payments Enter A Disruptive Phase[EB/OL]. (2011-03-31) [2016-01-23]. http://blogs.forrester.com/thomas_husson/11-03-31-mobile_payments_enter_a_disruptive_phase.

[3] 德勤中国. 2012～2015年中国移动支付产业趋势与展望 [R/OL]. (2012-08-22) [2019-01-23]. http://www.zikoo.com/upload/files/0000/2456/49625380-f246-11e1-bb46-003048d9f916.pdf.

[4] 非接触技术包括蓝牙（Bluetooth）、红外线（Infrared）、电子射频识别（RFID）和近场通信（NFC）等。

现场支付（Remote payment）。

（1）现场支付是以现场近距离为特征，使用近距离无线通信技术，比如蓝牙（Bluetooth）、红外线（Infrared）、射频辨识（Radio Frequency Identification，RFID）、二维码（2-Dimensional Bar Cord）、NFC（Near Field Communication，近场通信）等技术进行支付，如商场购买商品或服务。现场支付包括接触性支付（Proximity Payment）和非接触性支付（Contactless Payment）。

（2）非现场支付为通过无线移动网络进行接入的服务，主要通过基于浏览器方式（Browser Based）的平台进行传送数据，或通过基于SMS/MMS的交易平台（SMS/MMS-Based System）进行传送数据，完成交易支付。尽管这里使用了两种不同的技术：IP和消息通信（Messaging-Based Communication），但是支付协议仍可以在这两种环境中实现无缝连接，保证支付的顺畅统一。

8.1.2　移动支付的基本流程与系统架构

1. 移动支付的基本流程

在移动支付协议中，主要的参与者有四个：用户（支付者）、商家、金融机构和支付网关。

（1）用户（支付者）：即买方。在移动商务环境中，支付者使用手机或者其他移动终端通过移动互联网与商家或支付网关进行交互。客户和商家的需求是推进移动支付系统生存及发展的主要动因。在移动支付中，支付者的最大特点就是他们拥有经认可的CA发行的数字证书。

（2）商家：即卖方。商家是指将货物或服务提供给支付者的组织。参与到移动支付系统中的商家，如商场、零售店或加油站等，通过减少支付的中间环节，降低经营、服务和管理成本，提高支付的效率和用户的满意度。

（3）金融机构：移动支付系统中的金融机构包括银行、信用卡发行商等组织，主要为移动支付平台建立一套完整、灵活的资金转账服务和安全体系，并管理手机身份识别卡（SIM卡）的银行账户，保证用户支付过程的顺利进行。金融机构是一个很关键的角色，它在一定程度上起到维护整个移动支付系统正常运作的重要作用。

（4）支付网关：支付网关以金融机构代理的身份出现在移动商务环境中，实现核准和支付功能。支付网关还可以进一步划分为移动支付系统和移动支付平台。

假设用户和服务商都在金融组织拥有账户，那么其支付的一般流程如图8-2所示。

其中，图8-2中数字序号含义如下。

① 注册：消费者必须先向移动支付提供商提出开户申请，才可以使用移动支付服务。

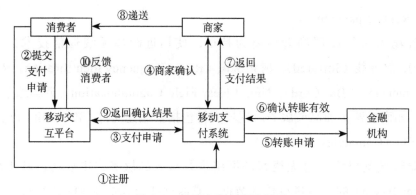

图 8-2 移动商务支付流程图

② 提交支付申请：开通移动支付服务以后，消费者可以通过短信或者其他移动手段提交自己的购物信息和支付请求到移动交互平台。

③ 提交处理后的支付申请：移动交互平台首先根据服务号对消费者的支付申请进行分类，然后把这些申请压缩成 CMPP（China Mobile Peer to Peer，中国点对点协议）格式，最后把它们转交给移动支付系统。

④ 商家确认：在收到 CMPP 格式的申请以后，移动支付系统会向商家查询并验证一些细节问题，商家在此后会给出相应的反馈。

⑤ 转账申请：如果商家同意消费者的支付申请，系统就会处理消费者的申请，比如验证行为的有效性、计算业务总额及向金融机构申请转账等。

⑥ 确认转账申请的有效性：金融机构会对转账申请的合法性进行验证并给出系统反馈。

⑦ 向商家返回支付结果：在收到金融机构的反馈之后，移动支付系统就会向商家发出转账成功的信息和递送货物的要求。

⑧ 递送：商家把商品通过一定的形式发送给消费者。

⑨ 返回确认结果：在收到金融机构的反馈以后，移动支付系统立刻把这一反馈转发给移动交互平台。

⑩ 反馈消费者：移动交互平台会把从移动支付系统那里得到的支付结果反馈给消费者。

以上所讨论的流程是消费者、商家、金融机构都能在支付网关的支持下进行移动支付的流程。如果在其中某一部分发生错误，整个流程就会停滞，并且系统会立刻向用户发出消息。随着移动技术的不断发展及移动运营成本的不断降低，这一流程还会得到完善。

2. 移动支付系统架构

移动支付系统是一个完整的信息系统，包括网络、数据库、分析工具等，涵盖了事务处理、中层决策、战略决策等功能。移动支付系统机构可以分为四层（参见图8-3）。

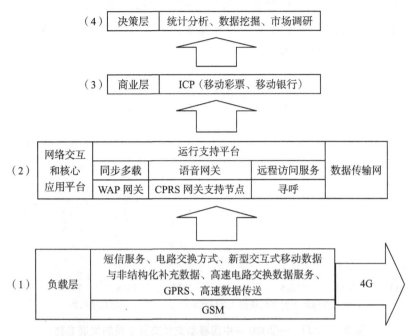

图8-3 移动支付的系统架构

其中，图8-3中各层含义如下。

（1）负载层：这一层是整个移动商务的基础，它包含了所有移动商务的网络通信技术和底层基础结构，例如GPRS、GSM、4G等。

（2）网络交互和核心应用平台：这一层在用户及服务提供商和金融组织间建立数据库，部署和传输数据，使信息流通畅。

（3）商业层：这一层包含了在移动商务层面的所有商业活动，比如移动彩票、移动银行等，支持事务处理功能。

（4）决策层：在整个框架中位于最高层，这一层中运用多种数据分析和数据挖掘软件来分析移动支付的市场从而做出决策。

8.1.3 我国移动支付的发展

支付手段的电子化和移动化是支付发展的必然趋势。对于中国的移动支付业务而言，庞大的移动用户和银行卡用户数量提供了诱人的用户基础，信用卡使用习惯的不足留给移动支付巨大的市场空间，发展前景毋庸置疑。与此同时，移动支付也面临着信用体系、技术实现、产业链成熟度、用户使用习惯等方面的瓶颈。

1. 第三方移动支付规模

2018年，中国第三方移动支付的交易规模达到了190.5万亿元，同比增速为

58.4%。① 2018年，人们在日常生活中使用移动支付的习惯已经养成，第三方移动支付渗透率达到较高水平，市场成倍增长的时代结束。加之"断直连"②及备付金相关政策在2018年的相继落地，市场正式步入稳步发展阶段。图8-4显示了2013～2020年中国移动支付交易规模的发展态势。

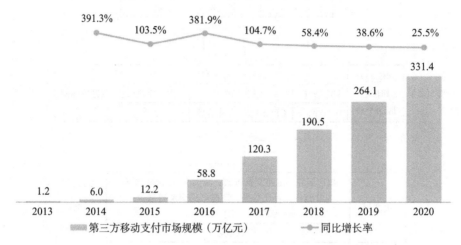

图8-4 2013～2020年中国移动支付交易规模的发展态势

资料来源：艾瑞咨询。

2. 移动支付的新特点

（1）互联网支付逐步由PC端向移动端转移。根据数据机构Newzoo的《2018年全球移动市场报告》③，2018年全球智能手机用户的数量将达到30亿，亚太地区占这个数字的一半以上。截至2018年年底，我国手机网上支付和手机网络购物人数分别达到60 040万人和61 011万人，网民分别达到68.8%和69.1%；④移动电商市场活跃客户屡创新高，手机淘宝月均日活跃用户数量⑤接近2亿，拼多多11月DAU超6 000万，小红书突破1 000万。⑥越来越多的网络交易转移到移动终端上来。在2018年的"双十一"

---

① 2018中国第三方支付数据发布 [R/OL]. (2019-04-30) [2019-08-23]. http://report.iresearch.cn/report/201904/3360.shtml.

② "断直连"是指第三方支付机构切断之前直连银行的模式，接入网联或银联。2017年8月，央行支付结算司印发《中国人民银行支付结算司关于将非银行支付机构网络支付业务由直连模式迁移至网联平台处理的通知》，要求自2018年6月30日起，支付机构受理的涉及银行账户的网络支付业务全部通过网联平台处理。这就是所谓的"断直连"。

③ Newzoo. Newzoo's 2018 Global Mobile Market Report[EB/OL]. (2018-09-11) [2019-07-29]. https://newzoo.com/insights/articles/newzoos-2018-global-mobile-market-report-insights-into-the-worlds-3-billion-smartphone-users/.

④ 中国互联网络信息中心. 第43次中国互联网络发展状况统计报告 [R/OL]. (2019-02-28) [2019-04-23]. http://cnnic.cn/gywm/xwzx/rdxw/20172017_7056/201902/t20190228_70643.htm.

⑤ 日活跃用户数量（Daily Active User，DAU），常用于反映网站、互联网应用的运营情况。

⑥ 极光大数据. 2018年电商报告：移动购物用户规模近8亿 [R/OL]. (2018-12-26) [2019-07-29]. http://www.ebrun.com/20181226/314020.shtml.

购物节中,天猫销售总额达到 2 135 亿元人民币,其中 85% 的交易额是通过手机或平板电脑等移动终端完成的。

(2)线下扫码支付交易规模保持稳步增长,占移动支付整体市场的比例逐渐提高。2018 年,线下扫码支付交易规模从第一季度的 3.5 万亿元增长至第四季度的 7.2 万亿元,各季度环比增速大幅高于第三方移动支付整体市场,线下扫码支付交易规模占移动支付整体交易规模的比例从 2017 年的 5.2% 逐渐提高至 2018 年的 11.2%。由于扫码支付技术相对成熟,基础设施普及率不断提高,短期内线下扫码支付的发展仍然会是移动支付规模的主要增长点。

(3)移动支付的产业链已经形成。2002 年 5 月,我国移动支付开始在浙江、上海、广东、福建等地进行小额支付试点。2009 年,我国移动支付产业规模接近 400 亿元。⊖ 现阶段,我国已经进入移动支付发展的黄金时期。2018 年,我国移动支付行业产业规模达到 190.5 万亿元。由于产业链的成熟、用户消费习惯的形成和基础设施的完善,移动支付业务形成了完整的产业链条(参见图 8-5)。⊜

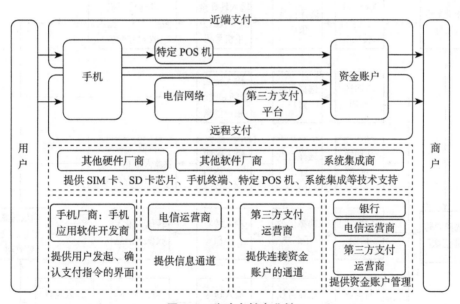

图 8-5 移动支付产业链

资料来源:艾瑞网。

(4)新型移动支付技术不断涌现。目前,新型的移动支付技术主要有二维码技术、NFC 技术(嵌入式安全元件、主机卡模拟)、蓝牙技术(低功率蓝牙双向读写)、光闪技术(手机闪光灯双向读写)、生物识别技术(指纹支付、人脸支付、虹膜支付、声波支

⊖ 艾瑞市场咨询. 中国手机支付发展研究报告 [R/OL]. (2010-04-14) [2010-08-01]. http://down.iresearch.cn/Reports/Free/1372.html.
⊜ 艾瑞市场咨询. 2015 年中国移动游戏第三方服务白皮书(移动支付篇)[R/OL]. (2015-05-11) [2019-09-01]. http://report.iresearch.cn/report/201505/2373.shtml.

付）等。此外，区块链、行业 SaaS（Software as a Service，软件即服务）、数字货币等方面新技术的应用也推动移动支付向更高层次发展。

8.2 移动支付模式

8.2.1 银行独立支付模式

银行独立支付模式下，通过专线与移动通信网络实现互联，将银行账户与手机账户绑定，用户通过银行卡账户进行移动支付。移动运营商只为银行和用户提供信息通道，不参与支付过程的运营和管理，由银行为用户提供交易平台和付款途径，银行独立享有移动支付的用户并对他们负责。当前，我国大部分提供手机银行业务的银行都有自己运营的移动支付平台。

由银行等金融机构主导经营的移动支付业务模式可通过图 8-6 进行说明（以建行为例）。

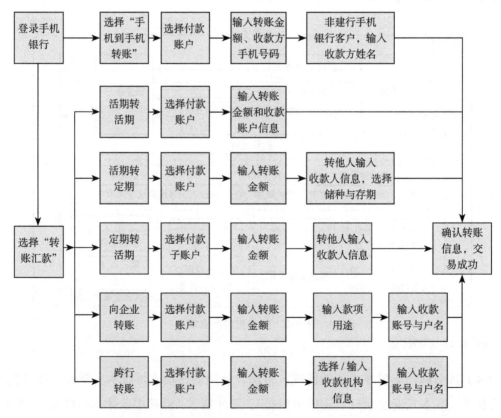

图 8-6　由银行等金融机构主导经营的移动支付业务模式

由图 8-6 可以看出，客户登录手机银行后，可以通过手机银行完成活期转活期、活期转定期、定期转活期、向企业转账、跨行转账等支付活动。用户将手机号码与银行卡号进行绑定，通过手机银行短信收发或电话语音提醒等形式完成支付流程。一般来说，自动扣款、自动转账是手机银行常用的两种方式。

8.2.2 移动近场支付模式

1. 近场支付的概念

近场支付是通过移动终端，利用近距离通信技术实现信息交互，完成支付的非接触式支付方式。

常见的近距离通信技术包括蓝牙、红外线、RFID 等，NFC（Near Field Communication，近距离无线通信）技术是目前移动支付领域的主流技术。此外，通过外接读卡器使智能手机具备 POS 终端刷卡功能也被划分为近场支付范畴。

2. 近场支付的分类

近场支付在技术模式上分成两种，一种是近场脱机支付，另一种是近场联机支付。

近场脱机支付主要应用于各类存储卡中。例如，交通卡就是最常用的一种近场脱机支付模式。近场联机支付主要是向移动终端提供某种支付账户信息，基于这个账户信息，与发卡机构进行联机交易。移动近场支付（联机消费）是指用户使用移动终端，通过现场受理终端接入移动支付平台，在本地或接入收单网络完成支付的过程。其主要的流程如图 8-7 所示。

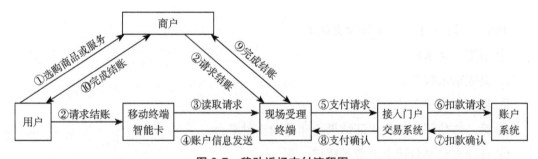

图 8-7 移动近场支付流程图

其中，图 8-7 中数字序号含义如下。

① 用户选购商品或服务。

② 用户利用移动终端到商户收银台结账。

③ 商户在现场受理终端（POS）上输入消费金额，通过近场通信技术，向移动终端发起账户信息读取请求。

④ 移动终端将账户信息发送给现场受理终端。

⑤ 现场受理终端发送支付请求指令给交易系统。

⑥ 交易系统发送账户扣款请求给账户系统。

⑦ 账户系统收到扣款请求后，进行用户账户鉴权，返回扣款确认信息。

⑧ 交易系统返回支付确认信息给受理终端。
⑨ 商户在现场受理终端完成结账过程。
⑩ 商户和用户之间完成结账过程。

8.2.3 移动远程支付模式

远程付款就是通过发送支付指令或借助支付工具进行的支付方式。移动远程支付是指利用移动终端通过移动通信网络接入移动支付后台系统，完成支付行为的支付方式。

移动远程支付主要涉及消费者、商家、移动支付平台、第三方信用机构，大体的流程如图 8-8 所示。

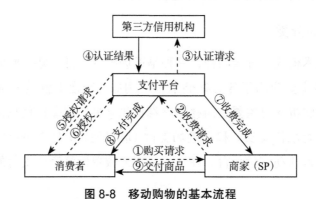

图 8-8 移动购物的基本流程

其中，图 8-8 中数字序号含义如下。
① 消费者请求购买。
② 商家请求收费。
③ 移动支付平台请求认证。
④ 第三方信用机构将认证结果通知移动支付平台。
⑤ 移动支付平台请求消费者授权。
⑥ 消费者证实授权。
⑦ 移动支付系统划拨资金给商家。
⑧ 移动支付平台通知消费者支付完成。
⑨ 商家交付商品或服务。

8.2.4 移动二维码支付模式

1. 二维码简介

条码（Barcode）是一个机器可以识别的符号。条码技术为我们提供了一种对物流中的物品进行标识和描述的方法。当今物流行业兴起的 ECR（高效消费者响应）、QR（快速响应)、AR(自动补货系统)等供应链管理策略,都离不开条码技术的应用。条码是实现电子支付的技术基础。

一维条码(1D Barcode,参见图8-9)只在一个方向(一般是水平方向)上表达信息,而在另一个方向(一般是垂直方向)则不表达任何信息,其一定的高度通常是为了便于阅读器的对准。工作人员利用条码扫描仪可以在收到货物的同时获取相关的物流信息。一维条码的应用可以提高信息录入速度,减少差错率。但是一维条码数据容量较小(30个字符左右),只能包含字母和数字,条码空间利用率较低,条码遭到损坏后便不能阅读。

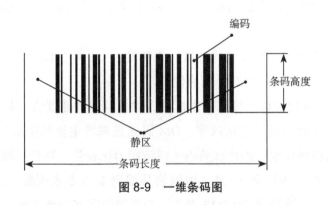

图8-9 一维条码图

二维条码(2D Barcode,简称二维码)的英文标准名称是417 Barcode(参见图8-10),它是在水平和垂直方向的二维空间存储信息的条码。它可存放1 KB字符,储存数据是一维条码的几十倍到几百倍;它可通过英文、中文、数字、符号和图形描述货物的详细信息,并采用原来的标签打印机打印;同时还可根据需要进行加密,防止数据的非法篡改。

图8-10 二维条码图

二维条码是20世纪90年代初产生的。目前，我国已批准使用四种二维条码标准，其中PDF417条码标准使用最为普遍。[○] 由于PDF417二维条码具有很强的自动纠错能力，因而在实际的货物运输中，即使条码标签受到一定的污损，PDF417二维条码依然可以被正确地识读。二维条码实现了货物运输的全过程跟踪，消除了数据的重复录入，加快了货物运输的数据处理速度，降低了对计算机网络的依赖程度，从而实现了物流管理和信息流管理的完美结合。我国电子支付领域广泛采用了二维条码。

二维码用黑白相间的几何图形，按一定的规律记录数据和符号信息。编码采用二进制"0""1"的概念，使用若干个与二进制相对应的几何形体来表示文字的数值信息，然后通过光电扫描设备或者图形输入设备对信息进行识别以实现信息的自动处理的过程。

现今，全球存在250多种二维码标准，常见的有QR码、DM码、GM码与CM码等。国际主流标准是以QR码和DM码为代表。

QR码是日本主流的手机二维码技术标准，除具有识读速度快、数据密度大、占用空间小的优势外，还可高效地表示汉字。DM码则是韩国主流的手机二维码技术标准。它采用了复杂的纠错码技术，因此该编码的纠错能力比较强。国产二维码标准是以GM和CM标准为代表的。1997年12月，中国物品编码中心正式颁布了以国际自动识别制造商协会（AIMI）发布的《PDF417规范》为基础的国家标准《四一七条码》（GB/T 17172—1997）；2000年12月，又颁布了基于日本QR Code的国家标准《快速响应矩阵码》（GB/T 18284—2000）。这两个标准主要是以国外标准为基础。2006年5月25日，经原信息产业部批准，武汉矽感科技有限公司研发的《二维条码网格矩阵码》（SJ/T 11349—2006）（简称GM码）和《二维条码紧密矩阵码》（SJ/T 11350—2006）（简称CM码）正式成为国家电子行业标准，并于2006年5月30日起实施，成为我国具有自主知识产权的二维条码标准。

2. 二维码支付的发展历程

2011年7月1日，支付宝正式推出了手机App二维码支付业务，进军国内线下支付市场。2013年8月5日，腾讯正式发布微信5.0版本，开启了微信二维码支付功能。

由于二维码支付波及银联线下市场，并且其技术性和安全性没有相应检测标准，2014年3月，央行向支付宝公司下达紧急文件《中国人民银行支付结算司关于暂停支付宝公司线下条码（二维码）支付等业务意见的函》，禁止了支付宝的二维码线下支付

○ PDF是取英文Portable Data File三个单词的首字母的缩写，意为"便携数据文件"。因为组成条码的每一符号字符都是由4个条和4个空构成的，如果将组成条码的最窄条统称为一个模块，则上述的4个条和4个空的总模块数一定为17，所以称为417码或PDF417码。

活动。○

2016 年 8 月 3 日，支付清算协会向支付机构发布了《条码支付业务规范》，规范了二维码支付的信息传输标准、支付标记化技术应用、二维码时效性、交易限额、交易验证等。2017 年 12 月 27 日，中国人民银行发布了《条码支付业务规范》○，于 2018 年 4 月 1 日起实施。

支付二维码的使用方式有两种：一种是付款方主扫模式，另一种是收款方主扫模式。

3. 二维码支付系统架构

二维码支付系统架构如图 8-11 所示，它与其他的移动支付形式很类似，主要区别有两点。

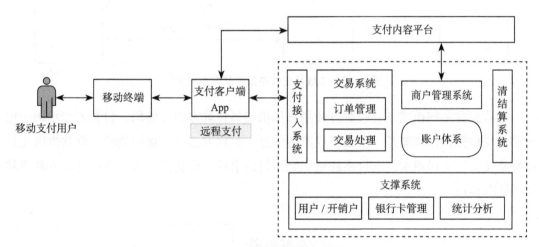

图 8-11　二维码支付系统架构

4. 二维码支付交易流程

二维码支付与一般移动支付的主要区别在于二维码的使用、支付指令的生成、传输，一旦支付指令进入支付接入系统，二维码支付就与其他移动支付没有本质上的区别。

在付款方主扫模式中，付款方使用支付客户端 App 内置的二维码识读软件（扫一扫）扫描包含支付链接的二维码进行支付。收款方二维码中包含的是支付接入系统 URL

○ 这一工作行业内称为"断直连"，是指第三方支付机构切断之前直连银行的模式，迁移至网联平台处理。其目的是消除直连模式下潜在的信息不安全、信息不透明、重复投入等风险。"断直连"政策降低了渠道壁垒，利于形成多层次、多元化、更亲民的支付体系，有利于支付行业健康有序发展。

○ 中国人民银行. 中国人民银行关于印发《条码支付业务规范（试行）》的通知 [EB/OL].（2017-12-27）[2019-08-31]. http://www.pbc.gov.cn/goutongjiaoliu/113456/113469/3450002/index.html.

和访问参数，支付指令是由付款人主动发起的（参见图 8-12）。

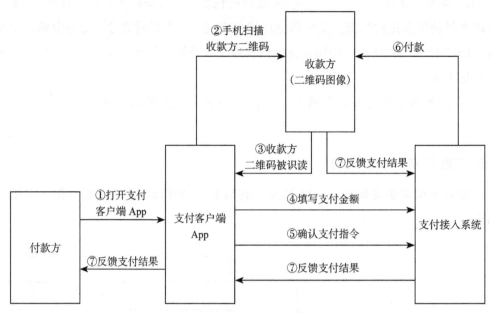

图 8-12 二维码支付中的付款方主扫模式

在收款方主扫模式中，收款方使用扫描枪扫描付款方的二维码。付款方二维码中包含的是支付凭证，可能是一串数字或其他信息。付款方二维码被识读后，收款方向支付系统直接提交支付请求，支付系统处理完支付请求后，将支付结果反馈给付款方和收款方（见图 8-13）。

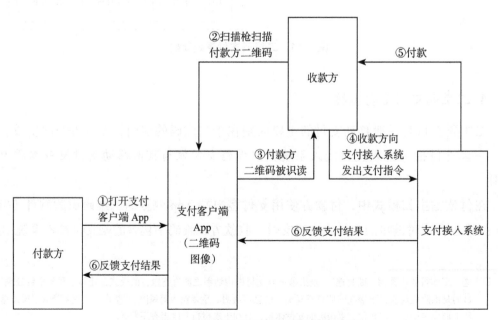

图 8-13 二维码支付中的收款方主扫模式

8.3 移动支付面临的安全威胁及其防范

移动商务由于利用了很多新兴的技术和设备，带来了新的安全问题，而这些安全问题能否有效解决就成了移动商务发展的关键。与传统电子商务相比，移动电子商务由于刚刚起步，技术标准不统一，所面临的安全问题更加复杂。传统电子商务的安全问题一直困扰着电子商务的发展，对于移动电子商务这种更进一步的商务形式，消费者习惯性地抱以观望的态度。

移动支付因其业务本身的特性，面临的安全挑战主要体现在三个方面：移动终端、病毒和黑客以及短信欺诈。

8.3.1 无线网络标准中的漏洞

移动商务涉及的网络标准很多，其中应用最广泛的是手机访问互联网的无线通信技术（WAP）标准、无线局域网（WLAN）的802.11标准和构建个人网络（WPAN）的蓝牙技术（Bluetooth）。这三个无线网络标准都存在一定的安全隐患。

1. 无线通信技术的安全问题

无线通信技术的发展满足了人们随时要求在线的意愿，方便了信息的交互。WAP（Wireless Application Protocol）技术的出现为无线平台上丰富的应用提供了基础。

WAP是WWW向无线移动设备的延伸。由于移动设备的计算能力、显示能力的限制，HTML不能很有效率地应用在无线的环境中。WAP协议中制定了WML（Wireless Markup Language）标准，WML就是在无线环境中的HTML。相对于HTML，WML更加简洁、高效，适合移动设备较小的显示屏幕。

无线网络环境的应用和传统的网络应用一样，都包括Client和App Server，不同的是由于WML与HTML协议的不相通，在无线网络环境中还包括一个WAP Gateway。WAP Gateway的主要作用是执行WML与HTML之间的协议转换。Client与WAP Gateway之间使用WML协议。

WAP环境的安全机制包括四个安全标准，这些标准应用于无线环境中的应用层、传输层和管理层。

（1）WIM（WAP Identity Module）：WIM是安装在WAP设备（如手机、Pda等）里的微处理器芯片，能够保存一些关键信息（如PKI的根公钥和用户的私钥信息），WIM通常使用智能卡实现。

（2）WMLScript：WMLScript是WMLScriptLib库提供的应用编程接口，包含密钥产生、数字签名，以及处理一些常用的PKI对象（如密钥、证书等）的函数。

（3）WTLS（Wireless Transport Layer Security）：WTLS是基于互联网中的TLS

（Transport Layer Security）的传输层安全协议。WTLS能够实现对通信参与方的认证，对WML数据加解密，并能保证WML数据的完整性。WTLS针对无线设备通信的低带宽特性进行了优化。

（4）WPKI（Wireless Application Protocol PKI）：无线应用协议的PKI（WPKI）是传统PKI在无线应用环境中的优化扩展。

在WAP安全机制中，Client与WAP Gateway之间采用WTLS连接，保证两者间的双向身份认证和加密传输。WAP Gateway与App Server之间采用SSL连接，保证WAP Gateway与App Server自己的双向身份认证和加密传输。这样，Client与App Server之间建立了一个间接的安全连接。WAP环境中的安全模型如图8-14所示。

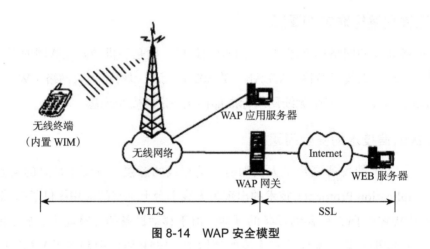

图8-14 WAP安全模型

在WAP的安全框架中，WTLS和SSL协议起到了非常关键的作用。WTLS和SSL本身的安全性都很高。但由于WTLS与SSL之间的不兼容，两者之间需要WAP Gateway的转换。用户的移动设备与App Server在执行无线应用的时候，需要向App Server传送一些ID或是信用卡号等敏感信息。这些信息先通过WTLS的加密传送到WAP Gateway，WAP Gateway将这些信息解密后，再通过SSL的加密传送到App Server。从这个过程可以看出，用户的敏感信息在整个传送过程中并不都是加密的，其间会短暂地以明文形式存在于WAP Gateway上。虽然这个过程是很短暂的，但也会泄露一些敏感信息。Wap Gateway虽然是连接用户移动设备和App Server的桥梁，但却也是两者之间安全的鸿沟。

WAP Gateway可以按照其在整个应用系统中的位置分为两种类型：一种是电信级的WAP Gateway；另一种是用户级的WAP Gateway。电信级的WAP Gateway工作在无线网络运营商（如中国电信）的机房中，同时为多个App Server提供桥梁作用以连接用户的移动设备。这样无线网络应用提供商就不需要使用自己的WAP Gateway，多个无线网络应用提供商（如银行、商场）可以共用电信级的WAP Gateway。当然，在这种应用模式下，无线网络应用提供商应该信任电信级的 WAP Gateway 是安全的。用户级的 WAP Gateway 工作在无线网络应用提供商的内部网络中，也就是说每个 App Server 都有自己的 WAP Gateway。这样，即使是有短暂的敏感信息以明文的形式存在，但也是存在于无线网络应用提供商受到严格保护的内部网络中，从而避免了敏感信息的泄露。电信级和用户级 WAP Gateway 之间的比较如图 8-15 所示。

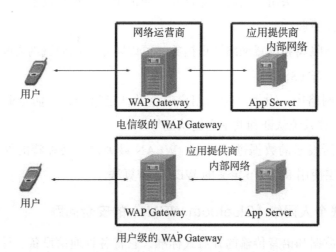

图 8-15 电信级和用户级 WAP Gateway 的比较

相对于电信级的 WAP Gateway，用户级的 WAP Gateway 能够在安全要求更高的环境下使用。

WAP Gap[⊖]是由于 WAP 协议本身结构带来的问题，除了通过设置 WAP Gateway 的位置以外，还可以通过对 WAP 协议的安全机制进行扩展，来保证一些重要信息通过 WAP 协议传输时的点对点安全。

2. 无线局域网安全问题

无线局域网（Wireless Local Area Network，WLAN）是指应用无线通信技术将计算机设备互联起来，构成可以互相通信和实现资源共享的网络体系。无线局域网本质的特点是不再使用通信电缆将计算机与网络连接起来，而是通过无线的方式连接，从而使网络的构建和终端的移动更加灵活。WLAN 也有许多安全问题，具体如下。

（1）802.11 标准使用的 WEP（有线等效加密）安全机制存在安全缺陷，公用密钥容易泄露而且难以管理，容易造成数据被拦截和窃取；

⊖ GAP 是指安全缝隙。WAP 网关可以看见所有的数据明文，而该 WAP 网关可能并不为服务器所有者所拥有，这样，潜在的第三方可能获得所有的传输数据，而该数据却被认为是安全传输的。所以在 WAP 网关中就存在一个安全缝隙。参见"安辉耀, 史剑, 张鹏. 透析 WAP 网关的 GAP 问题 [J]. 信息安全与技术, 2010（9）: 61-64"。

（2）WLAN 的设备容易为黑客所控制和盗用来向网络传送有害的数据。

（3）网络操作容易受到堵塞传输通道的拒绝服务攻击。

（4）许多 WLAN 在跨越不同子网的时候往往不需要第二次的登录检查。

WLAN 目前主要通过在不同层次采取相应措施来保证通信的安全性，已有的主要安全机制如下。

（1）通过在物理层采用适当的传输措施，如采用各种扩频技术，利用其很强的抗干扰性来满足安全性要求。

（2）采取网络隔离和设置网络认证措施，可以防止不同局域网之间的干扰与数据泄露，如服务区标志符（SSID）。

（3）在同一网络中，设置严密的用户口令及认证措施，可防止非法用户入网，如802.11b 定义的开放系统认证和共享密钥认证等。

（4）对用户所发送的数据进行加密，WLAN 最关键、最独特的保密措施是在网络的媒体访问控制层使用 802.11b 定义的 WEP 加密算法。

3. 蓝牙无线个人网络（Bluetooth WPAN）的安全问题

蓝牙是无线数据和语音传输的开放式标准，它将各种通信设备、计算机及其终端设备、各种数字数据系统甚至家用电器采用无线方式连接起来。它的传输距离为 0.1～10 米，如果增加功率或是加上某些外设便可达到 100 米的传输距离。它采用 2.4GHz ISM 频段和调频、跳频技术，使用权向纠错编码、ARQ、TDD 和基带协议。TDMA 每时隙为 0.625 微秒，基带符合速率为 1Mb/秒。蓝牙技术支持 64kb/秒实时语音传输和数据传输，语音编码为 CVSD，发射功率分别为 1 兆瓦、2.5 兆瓦和 100 兆瓦，并使用全球统一的 48 比特的设备识别码。

蓝牙网络通信是一种基于邻近组网原则的对等通信，但链路级存在主从关系。一个微微网由一个单独的主控设备（Master）和邻近的从属设备（Slave）构成。多个微微网在时空上部分重叠，形成散列网（Scatternet）。典型散列网的拓扑结构如图 8-16 所示。

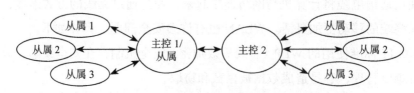

图 8-16 散列网拓扑结构

当微微网中的设备处于链接状态时，根据功率消耗和响应灵敏度使用 4 种基带模式。无链接状态时，基带处于待机（Standby）状态。通过休眠成员地址（8 位），微微网中主控设备可连接休眠不超过 255 个从属设备，但最多只能有 7 个处于激活状态；通过基带模式的转换，休眠设备可以获得活动成员地址（AM_ADDR，3）而重新进入活动状态。基带的具体模式由链路管理器控制。

安装了蓝牙的设备，在一定距离内形成一个自组网（Adhoc network）。这种网络有一些不同于固定网络的安全特性，它没有固定的节点和框架，网中设备能充当路由器来中转信息到发送端不能直接到达的节点上，可能会遇到以下类型的攻击。

（1）鉴别攻击：鉴别是基于设备间相同链路密钥的共享。如果链路密钥是初始化密钥，那么每次通信都依赖于 PIN。PIN 一般是一个 4 个数字的数，这使得密钥空间只有 10 000 个值，攻击者用穷举法很容易获得 PIN。如果链路密钥由设备密钥产生，则会产生冒充攻击等。在使用设备密钥作为链路密钥的方案里，如果设备 A 和设备 B 通信，然后又和设备 C 通信。既然 A 和 C 使用 A 的设备密钥，假设 A 和 B 使用相同的密钥，那三个设备使用相同的密钥，并且能够相互冒充身份。

（2）加密攻击：这种攻击是基于 PIN 弱点的。在匹配创建链路密钥的过程中，入侵者截取第一次握手过程中的通信数据包，为了推导出各种相关参数包括链路密钥，对 PIN 尝试强力攻击（Bruteforce Attack）。另一种攻击是基于加密算法。链路级的加密算法一般都采用流密码系列算法 E0、E1、E21、E22 和 E3，这种算法加密速度快、易用硬件实现，但是没有块密码强健，易受到反射攻击（Reflection Attack）。

（3）通信攻击：这种攻击扫描并记录下有效用户的移动标识号（MIN）和电子序列号（ESN），攻击者用 MIN 和 ESN 发出呼叫，通知那些没有对此引起怀疑的用户。在蓝牙规范中，数据帧有三处要被编辑。用这些修改伪造过的数据帧，攻击者伪造用户的 ID 并发出呼叫，用编码扰频器搞乱用户和网络的通信，或以中转方式，重发先前的会话帧破坏被攻击者的重要数据。

（4）跳频攻击：虽然跳频（FH）攻击方案较为困难，但是跳频本身有一些易遭攻击的弱点。蓝牙设备里运行着一个 28 位的内时钟，破坏性攻击者可以用低能量激光（LEL）电磁脉冲（EMP）来破坏时钟，使其不能和其他设备通信，但这种攻击可能性较小。电波的强度、穿透性、全方位传播和蓝牙设备的中转使得设备通信的范围扩大，使攻击者容易偷听到网络和通信的相关信息，包括跳频算法和相关参数。

总体来说，蓝牙技术对于比较小的网络来说是安全的，但对于经过蓝牙微微网互联而构成的较大的网络来说，系统的安全性能是不够充分的，必须从硬件设计、跳频算法、鉴别与加密算法等方面来完善和提高蓝牙模块的安全性能；同时增添相关协议子集，完善蓝牙中间件协议组，进一步完善蓝牙协议的安全性；在基本的信息安全传输问题解决之后，还必须在网络高层上实施更加复杂的安全标准。

8.3.2 移动终端的安全隐患

移动支付中的终端设备主要包括个人数字助理（PDA）、智能手机（Smart Phone）、便携计算机、GPS 导航设备等，其面临的安全威胁有以下几类。

1. 加密和认证问题

与有线互联网环境相比，移动终端设备的计算能力和存储能力有限、电池寿命也比较短。一般来说，较好的安全性能需要强大的运算能力和存储能力作为支撑，考虑到移动终端设备自身的特点，在 PC 机广为使用的基于 RSA 的安全软件无法在移动终端上继续使用。

目前，已经开发出适用于在无线环境中使用的被称为椭圆曲线加密（ECC）的加密技术。ECC 能够完成同 RSA 一样的基本功能，但是需要的 CPU 能力和必须存储的数据项更小、更少。从形式上来看，ECC 更适合移动终端使用，但 ECC 在移动商务中的广泛应用却存在很多困难。因为互联网数字签名确认系统是基于 RSA 的，已有的技术基础支持几乎都是采用 RSA 的。促进 ECC 与 RSA 的对接，并改进 RSA 的私钥操作，使之简化到能够在可接受的时间内完成，已成为解决移动支付加密和认证问题的关键。

2. 手机被盗问题

近年来，随着智能手机普及以及手机自身价值的提升，全球绝大多数国家的手机盗窃案件数量都呈现逐年增加的趋势。美国警方公布的数据显示，2012 年华盛顿手机被盗案创下了占盗窃案 42% 的纪录。英国国家统计局的犯罪数据显示，手机已经第一次超越钱包和手袋，成了盗贼最重要的盗窃目标。2013 年至 2014 年的失窃案件中，手机被盗占据 51%，而 2012 年这一数字还停留在 39%。

国内手机被盗现象同样严重。360 互联网安全中心的数据显示，中国平均每天有 6 000 台手机被 360 手机卫士防盗功能标记为被盗手机，而丢过手机的人数高达 70%。[⊖]

手机丢失后，通常会给用户带来诸多附加损失。除了手机本身的价值，手机丢失后所造成的重要信息丢失，以及隐私信息泄露等问题也对丢失者产生了极大困扰并可能导致 QQ、微信等账号被盗引发资金被盗等连锁反应。

3. 用户自身的麻痹大意

用户缺乏安全防范意识，认为没有必要为移动终端设备设置密码和备份，导致信息的泄露。从操作的角度来讲，设置密码显然使操作烦琐起来，一定程度上降低了移动终端的便利性。另外，由于移动终端设备是由用户自己保管的，只要不遗失，里面的资料

⊖ 360 互联网安全中心，艾媒咨询集团. 2013 年中国手机防盗研究报告 [EB/OL].（2015-11-10）[2019-08-31]. http://www.iimedia.cn/37011.html.

基本上是比较安全的，用户一般认为自己不会保管不当，因此放松了警惕。

在公共场所使用移动终端的时候，如果使用者缺乏警惕性，自己的私密信息很容易被邻近的行人偷听或偷看。人们使用移动设备的时候常常是在公共场合，周围行人比较多，距离较近，设备上显示的信息和通话内容很容易泄露给他人。

4. 安全制度漏洞

虽然现在的移动终端已经存储了大量的公司机密信息，但还是只有少数公司将对移动设备的管理纳入安全管理制度中。商务人士越来越热衷于利用移动终端设备来处理公务，但他们的安全意识显然十分欠缺。公司安全管理制度中还没有对于这些终端设备的管理条例，这为公司整体的网络环境安全埋下了隐患。

8.3.3 手机病毒

2018 年，我国手机应用市场蓬勃发展，与此同时，App 端潜藏的木马病毒风险不容小觑。根据腾讯手机管家和腾讯移动安全实验室发布的《2018 年手机安全报告》，2018 年新增手机病毒数量 800.62 万个，其中支付类病毒新增近 5.90 万个，手机病毒的增长态势有所遏制。[⊖]在病毒感染的近 1.13 亿用户中，受到勒索类恶意软件、新型挖矿类恶意软件等影响极为严重，轻则遭遇广告骚扰，重则造成财产损失。由于手机与吸费挂钩，且存储了短信通讯录、照片、账号密码等大量的隐私信息，价值很高，资费消耗、恶意扣费和盗取隐私是病毒的主要攻击方向。病毒的趋利性十分明显。

从现有的情况来看，手机病毒主要有三种攻击方式。

（1）直接攻击手机本身，使手机无法正常工作。这是手机病毒最初的攻击方式，也是目前手机病毒的主要攻击方式。这类手机病毒主要通过发送"病毒短信"来攻击手机，使手机无法提供某些方面的服务。

（2）攻击服务器，使手机无法正常接收信息。现在大部分手机都支持上网功能，这些功能需要专门的服务器来支持，比如 WAP，黑客可以利用服务器的漏洞编制能够攻击服务器的病毒，通过病毒来影响服务器的正常工作，使手机无法接收正常的网络信息。

（3）攻击和控制"网关"，向手机发送垃圾信息。网关是网络之间相互联系的纽带，当病毒作者找到网关的漏洞后，他就可以利用这种漏洞来编写攻击网关的病毒。一旦病毒攻击成功，将会对整个手机网络造成影响，使手机的所有服务都不能正常工作。病毒的作者可以通过这种手机病毒随意向大家的手机发送垃圾信息。

（4）通过公共 Wi-Fi 侵入。从腾讯 Wi-Fi 管家的监测数据可以看出，2018 年公共

⊖ 腾讯手机管家，腾讯移动安全实验室. 2018 年手机安全报告 [R/OL]. （2019-01-14）[2019-08-30]. https://m.qq.com/security_lab/news_detail_489.html.

Wi-Fi 中，风险 Wi-Fi 占比达到 46.08%，风险 Wi-Fi 的数量庞大。在风险 Wi-Fi 中，高风险 Wi-Fi 是指已经确认有 ARP 攻击、DNS 攻击或虚假 Wi-Fi 行为的 Wi-Fi，占比达 22.92%，用户的隐私安全和财产安全潜伏着隐患和威胁。

（5）支付木马病毒。2018 年上半年，日韩境内出现了一批支付木马病毒，伪装成快递应用诱惑用户安装，窃取个人信息和财产。支付木马病毒进入手机后，会自动隐藏图标让用户难以察觉，并远程控制其手机，通过短信拦截、盗走用户网银或第三方支付账号的资金。该病毒植入二维码，一旦用户扫码，手机可能中毒或被远程控制，账户资金可能即刻被盗刷。

对付手机病毒最好的方法是防患于未然。预防手机病毒、减少病毒危害可以通过以下几个方法。

（1）通过正规安全的渠道下载官方版支付工具。互联网上充斥着形形色色的第三方 App 下载站点，恶意应用经常伪装成正常应用，混入其中。建议从官方网站或正规应用市场下载支付软件安装应用，不安装来自非可信渠道的应用。在不得不从第三方站点下载软件时，认真甄别，保持警惕，防止误下恶意应用造成不必要的麻烦和损失。

（2）增强对恶意软件的识别能力，谨慎下载安装各类破解以及盗版应用。恶意软件经常伪装成游戏类、色情类等应用，或通过重打包流行应用诱导用户下载，软件名通常带有外挂、破解、刷钻、神器、免费等字眼，诱导用户下载安装。恶意软件还经常假冒系统应用的软件名，诱导用户点击，由于安装后没有图标，用户很难感知其风险。

（3）保护个人隐私信息，不轻易向他人透露个人信息。在当前的移动互联时代，手机号码在网络上的使用越来越广，注册账号、找回密码、绑定账号等，被赋予的权限越来越高，如同用户的另一张"身份证"。用户应当掌握自己的手机号码在互联网以及各平台上的使用范围，在换号时解绑相应的账号，切断该号码与自身的联系。

（4）移动支付需谨慎，警惕移动支付陷阱。支付行为转移到移动端后，针对移动支付的诈骗手段、支付病毒层出不穷，手机支付的安全状况不容乐观，诈骗短信、诈骗电话也在一定程度上造成了手机支付风险。在支付时应当警惕支付环境，同时，连接公共网络时不随意进行移动支付，以免支付账号密码等信息被窃取。

（5）及时更新手机应用版本和手机安全软件。相比高版本，低版本安卓系统存在的大量已知高危漏洞导致手机面临更严峻的安全风险，例如受"Fake System"病毒感染的近百万用户手机系统版本多为 Android5.1、Android5.0，版本较低。建议及时更新手机系统，修复已知的安全漏洞，降低风险。当手机在使用中发生异常发热、运行卡顿或其他异常时，可及时使用手机管家进行扫描检测。针对最新流行且难以清除的病毒或者漏洞，可下载专杀工具及时查杀或修复。此外，开启手机管家骚扰拦截功能，可有效拦截诈骗电话、短信，提升手机安全。

开篇案例回顾[一]

所谓移动支付犯罪，是指行为人利用移动支付的交易规则、技术漏洞、监管缺位等实施的侵犯公私财产、破坏金融管理秩序等违法犯罪行为。通过近年来的审判实践，发现利用移动支付进行侵犯财产类犯罪可以概括为以下三种类型。

一是直接盗窃型，即通过微信、支付宝账户直接转账获得他人财物。这类犯罪多系熟人作案，通过获取原支付密码或利用小额快捷支付或私自设置面容ID、指纹等支付密码的方式，偷偷使用受害者的手机操作转款。

二是冒用他人银行卡类型，即通过获取身份证、银行卡等个人信息，将他人银行卡与移动支付软件绑定，然后再冒用信用卡骗取他人财物。该类型犯罪行为方式多样，有通过私人信息补办原手机卡，通过手机快捷支付骗财的；有通过挂失信用卡后将新卡与移动支付软件绑定再盗刷新卡的；也有利用私人信息通过移动支付软件申请网络贷款获利的。

三是利用第三方软件盗窃型。犯罪分子编造各种理由骗受害者扫描带有病毒的静态二维码或点击携带病毒的短信、邮件，使被害人的手机处于被监测、信息被截取状态，再利用截获的信息如支付宝密码等窃取他人财物。

据了解，这类犯罪主体低龄化、手段智能化，同时利用移动支付进行犯罪不同于传统的直接盗窃、诈骗犯罪，而是在犯罪的过程中会伴随着非法侵犯他人个人信息、非法窃取他人隐私等犯罪行为，案件审理中经常发现犯罪分子在整个的犯罪活动中涉及两个甚至三个犯罪行为，并且移动支付犯罪存在于不同的领域，这样涉及的罪名更加复杂。

针对此类案件，法官提示，首先手机不给他人用，小额免密不要开；其次，个人信息一定要保密，注册账号由自己完成。当手机出现莫名停机、手机卡突然无效或停止服务等情形时，应当及时与运营商核实情况，并第一时间联系移动支付商家。同时，注意不要登录小网站，密码时常调换。另外，陌生链接勿打开，扫码之前要小心。

本章小结

1. 全面地介绍了移动支付的基本概念和发展的总体概况。

2. 通过案例对移动支付的四类经营模式的应用和特点进行了比较分析。

3. 系统地描述了移动支付应用中的两种传输技术，即空中交易模式和广域网交易模式，并着重分析了这两类传输技术的系统结构和主要特点。

4. 详尽地描述了移动支付的风险来源，特别对来自无线网络标准的安全问题进行了深入的剖析。

[一] 法律晚报. 顺义法院召开支付犯罪通报会 法官：小额免密不要开 保护好私人信息 [EB/OL]. （2018-08-01）[2019-08-20]. https://baijiahao.baidu.com/s?id=1607577111430074494.

思考题

1. 移动商务是在什么背景下产生的？移动商务环境与电子商务环境相比有什么特点？
2. 移动支付有几种分类方式？
3. 试论述移动支付的基本流程和系统架构。
4. 简述移动支付的近场支付模式和远程支付模式。
5. 试论述移动支付面临的安全威胁和防范措施。
6. 通过本章的学习，你认为移动支付具有哪些优势，更适合哪种类型的商务活动？

第 9 章 电子支付安全管理

学习目标

- 了解电子支付安全管理的主要内容及目的。
- 了解电子支付安全技术保障的主要手段和一般应用方法。
- 掌握电子支付安全管理保障的内容及存在问题。
- 了解《电子支付指引（第一号）》内容，掌握其适用范围及存在意义。
- 了解《电子银行业务管理办法》，掌握其中关键问题。
- 基本概念：电子支付网络平台、身份认证、单因子认证、双因子认证

电子支付安全管理是电子商务安全的一个重点，也是制约电子商务发展的一个瓶颈。本章结合电子商务安全管理的基本思路，从技术保障、管理保障和法律保障三个方面对电子支付的安全问题做了专门的论述。

开篇案例　3D 打印人脸能否骗过支付宝刷脸支付[一]

人脸识别技术大家已经不陌生了，手机也多了刷脸支付的功能，大家也觉得刷脸支付是一项足够安全的技术。不过在今天，一个 3D 打印的公众号发布了一个测试视频，在视频中，工作人员使用 3D 打印制作的蜡像人头，骗过支付宝的人脸识别系统，成功买到了一张火车票。该文作者在随视频一同发表的文章中提出了疑问：如果有人使用这种高逼真度的 3D 打印人像进行盗刷，支付宝是否会进行赔偿？为此，移动支付网第一时间咨询了支付宝，支付宝做出肯定回应：

（1）我们正在核实相关视频的真实性。

[一] 移动支付网. 3D 打印人脸骗过支付宝刷脸支付？支付宝正面回应 [EB/OL].（2019-08-06）[2019-08-23]. http://www.360kuai.com/pc/detail?url=https%3A%2F%2Fwww.toutiao.com%2Fa6721683573780251139%2F&check=6ec12f4e32f2cf26&sign=360_0ed9f8f8.

（2）不管视频是否属实，请大家放心，支付宝 App 的刷脸登录和刷脸支付，只能在密码登录和支付过的手机上才能开启。如果一台手机从未用密码登录过，则不可能仅通过刷脸就完成登录或支付。

（3）支付宝人脸识别的安全性极高，而且即便出现极小概率的盗刷事件，也能得到全额赔付，确保用户利益不受损失。

使用 3D 蜡像人头盗刷支付可能吗？支付宝介绍，想要制作一个这样的蜡像人头首先需要使用高精度的 3D 扫描仪，对人进行扫描，得到三维数据；其次需要使用高精度的 3D 打印机，打印出人头的主体结构；然后需要精准地安放使用传统工艺制作的眼球；最重要的是需要人脸特征的毫米级还原，包括肤色的高度还原，达到栩栩如生的地步。图 9-1 显示了 3D 蜡像人头与真人像的区别。

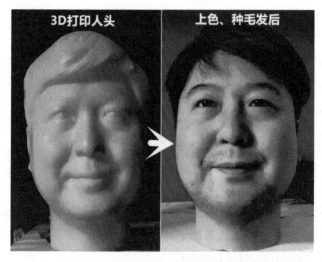

图 9-1　3D 蜡像人头与真人像的区别

资料来源：南极熊 3D 打印。

很明显，这种高逼真度的蜡像人头是非常不容易制作的，需要使用各种专业设备，经过相当复杂的工序才可以完成，虽然蜡像人头的作者没有公布制作的成本，但是想来并不会低廉。而且，使用 3D 扫描仪扫描人头部详细数据很明显需要配合，如果得不到配合，采集的数据是否可用也是一个未知数。

经移动支付网测试，在用户开通刷脸支付的情况下，想要使用其他手机进行人脸识别付款、转账，必须使用支付密码重新开通刷脸支付才可进行。另外，在使用其他手机登录时，还需要进行登录身份认证，也就是需要登录密码。

用户如果想要开通刷脸支付，必须要在已登录设备上进行活体人脸识别才可以完成，这不是一个不能动的蜡像人头可以做到的事情。

因此，想使用 3D 蜡像人头进行盗刷必须要同时满足几个苛刻的条件：

（1）采集到支付宝用户头部高精度 3D 模型；

（2）不计成本完成毫米级精度蜡像制作，力求完美；

（3）在支付宝用户开通刷脸支付的情况下拿到用户的手机，或者直接获得支付宝用户的登录密码和支付密码。

显然在实际操作中使用这种手段进行盗刷几乎是不可能的，前置条件过多并且难度巨大，而且存在矛盾：如果知道了支付宝用户的账户、登录密码和支付密码，为什么还要制作蜡像呢？所以，这种盗刷手段并不具有可操作性。

9.1 电子支付安全技术保障

电子支付过程中面临的安全隐患大体上有这样几种：信息的窃取、盗用及篡改；无法有效确认身份；否认、修改、隐瞒支付行为和支付信息；网络支付系统的中断。

为保证电子支付的安全进行，可采用相应的技术手段避免这些常见问题的发生。本书第 2 章已经介绍了有关公钥加密、私钥加密、数字签名、数字证书以及防火墙等技术手段。在本节中，我们将从电子支付系统安全技术的角度出发，巩固前面所学的知识，并对部分问题进行更有针对性的探讨。

9.1.1 电子支付网络平台的技术管理

1. 互联网金融行业的安全状况

近年来，随着互联网金融行业的发展，互联网金融平台运营者的网络安全意识有所提升，互联网金融平台的网络安全防护能力有所加强，特别是规模较大的平台，但仍有部分平台安全防护能力不足，安全隐患较多。2019 年上半年，国家互联网应急中心监测发现，[一] 互联网金融网站的高危漏洞 92 个，其中 SQL 注入漏洞 27 个（占比 29.3%），其次是远程代码执行漏洞 20 个（占比 21.7%）和敏感信息泄露漏洞 16 个（占比 17.4%）。

在移动互联网技术发展和应用普及的背景下，用户通过互联网金融 App 进行投融资的活动愈加频繁，绝大多数的互联网金融平台通过移动 App 开展业务。2019 年上半年，国家互联网应急中心对 105 款互联网金融 App 进行检测，发现安全漏洞 505 个，其中高危漏洞 239 个。在这些高危漏洞中，明文数据传输漏洞数量最多有 59 个（占高危漏洞数量的 24.7%），其次是网页视图（Webview）明文存储密码漏洞有 58 个（占 24.3%），源代码反编译漏洞有 40 个（占 16.7%）。这些安全漏洞可能威胁交易授权和数据保护，存在数据泄露风险，其中部分安全漏洞影响应用程序的文件保护，不能有效阻止应用程序被逆向或者反编译，进而使应用暴露出多种安全风险。

[一] 国家互联网应急中心. 2019 年上半年我国互联网网络安全态势 [EB/OL]. (2019-08-13) [2019-08-31]. http://www.cac.gov.cn/2019-08/13/c_1124871596.htm.

2. 电子支付网络平台系统的安全措施

电子支付网络平台的安全措施主要从保护网络安全、保护应用服务安全和保护系统安全三个方面来阐述。

（1）保护网络安全。根据自身的安全需求，制定相应的安全策略；制定网络安全的管理措施；使用防火墙，这也是最主要的防护措施之一；尽可能记录网络上的一切活动；注意对网络设备的物理保护；定期检查系统的脆弱性；建立可靠的识别和鉴别机制。2019年5月至12月，中央网信办、工业和信息化部、公安部、市场监管总局四部门联合开展全国范围内的互联网网络安全专项整治工作。专项整治工作将对未备案或备案信息不准确的网站进行清理，对攻击网站的违法犯罪行为进行严厉打击，对违法违规网站进行处罚和公开曝光。截至2019年6月，互联网网站安全专项整治行动期间，发现网站安全事件511起，其中网页篡改事件占比最高，达89.2%。[①]

（2）保护应用服务安全。应用安全指的是针对特定应用（如Web服务器、网络支付专用软件系统）所建立的安全防护措施，它独立于网络的任何其他安全防护措施，尽管有些防护措施可能是网络安全业务的一种替代或重叠。例如，网络支付协议就很复杂，它涉及购货人、商家和银行之间的转账，不同参与者之间的通信需要不同水平的保护，需要在应用层上去处理。由于电子商务中的应用层对安全的要求最严格，因此更倾向于在应用层而不是在网络层采取各项安全措施。

（3）保护系统安全。所谓系统安全，是指从整体电子商务系统或网络支付系统的角度进行安全防护，它与网络系统硬件平台、操作系统、各种应用软件等互相关联。电子支付网络平台必须高度重视DDoS团伙的攻击。这些DDoS攻击团伙主要使用XorDDoS僵尸网络发起DDoS攻击，惯常使用包含特定字符串的恶意域名对僵尸网络进行控制，并通过不断变换控制端IP地址，持续活跃地对外发起大量攻击。

3. 电子支付中防火墙的应用

在电子商务业务活动中，包括网络支付与结算业务在内，商家、银行与客户均需在网络上进行互动、实时的信息交换，例如商品的查询、订单的填写、支付方式的选择与支付表单的提交、确认支付等，这些主要是基于WWW方式进行，所以商家与银行必然需要设置对应的业务Web服务器，面向客户提供网络服务。为了保证包括网络支付在内的网络业务能够顺利进行，防火墙与这些业务Web服务器之间就要进行必要的关联设置，以便商家和银行既能利用业务Web服务器对外提供网络业务服务，又能借助防火墙保证内部网安全。

具体到网络支付业务中，根据需要可以按照防火墙和相应业务Web服务器所处的

[①] 国家互联网应急中心. 2019年上半年我国互联网网络安全态势[EB/OL].（2019-08-13）[2019-08-31]. http://www.cac.gov.cn/2019-08/13/c_1124871596.htm.

位置，有以下两种配置方式。

（1）业务 Web 服务器设置在防火墙之内。将业务 Web 服务器装在防火墙内的好处是它可以得到安全防护，不容易被外界攻击，但 Web 服务器本身不易被外界应用，这种防火墙是创建一个"内部网络站点"，它仅能由内部网中的用户访问。由于电子商务业务的需要，它仅用于企业面向职员的网络服务的专门站点中。因此，一般性电子商务业务中将 Web 服务器设置在防火墙外更为常见，如图 9-2 所示。

图 9-2　业务 Web 服务器放在防火墙内的配置

（2）业务 Web 服务器设置在防火墙之外。为了使互联网上的所有用户都能够访问本业务 Web 服务器，就要将 Web 服务器放到防火墙外面（参见图 9-3）。这种配置方式主要为了保护内部网络的安全，虽然 Web 服务器不受保护，但内部网处于良好的保护下，即使外部攻击者进入了该 Web 站点，内部网络仍然是安全的。这时 Web 服务器为了保护内部网络做出一定牺牲。虽然防火墙在这种配置中对 Web 业务服务器并未起到一点保护作用，但是，可以通过系统软件和操作系统自身的病毒检测和安全控制功能来对 Web 服务器进行防护。

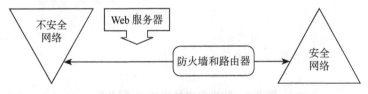

图 9-3　业务 Web 服务器放在防火墙外的配置

除此以外，一些安全性较高的站点会采用一内一外两个防火墙来保证站点的安全（参见图 9-4）。

9.1.2　建立基于身份认证技术的密钥系统

综合应用身份认证技术是当前电子支付技术管理中的一个趋势。我国铁路电子支付行业密钥系统的建立中综合应用加密技术，通过 PSAM 卡控制行业密钥文件的读写，达到了保护行业密钥的目的，能够满足行业信息保护的需求。

1. 系统结构

铁路电子支付行业密钥系统包括密钥管理系统、销售点终端安全存款模块（Purchase Secure Access Module，PSAM）卡发卡系统和行业密钥传递程序三个部分。密钥管理系统生成各级密钥，行业密钥传递程序负责将密钥管理系统生成的行业密钥卡导入其他系统，PSAM 卡发卡系统实现将 PSAM 卡母卡中的密钥导入 PSAM 卡发卡系统和发行 PSAM 卡功能，这三个系统相互配合实现行业相关信息的保护工作。

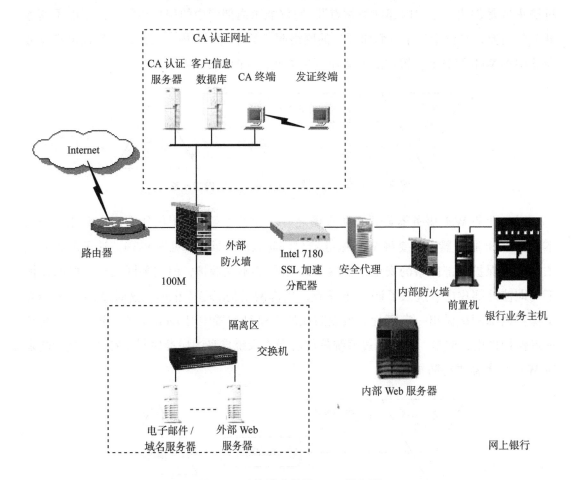

图 9-4 防火墙内外的 Web 服务器

铁路电子支付行业密钥系统总体结构如图 9-5 所示。其中，密钥管理系统包含主控密钥生成模块、洗卡模块、业务代码卡生成模块、领导卡生成模块、总控密钥生成模块、根密钥生成模块、主密钥生成模块、PSAM 卡母卡生成模块和行业密钥生成模块等。

2. 关键技术

（1）内部认证。终端读取用户卡上的卡序列号，送 PSAM 模块。PSAM 模块用内部认证主密钥对卡序列号进行加密，生成内部认证工作密钥。终端送加密指令及随机数给用户卡，用户卡用内部认证密钥加密，并将加密结果 D1 送回终端。终端送加密指令及随机数给 PSAM 模块，PSAM 模块将加密结果 D2 送回终端。终端比较 D1 和 D2，D1 和 D2 的值一致表示内部认证成功，否则内部认证失败。

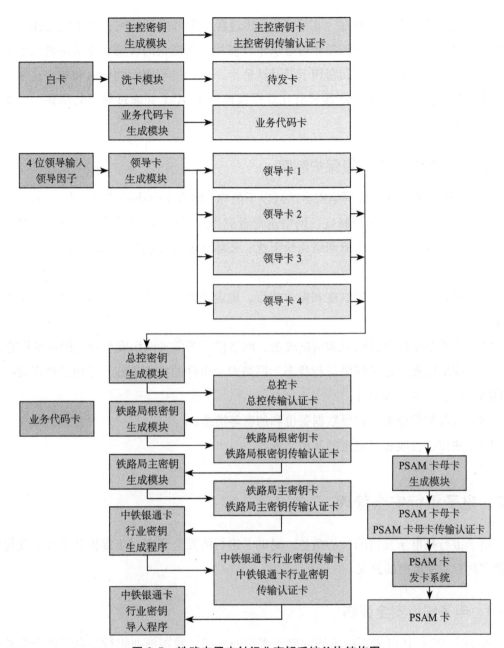

图 9-5　铁路电子支付行业密钥系统总体结构图

资料来源：叶国庄，陈靖.铁路电子支付行业密钥技术研究[J].铁路计算机应用，2014(12): 18-22.

（2）外部认证。终端取用户卡的卡序列号，送 PSAM 模块。PSAM 模块用认证主密钥对卡片序列号加密，生成认证工作密钥。终端从用户卡中取随机数。终端将随机数送 PSAM 模块，PSAM 模块用认证工作密钥对随机数加密，并将加密结果送回终端。终端送加密结果给用户卡，同时向卡发外部认证指令。卡用返回代码告诉终端认证是否成功，若认证成功则将用户卡的安全状态置为外部认证密钥的后续状态。

（3）安全控制。密钥管理系统通过以下方式保证密钥安全生产、传递、保存和使用：①密钥明文只在卡内存在，在导入/导出过程中全部采用密文；②系统的操作必须有相应权限并记录操作人员和操作过程供审计使用；③密钥的传输全部采用密钥卡与认证卡两个途径，只有同时拿到密钥卡及其认证卡，才能进行密钥的导入和导出；④保障行业文件控制读取的信息，终端只有在获得授权的PSAM并通过规定的步骤，才能对铁路行业文件进行操作。

9.1.3 落实网络安全等级保护制度

根据《中华人民共和国网络安全法》(以下简称《网络安全法》)⊖第二十一条的规定，国家实行网络安全等级保护制度。网络运营者应当按照网络安全等级保护制度的要求，履行下列安全保护义务，保障网络免受干扰、破坏或者未经授权的访问，防止网络数据泄露或者被窃取、篡改：

（1）制定内部安全管理制度和操作规程，确定网络安全负责人，落实网络安全保护责任；

（2）采取防范计算机病毒和网络攻击、网络侵入等危害网络安全行为的技术措施；

（3）采取监测、记录网络运行状态、网络安全事件的技术措施，并按照规定留存相关的网络日志不少于六个月；

（4）采取数据分类、重要数据备份和加密等措施；

（5）法律、行政法规规定的其他义务。

9.2 电子银行安全管理

电子银行是电子支付的核心角色。对电子银行的安全管理对于维护整个电子支付市场秩序具有非常重要的意义。

9.2.1 电子银行安全评估

20世纪90年代以来，随着国际电子银行的兴起，我国商业银行的电子银行业务迅速发展。为规范商业银行利用互联网开展银行业务，2001年6月，中国人民银行制定颁布了《网上银行业务管理暂行办法》。2002年以后，商业银行业务信息化进程加快，四家国有银行和大部分股份制银行都已实现了数据大集中，商业银行的风险管理和监管方式发生了较大变化，电子银行业务的运作方式和管理方式也随之发生了改变。为了进一步加强电子银行业务的安全与风险管理，保证电子银行安全评估的客观性、及时性、

⊖ 全国人大常委会. 中华人民共和国网络安全法[EB/OL].（2016-11-07）[2019-08-31]. http://www.cac.gov.cn/2016-11/07/c_1119867116.htm.

全面性和有效性，2006 年 3 月，中国银监会颁布了《电子银行安全评估指引》[⊖]。该指引涉及的有关电子银行安全评估的主要内容包括以下几点。

1. 电子银行评估的基本要求

（1）电子银行的安全评估，是指金融机构在开展电子银行业务过程中，对电子银行的安全策略、内控制度、风险管理、系统安全、客户保护等方面进行的安全测试和管控能力的考察与评价。

（2）金融机构应建立电子银行安全评估的规章制度体系和工作规程，保证电子银行安全评估能够及时、客观地得以实施。

（3）开展电子银行业务的金融机构，应根据其电子银行发展和管理的需要，至少每两年对电子银行进行一次全面的安全评估。若出现由于安全漏洞导致系统被攻击瘫痪的，电子银行系统进行重大更新或升级后意外停机 12 小时以上的，电子银行关键设备与设施更换后出现重大事故，修复后仍不能保持连续不间断运行的，应立即组织安全评估。

2. 电子银行安全评估机构

承担金融机构电子银行安全评估工作的机构，可以是金融机构外部的社会专业化机构，也可以是金融机构内部具备相应条件的相对独立部门。

外部机构从事电子银行安全评估，应具备以下条件：

（1）具有较为完善的开展电子银行安全评估业务的管理制度和操作规程；

（2）制定了系统、全面的评估手册或评估指导文件，评估手册或评估指导文件的内容应至少包括评估程序、评估方法和依据、评估标准等；

（3）拥有与电子银行安全评估相关的各类专业人才，了解国际和中国相关行业的行业标准；

（4）中国银监会规定的其他从事电子银行安全评估应当具备的条件。

金融机构内部部门从事电子银行安全评估，除应具备第八条规定的有关条件外，还应具备以下条件：

（1）必须独立于电子银行业务系统开发部门、运营部门和管理部门；

（2）未直接参与过有关电子银行设备的选购工作。

3. 电子银行安全评估的主要内容

电子银行安全评估至少应包括以下内容。

（1）安全策略：包括安全策略制定的流程与合理性，系统设计与开发的安全策略，

⊖ 中国银行业监督管理委员会. 中国银行业监督管理委员会关于印发《电子银行安全评估指引》的通知 [EB/OL]. (2006-01-26) [2019-08-31]. http://www.cbrc.gov.cn/chinese/home/docView/200803256067400B4A3ABE0FFFEBD633939F2C00.html.

系统测试与验收的安全策略，系统运行与维护的安全策略，系统备份与应急的安全策略，客户信息安全策略等。

（2）内控制度建设：包括内部控制体系总体建设的科学性与适宜性，董事会和高级管理层在电子银行安全和风险管理体系中的职责，安全监控机制的建设与运行情况，内部审计制度的建设与运行情况等。

（3）风险管理状况：电子银行风险管理架构的适应性和合理性，董事会和高级管理层对电子银行安全与风险管理的认知能力与相关政策、策略的制定执行情况，电子银行管理机构职责设置的合理性及对相关风险的管控能力，管理人员配备与培训情况，电子银行风险管理的规章制度与操作规定、程序等的执行情况，电子银行业务的主要风险及管理状况，业务外包管理制度建设与管理状况等。

（4）系统安全性：包括物理安全、数据通信安全、应用系统安全、密钥管理、客户信息认证与保密、入侵监测机制和报告反应机制。评估应突出对数据通信安全和应用系统安全的评估，客观评价金融机构是否采用了合适的加密技术，合理设计和配置了服务器和防火墙，银行内部运作系统和数据库是否安全等，以及金融机构是否制定了控制和管理修改电子银行系统的制度和控制程序，并能保证各种修改得到及时测试和审核。

（5）电子银行业务运行连续性计划：保障业务连续运营的设备和系统能力，保证业务连续运营的制度安排和执行情况。

（6）电子银行业务运行应急计划：电子银行应急制度建设与执行情况，电子银行应急设施设备配备情况，定期、持续性检测与演练情况，应对意外事故或外部攻击的能力。

（7）电子银行风险预警体系：评估机构应制定本机构电子银行安全评定标准，在进行安全评估时，应根据委托机构的实际情况，确定不同评估内容对电子银行总体风险影响程度的权重，对每项评估内容进行评分，综合计算出被评估机构电子银行的风险等级。

（8）其他重要安全环节和机制的管理。

9.2.2 电子银行业务管理

2006年1月，中国银监会颁布了《电子银行业务管理办法》（以下简称《管理办法》）[1]。此次颁布的法规在一定程度上为电子银行的业务安全、风险管理、风险控制、安全控制提供了一定的标准。

依据《管理办法》，银监会明确了监管权力，金融系统的整合力度大大增加。银监会规定，金融机构在申请电子银行时，必须提交业务情况说明、业务发展规划、安全评

---

[1] 中国银行业监督管理委员会. 电子银行业务管理办法 [EB/OL].（2006-01-26）[2019-08-31]. http://www.gov.cn/ztzl/2006-02/06/content_179526.htm.

估报告等材料，从而可以从国家层面上安排电子银行业务整体布局，增强银行间的业务协调，避免众多银行的同质化、低水平、高强度的竞争。同时，金融机构可能会联合起来，以整体身份与移动运营商谈判，增加合作砝码。

《管理办法》围绕以下几个关键问题做出了规定。

1. 申请与变更

（1）银行业金融机构经批准获得开办电子银行业务的资格后，可以授权其分支机构同时开办部分或全部已获批准的电子银行业务。银行业金融机构的分支机构应及时就其开办的电子银行业务情况，向当地银监会分支机构报告。未实现数据集中处理和管理的金融机构，其分支机构开办电子银行业务或变更需要审批、备案的电子银行业务品种，应持其总行的相应授权文件，向所在地中国银监会的分支机构备案。

（2）增加或变更不需审批或备案的电子银行业务品种，应在开办该品种后一个月之内报告中国银监会。

（3）已开办电子银行业务的金融机构决定终止电子银行服务，应提前三个月就终止电子银行服务的原因及相关问题的处置方案等报中国银监会备案，并同时予以公告。金融机构决定终止部分电子银行业务品种时，应于终止该业务品种前一个月向中国银监会备案，并针对可能出现的问题制定有效的处置措施。

（4）金融机构因电子银行系统升级、测试等原因，需要按计划暂时停止电子银行服务的，应选择恰当的时间，尽可能减少对客户的影响，并提前一周予以公告，同时将有关情况报告中国银监会。

（5）受突发事件或偶然因素影响非计划暂停电子银行服务，在正常工作时间内超过1个小时或者在正常工作时间外超过2个小时的，金融机构应在暂停服务后24小时之内，将事故原因、影响、补救措施及处理情况等，向中国银监会报告。

2. 风险管理

（1）针对"网上黑客"，要求金融机构应在物理控制和软件控制两个方面建立对非法进入或越权进入的甄别、处理和报告机制；金融机构应保证所有的电子银行交易都有清晰的跟踪记录，并且采用适当的技术和措施保存这些数据，符合有关法律法规的时限要求。

（2）金融机构应当保障电子银行运营设施设备，以及安全控制设施设备的安全，对电子银行的重要设施设备和数据，采取适当的保护措施。应合理设置和使用防火墙等安全产品和技术，确保网上银行有足够的反攻击能力和防病毒能力，保证网络安全。

（3）金融机构应采用适当的加密技术和措施，保证电子交易数据传输的保密性、真实性，以及交易数据的完整性和交易的不可否认性。

（4）金融机构需要采取适当的措施和采用适当的技术，鉴定与识别启动网上银行服务的客户的真实身份,并对其权限实施有效管理。金融机构应在物理控制和软件控制两个方面,建立对非法进入或越权进入的甄别、处理和报告机制。应建立适宜的入侵检测系统,对电子银行运行实施实时监控,并定期进行漏洞扫描。

3. 数据交换转移管理

建立电子银行数据交换机制的金融机构,或者电子银行平台实现相互连接的金融机构,应当建立联合风险管理委员会,负责协调跨行间的业务风险管理。联合风险管理委员会由所有参加数据交换或电子银行平台连接的金融机构组成。联合风险管理委员会应当建立明确的规章制度和工作规程。

4. 业务监督

根据监管的需要,电子银行可以独立或者聘请外部机构对电子银行业务系统进行安全漏洞扫描、攻击测试等,开展电子银行业务的金融机构应当积极配合,并严格保密有关结果,不得将有关结论用于宣传活动中。

9.2.3 电子银行信用体系建设

2014年6月,国务院印发《社会信用体系建设规划纲要(2014—2020年)》[⊖],将金融领域信用建设列入重点领域,要求创新金融信用产品,改善金融服务,维护金融消费者个人信息安全,保护金融消费者合法权益;加大对金融欺诈、恶意逃废银行债务、内幕交易、制售假保单、骗保骗赔、披露虚假信息、非法集资、逃套骗汇等金融失信行为的惩戒力度,规范金融市场秩序;加强金融信用信息基础设施建设,进一步扩大信用记录的覆盖面,强化金融业对守信者的激励作用和对失信者的约束作用。

电子银行信用体系的建设,应当注意以下方面。

(1)完善金融信用信息基础数据库。继续推进金融信用信息基础数据库建设,提升数据质量,完善系统功能,加强系统安全运行管理,进一步扩大信用报告的覆盖范围,提升系统对外服务水平。

(2)推动金融业统一征信平台建设。继续推动银行、证券、保险、外汇等金融管理部门之间信用信息系统的链接,推动金融业统一征信平台建设,推进金融监管部门信用信息的交换与共享。

(3)加强协调,推动信息共享。人民银行和商业银行总部及各地的分支机构,应充分发挥组织协调作用,积极参与试点,从共享企业和个人欠缴电信费用信息起步,逐步扩大信息共享范围,发挥征信体系为企业和个人积累信用财富的功能。

⊖ 国务院. 国务院关于印发社会信用体系建设规划纲(2014—2020年)的通知[EB/OL]. (2014-06-27) [2019-08-31]. http://www.gov.cn/zhengce/content/2014-06/27/content_8913.htm.

（4）保护用户合法权益，依法使用企业和个人信用信息。各商业银行和电信企业工作人员要遵守相关法律规定，对所知悉的商业秘密和个人隐私承担相应的保密义务，不得违反有关规定，非法使用企业和个人信用信息。人民银行、银监会、证监会、保监会会同有关行政执法部门，根据职责分工依法开展电子支付领域消费者和投资者权益保护工作。

9.3 加强电子支付安全综合管理

9.3.1 电子支付管理的基本思路

电子支付本质仍属于金融，没有改变金融风险隐蔽性、传染性、广泛性和突发性的特点。加强电子支付的监管是促进电子支付健康发展的内在要求。同时，电子支付是新生事物和新兴业态，要制定适度宽松的监管政策，为电子支付创新留有余地和空间。要通过鼓励创新和加强监管相互支撑，促进电子支付健康发展，更好地服务实体经济。电子支付监管应遵循"依法监管、适度监管、分类监管、协同监管、创新监管"的原则，科学合理界定不同电子支付的业务边界及准入条件，落实监管责任，明确风险底线，保护合法经营，坚决打击违法和违规行为。

9.3.2 营造电子支付应用安全环境

电子支付在我国的发展时间还不长，用户对电子支付的安全意识还不足，全社会对电子支付的监管也不完善。因此，要加强电子支付的安全知识宣传，培养民众的安全意识，提高用户对电子支付系统的使用水平，营造良好的电子支付安全环境。

（1）加强用户对身份验证或密码钥匙的常规了解，通过实施防火墙技术、加密技术、认证技术、防病毒软件等基本技术来保障电子交易安全；同时，也让消费者对电子支付企业和第三方支付平台有足够的认知。

（2）培养消费者的维权意识。要研究制订电子支付消费者风险教育规划，及时发布维权提示。当消费者权益受到侵害后，应能够及时向有关部门投诉；对于涉嫌诈骗的严重案件，应能够及时处理，以保障自身和其他消费者的合法权益。金融机构应当将保护金融消费者合法权益纳入公司治理、企业文化建设和经营发展战略中统筹规划，落实人员配备和经费预算，完善金融消费者权益保护工作机制。[⊖]

（3）加强电子支付信息保护。电子支付信息不仅涉及用户的重要信息，还涉及企业的商业秘密和个人的隐私，具有很大的潜在商业价值，必须重点保护。我国《网络安全

⊖ 国务院办公厅.国务院办公厅关于加强金融消费者权益保护工作的指导意见[EB/OL].（2015-11-13）[2015-12-31]. http://www.gov.cn/zhengce/content/2015-11/13/content_10289.htm.

法》①规定，网络运营者应当对其收集的用户信息严格保密，并建立健全用户信息保护制度。网络运营者不得泄露、篡改、毁损其收集的个人信息；未经被收集者同意，不得向他人提供个人信息。网络运营者应当采取技术措施和其他必要措施，确保其收集的个人信息安全，防止信息泄露、毁损、丢失。在发生或者可能发生个人信息泄露、毁损、丢失的情况时，应当立即采取补救措施，按照规定及时告知用户并向有关主管部门报告。

9.3.3 健全电子支付安全体系

电子支付方式多样、系统复杂，保障其安全是一个综合性的工程，涉及技术、机制、法律、政策、人才等多个方面的有机统一和协调发展，必须建立一个全面的保障体系，才能确保电子支付的安全运行。

（1）要积极研发访问控制、存储保护、身份验证、安全服务协议、入侵检测、数据备份、病毒防范等全方位的安全技术，打好基础工程。

（2）要完善电子支付监管机构，提供强有力的组织保障。

（3）要健全电子支付管理制度和风险管控等机制，提高安全监管效果。

（4）加强安全人才培养，提供智力支撑。

（5）构筑由银行、第三方支付机构、安全厂商、商户、监管机构共同合作的电子支付安全生态系统，提供全面的安全防护。

9.3.4 完善电子支付法律规范

当前，我国的电子支付领域法律制度仍不完善，相关法律条文责权不明确。应加快推进电子支付体系法规建设，制定和完善网络支付、移动支付等新兴电子支付方式的管理办法，为电子支付的持续发展提供完善的法律保障体系和服务支持体系。

（1）要与国际电子支付法律接轨，完善相关的法律规范。

（2）制定有关电子货币、电子支付管理制度以及电子支付结算等标准，为行业发展提供规范。

（3）加强对第三方支付机构的规范，重点从准入审批逐步转向风险防控和高管准入等方面。

（4）要密切关注电子支付业务的最新发展和科技创新，及时研究制定有关法律法规，明确界定电子支付产业链各参与者的职责、权利和义务。

（5）加强对网络犯罪的监控，联合第三方支付企业、安全厂商，通过技术手段严厉打击侵犯网上支付安全的犯罪行为。

---

① 全国人大常委会. 中华人民共和国网络安全法[EB/OL].（2016-11-07）[2019-08-31]. http://www.cac.gov.cn/2016-11/07/c_1119867116.htm.

开篇案例回顾

通过本章的学习，重新审视人脸识别支付，我们不难发现，支付安全是一个综合性的安全问题，刷脸安全不能等同于支付安全，"刷脸"是保障支付安全的一种手段，支付安全是由大数据风控、实时赔付、AI、人脸识别等多种手段共同来保护的。人脸识别有被攻破的可能不等于支付不安全，我们需要清楚地认识到其中的区别。

世界上没有绝对的安全，人脸识别也是如此。人脸识别技术是一项包含计算机视觉、图像处理、神经网络、人工智能等学科，同时非常具有挑战性的多学科交叉技术，这种技术现在处于不断发展的过程中。

在这个过程中，必然会受到各种挑战。事实上，人脸识别技术自推出一直面对各种挑战，有人直接使用照片进行测试；有人找到双胞胎来进行测试；有的人化妆，有的人使用头套。在不断的攻防测试中，人脸识别技术在不断进步。现在主流的3D人脸识别可以抵御照片攻击，可以分辨双胞胎，可以识别化过妆的人。

这次的3D蜡像人头测试只是这一系列攻防挑战的一部分，只有不断地接受挑战，不断地改进技术手段，支付安全水平才会得到不断的提升。

本章小结

1. 针对电子支付管理问题，对电子支付安全的技术保障、电子银行安全管理和电子支付安全综合管理进行了分析。

2. 在技术保障工作中，需要对电子支付网络平台和电子支付密钥系统予以高度重视。

3. 电子银行的安全管理需要注意安全评估、业务管理和信用体系建设。

4. 在综合性管理工作中，要注意营造电子支付应用的安全环境，健全电子支付安全体系，完善电子支付法律规范。

思考题

1. 简述电子支付网络平台的技术管理。
2. 简述铁路电子支付行业密钥系统的基本架构。
3. 电子银行的安全评估主要应当注意哪些方面？
4. 试论述电子银行业务管理的基本要求和做法。
5. 试论述电子支付管理的基本思路。
6. 营造电子支付应用安全环境应当注意哪几个方面？

第 10 章
电子支付应用案例

学习目标

- 掌握 3D-Secure 的原理和支付流程。
- 掌握招商银行网上银行的支付模式。
- 了解 PayPal 的功能,掌握 PayPal 的支付机制。
- 了解快钱和汇付天下的应用模式。
- 基本概念:Visa 验证、3D-Secure、企业网上银行、个人网上银行

电子支付是一个全新的支付方式。人们在探索的过程中,有成功的,也有失败的。本章从一个失败的案例入手,通过对 Visa、招商银行、PayPal、快钱、汇付天下五个案例的分析,探讨网上银行电子支付成功的思路和方法。

开篇案例 Simpay 公司在支付领域遭遇"滑铁卢"

成功的电子商务的一个首要条件就是有实用的电子支付系统。目前,在欧洲和西方国家有超过 100 种电子支付系统在运转和使用。系统生产商都明白,虽然现有电子支付系统的数量可能会发展到几百种,但并不是所有的电子支付系统都能走向成功。实际上,许多早期的电子支付系统已然崩溃或者正在走向电子支付的坟墓。

电子支付系统成功案例的缺乏不仅限于首批走向市场的老一代系统,现行的微型电子支付设备也是如此。欧洲四大移动设备生产商之一的 Simpay 公司由 Orange、Telefónica Móviles、T-Mobile 和 Vodafone 四家公司在 2003 年共同创立。伴随着数据加工处理能力的提高,Simpay 的成立将使得巨额货币支付成为现实。全世界 Simpay 公司的首批无线用户基础会员就超过了 28 亿。Simpay 的商业起飞蓝图也制定到了 2005 年第一季度。所以,作为一个由通信产业里一些支柱型企业共同成立的 Simpay 公司,拥有一个让人印象深刻并在不断成长的用户基础,似乎肯定会成长为电子支付领域,特别

是移动支付领域的一个大型的成功企业。

然而，由于共同发起人之间的合作出现问题，2005 年 6 月，作为创始人之一的 T-Mobile 退出 Simpay，紧接着，余下的公司也退出 Simpay 公司，从而导致 Simpay 倒闭。

在电子支付领域，失败的案例不仅仅局限于那些旧的或小型的电子支付体系，新的和大型的电子支付体系同样会被无情地淘汰。

那么，什么样的电子支付系统可能会成功，而谁又会失败呢？成功的电子支付系统的必要条件是什么？

10.1 微信支付系统

10.1.1 微信

1. 微信应用的基本状况

微信（WeChat）是腾讯公司于 2011 年 1 月 21 日推出的一款为智能终端提供即时通信（Instant Messaging，IM）服务的免费应用程序，它支持 S60v3、S60v5、Windows Phone、Android 以及 iPhone 平台。微信用户可以通过智能手机客户端与好友分享文字、图片、语音短信和视频，也可以使用语音对讲和视频对讲功能。微信软件本身完全免费，使用任何功能都不收费，但通过网络快速发送信息需要消耗一定的网络流量。

经过几年的发展，微信已不单单是一个充满创新功能的手机应用，它已成为亚洲地区用户群体最大的移动即时通信软件，覆盖 90% 以上的智能手机，并成为人们生活中不可或缺的即时通信工具。截至 2018 年年底，微信及 WeChat 的合并月活跃账户数增至约 10.98 亿。每天平均有超过 7.5 亿微信用户阅读朋友圈的发帖，用户覆盖 200 多个国家和地区、超过 20 种语言。

2. 微信技术原理

微信技术是一种基于网络的即时通信技术，涉及 IP/TCP/UDP/Sockets、P2P、C/S、多媒体音视频编解码 / 传送、Web Service 等多种技术手段。即时通信系统主要包括客户 / 服务器（C/S）通信模式和对等通信（P2P）模式。在微信技术中，主要是运用对等通信模式，而且是非对称中心结构。每一个客户（Peer）都是平等的参与者，承担服务使用者和服务提供者两个角色。客户之间进行直接通信，同时由于没有中央节点的集中控制，系统的伸缩性较强，也能避免单点故障，提高系统的容错性能。但由于 P2P 网络的分散性、自治性、动态性等特点，造成了某些情况下客户的访问结果是不可预见的。例如，一个请求可能得不到任何应答消息的反馈。当前使用的 IM 系统大都组合使用了 C/S 和 P2P 模式。在登录 IM 进行身份认证阶段是使用 C/S 方式工作，随后如果客户端之间可以直接通信则使用 P2P 方式工作，否则以 C/S 方式通过 IM 服务器通信（参见图 10-1）。

在图 10-1 中，TCP（Transport Control Protocol）是传输控制协议，它向应用程序提供可靠的通信连接。TCP 能够自动适应网上的各种变化，即使在 Internet 暂时出现堵塞的情况下，TCP 也能够保证通信的可靠，确保用户在线的状态。UDP（User Datagram Protocol）是用户数据包协议，是开放式系统互联（Open System Interconnection，OSI）参考模型中一种无连接的传输层协议，提

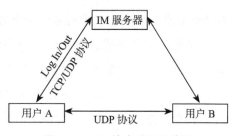

图 10-1　IM 技术原理示意图

供面向事务的简单但不可靠的信息传送服务。UDP 协议主要用来更新好友信息列表等消息，推送语音通信、视频通信、图片表情、文字等信息（参见图 10-2）。

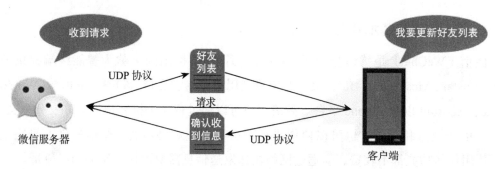

图 10-2　微信 UDP 协议的实现原理

10.1.2　微信支付

1. 微信支付技术

微信支付是基于微信客户端提供的支付服务功能，同时向商户提供销售经营分析、账户和资金管理的技术支持，用户可以通过手机完成快速的支付流程。微信支付以绑定银行卡的快捷支付为基础，向用户提供安全、快捷、高效的支付服务。微信支付 2013 年 8 月 5 日随微信 5.0 版本正式发布上线，2014 年 3 月 4 日正式开放外部接入申请。截至 2018 年 6 月，腾讯移动支付业务活跃账户已逾 8 亿。

2018 年 6 月，第三方支付机构实施断直连后，微信的付款方式发生了变化。例如，客户在网上购买一双 300 元的鞋，通过微信绑定的银行卡付款，基本流程演变为四步（参见图 10-3）：

（1）微信支付收到付款请求，自动向网联发起协议支付；

（2）网联将交易信息保存到数据库，再将请求转发给银行；

（3）银行在客户微信账户中扣掉 300 元，告诉网联已扣款成功；

（4）网联再告诉微信支付，支付已成功，交易完成。

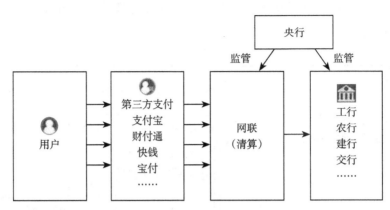

图 10-3　断直连模式下的微信支付流程

2. 微信客户支付方式

客户微信的支付方式包括如下。

（1）刷卡支付：用户展示微信钱包内的"刷卡条码/二维码"，给商户系统扫描后直接完成支付。主要应用线下面对面收银的场景。

（2）微信公众号支付：即 JSAPI 网页支付，用户可以在微信公众号、朋友圈、聊天会话中点击页面链接，或者用微信"扫一扫"扫描页面地址二维码，在微信中打开商户 HTML5 页面，在页面内下单完成支付。

（3）扫码支付：即 Native 原生支付，商户根据微信支付协议格式生成的二维码，用户通过微信"扫一扫"扫描二维码后进入付款确认界面，输入密码即完成支付。

（4）小程序支付：是指商户通过调用微信支付小程序支付接口，在微信小程序平台内实现支付功能；用户打开商家助手小程序下单，输入支付密码并完成支付后，返回商家小程序。

（5）App 支付：又称移动端支付，是商户通过在移动端应用 App 中集成开放的 SDK 调用微信支付模块，商户 App 会跳转到微信中完成支付，支付完成后跳回到商户 App 内，最后展示支付结果。

（6）H5 支付：是指商户在微信客户端外的移动端网页展示商品或服务，用户在前述页面确认使用微信支付时，商户发起本服务唤起微信客户端进行支付。主要用于触屏版的手机浏览器请求微信支付的场景。可以方便地从外部浏览器唤起微信支付。

（7）刷脸支付：在支付场景保证极低误识率（FAR）的情况下，一次识别通过率在 99% 以上；整体识别流程耗时小于 1 秒，节约支付环节的等待时间；针对不同门店或区域，可以建立高频人脸库，减少用户二次确认概率，有效提升识别效率；硬件搭载 3D 结构光活体检测技术，可拦截照片、面具、视频等攻击手段，安全可靠。

图 10-4 是 App 支付的交互时序图○。统一下单应用程序接口（Application Program Interface，API）、支付结果通知 API 和查询订单 API 等都涉及签名过程，调用都必须在商户服务器端完成。

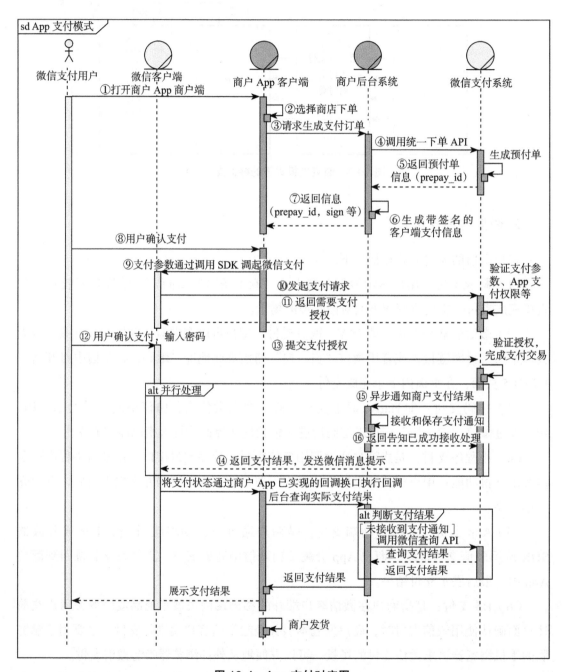

图 10-4　App 支付时序图

○ 腾讯公司. 微信支付文档说明 [EB/OL]. (2015-07-29). [2010-08-31]. https://pay.weixin.qq.com/wiki/doc/api/app.php?chapter=8_3.

图 10-4 中商户系统和微信支付系统主要交互说明如下。

步骤 1：用户在商户 App 中选择商品，提交订单，选择微信支付。

步骤 2：商户后台收到用户支付单，调用微信支付统一下单接口。

步骤 3：统一下单接口返回正常的 prepay_id，再按签名规范重新生成签名后，将数据传输给 App。

步骤 4：商户 App 调起微信支付。

步骤 5：商户后台接收支付通知。

步骤 6：商户后台查询支付结果。

3. 微信商户支付工具

微信商户的支付工具包括如下。

（1）代金券：代金券是微信支付为商户提供的基础营销工具之一，免开发，商户可自定义各项活动规则，开展营销活动。

（2）立减与折扣：商户可以根据自身情况选择用随机立减还是定额立减或折扣优惠力度来开展营销活动，用户无须领取优惠凭证，即可享受对应优惠。

（3）现金红包：现金红包是当前使用最普遍的营销方式，可用于拉动新顾客和老顾客的回头率。平台支持多种发放方式（如页面配置、接口发放、配置营销规则等）和领取方式（如微信公众号、小程序、H5 页面等），用户在客户端领取到红包之后，所得金额进入微信钱包，可用于转账、支付或提取到银行卡。

（4）企业付款到零钱：企业付款提供由商户直接付钱至用户微信零钱的能力，支持平台操作及接口调用两种方式，资金到账速度快，使用及查询方便。主要用来解决合理的商户对用户的付款需求，比如保险理赔、彩票兑换等。

（5）企业付款到银行卡：企业付款到银行卡提供由商户直接付钱至指定银行卡账户的能力，支持平台操作及接口调用两种方式，资金到账速度快，使用及查询方便。主要用来解决合理的商户对用户的付款需求，比如保险理赔、彩票兑换等。

10.2 招商银行电子支付解决方案

10.2.1 招商银行简介

1997 年 4 月，招商银行开通了自己的网站⊖。这是中国银行业最早的网站之一，招商银行的金融电子服务从此进入了"一网通"时代。1998 年 4 月，一网通推出"网上企业银行"，为互联网时代银企关系进一步向纵深发展构筑了全新的高科技平台。目前，

⊖ http://www.cmbchina.com/。

招商银行的一网通已形成了网上企业银行、网上个人银行、网上商城、网上证券和网上支付等在内的较为完善的网上金融服务体系。

经过二十多年的快速发展，一网通在国内网上银行领域始终占据着领先地位。有2/3以上的国内电子商务网站都采用一网通作为支付工具，中国人民银行、联想集团等众多政府机构和大型企业都选择了一网通进行财务管理。在全球银行品牌价值500强榜单上，招行已进入了全球10强，2019年位列第9位。

10.2.2 网上企业银行

"网上企业银行"是招商银行网上银行一网通的重要组成部分，它是通过互联网或其他公用信息网，将客户的电脑终端连接至银行主机，实现将银行服务直接送到客户办公室、家中或出差地点的银行对公服务系统，使客户足不出户就可以享受到招商银行的服务。

2017年11月，招行宣布正式推出网上企业银行第十代产品U-Bank X，通过运用区块链、移动互联、大数据、机器学习等金融创新（Fintech）核心技术，突破银行账户属性，视所有企业为用户，倾力打造开放智能化的互联网服务，创新全渠道场景化的支付结算产品，用区块链技术重塑全球现金管理平台，以大数据金融支撑产业互联网新生态（参见图10-5）。

图10-5 招商银行的企业网上银行

U-Bank作为招商银行全面的网上公司金融服务支持平台，集产品、服务、渠道和创新于一体，历经20年的不断创新与发展，已构建成为企业账户管理、支付结算、现金管理、供应链融资、贸易金融、投资理财、财资管理等在内的功能完善的网络化金融服务体系，其用户数、交易量、客户满意度等多项指标一直处于同行业领先地位。

U-Bank已形成了包括企业银行标准版技术平台、企业银行跨银行直联技术平台、企业银行财资管理技术平台三大电子化技术平台。交易安全采用指纹数字证书体系，各类在线服务享有"指纹认证+密码认证"双重保障；语言支持中文简体版、中文繁体版、英文版；地域支持内地版、香港版、纽约版；更有针对专门用户的中小企业版、超级版、同业版；接入渠道支持客户端、手机、电话、浏览器等多种形式。

移动支票和网上银企对账是 U-Bank 开发的新产品。移动支票是公司金融 O2O 闭环支付产品，客户通过 U-Bank 发出的"移动支票"无纸质形式，以电子指令为依托介质，可转让他人，功能上全面替代纸质支票。网上银企对账是以网上企业银行系统为依托，为客户提供银企余额对账电子信息服务，客户仅需登录网银对电子信息进行核对确认，系统即可自动返回对账结果，包括对账单查询、对账结果查询等功能，具有简单高效、低碳环保、省时省力、安全可靠等优势。

10.2.3　网上企业银行的网络支付模式

企业网络支付通常涉及较大的金额，采用的安全防护措施更多，且涉及与银行后台的基于金融专用网的电子汇兑系统、行间系统的配合使用。

网上企业银行在进行支付结算时，体现为 Web 式支付表单以及相关的付款通知表单，这与电子支票的传递本质上是一样的，只是电子支票是在买卖双方之间直接传递，而网上银行支付表单则直接提交给买方开户银行，买方开户银行确认真实有效后，直接在后台利用电子汇兑系统或电子联行系统进行相关资金转账处理。

网上企业银行的网络支付模式在客户前台是基于互联网平台，采用数字签名、数字证书等相关安全技术，以保证支付表单的真实性与有效性。该模式在银行后台则是基于金融专用网络，类似电子汇兑系统的后台处理方式。

图 10-6 所示为招商银行企业网上银行的支付流程。

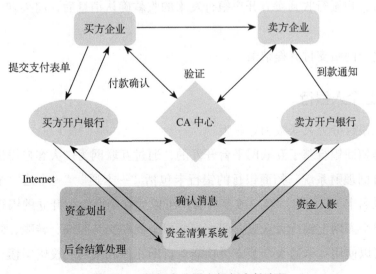

图 10-6　招行企业网上银行支付流程

企业网络支付可分为三个阶段：买方购买阶段、买方支付阶段、银行清算阶段。

1. 买方购买阶段

（1）买方借助网络访问卖方的服务器，浏览卖方服务器中推荐的货物，达成购买意向，签订电子合同，选择使用企业网上银行方式进行网络支付，产生支付页面。

（2）系统自动启动企业网上银行的应用页面。

2. 买方支付阶段

（1）出现企业网上银行系统登录页面，选择相应的登录工具进行。

（2）在登录窗口输入企业的用户号和密码，进入企业网上银行支付表单。这时表单中已有买方支付账号及买方企业的相关信息，在表单中再填入卖方以及支付相关信息，如票据号码、收方账号与名称、收方开户行、支付金额、支付期限等信息，就可确认支付。确认支付的过程就是把相应的支付表单借助相关安全手段安全提交给买方开户银行，同时给卖方发送一个付款通知。

3. 银行清算阶段

（1）买方开户银行（企业网上银行）收到买方提交的支付表单后，通过CA中心对买方身份、支付表单内容的真实性与有效性进行认证，如果验证不能通过，则回送买方拒绝处理消息。

（2）上述验证通过后，则买方开户银行向买方企业发出支付表单确认通知，利用后台的资金清算系统，向卖方开户银行的卖方资金账号划出相应的资金金额。

（3）卖方开户银行确认卖方资金账号按相应金额收到货款后，向买方开户银行回送收款确认消息，同时向卖方企业发出到款通知。

（4）买方开户银行收到卖方开户银行发来的收款确认消息后，向买方企业发出付款确认通知。

至此，整个网络支付流程结束。

10.2.4 网上个人银行

网上个人银行分为大众版和专业版。

大众版是招商银行基于互联网平台开发的，通过互联网为广大客户提供全天候银行金融服务的自助理财系统。招商银行的银行卡包括"一卡通""一卡通"金卡和"金葵花卡"及其联名卡/认同卡。客户或存折客户可以凭在招商银行开立的银行卡或普通存折账户，通过个人网上银行大众版办理查询账户余额和交易明细、转账、修改密码等自助业务，还可以使用一卡通大众版支付功能、自助充值和缴费、投资国债、申请个人消费贷款等业务。

专业版（6.0）是招商银行基于互联网平台开发的网上个人银行理财软件，该软件建立在严格的客户身份认证基础上，对参与交易的客户发放证书，交易时验证证书，支持免驱动移动数字证书"优 KEY"。持有招商银行卡，可以通过互联网使用个人网上银行专业版进行资金调拨、全方位理财。

招商银行的手机银行分为 IPhone 版和 Android 版，适用于不同软件的手机，可以提供支付、理财、收支查询、城市服务等多种服务。

招商银行电子支付产品体系如图 10-7 所示。

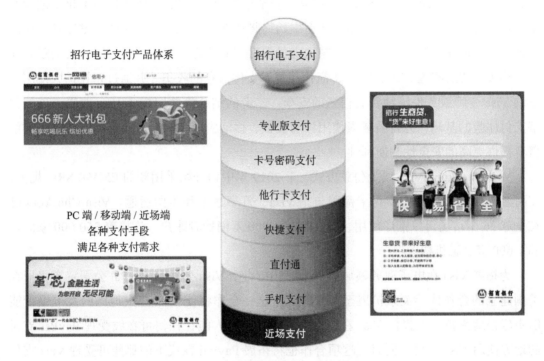

图 10-7　招商银行电子支付产品体系

10.3　Visa 电子支付系统

10.3.1　Visa 简介

Visa 公司（纽约证券交易所代码：V）是全球领先的数字支付公司，为全球 200 多个国家和地区的消费者、企业、银行和政府提供服务。该公司拥有全球最先进的支付处理网络 VisaNet，确保世界各地的支付交易安全可靠。VisaNet 每秒可处理超过 65 000 笔的交易。2018 年 5 月 29 日，《2018 年 BrandZ 全球最具价值品牌 100 强》发布，Visa 排名第 7 位。2018 年 12 月，Visa 入围 2018 年世界品牌 500 强。

Visa 高度重视公司的品牌建设。60 年来，Visa 标识在全球范围内一直是创新、快速、信赖、安全的象征。现代支付正在变得越来越无缝化，近乎隐形。这些新的感官品牌标识确保了消费者始终对 Visa 品牌抱有信心，每次都能顺利流畅、毫不犹豫地使用 Visa。每次在数字环境和实体店用 Visa 付款时，这些新的富有特色的音效、动画和触觉（振动）提示都会提醒客户正在快捷安全地完成交易。在 2018 年平昌冬季奥运会前夕，Visa 公司还推出全新的"Visa 之音"，引导消费者使用 Visa Checkout、非接触式支付卡和可穿戴支付设备，包括具备支付功能的手套、纪念贴纸和冬奥会纪念章。

为提升数字商务的安全性，减少交易过程中的不便，Visa 坚持推行 EMV® SRC（Secure Remote Commerce Specification，安全远程商务规范）。Visa 以标准化规范为基础打造支付体验，确保在支付生态体系中始终坚持选择、隐私和安全的关键原则。标准化还有助于简化和统一数字支付，减少支付中出现的障碍，避免消费者因此失去耐心而放弃购买。通过实施 SRC，Visa 将简化消费者支付信息的收集，并通过正在扩大使用范围的 Visa 令牌服务保障消费者信息的安全。二者的结合将共同构成 Visa 业界一流的数字支付体验的基础，为日益频繁使用移动设备、移动应用和在线方式访问电商商户的消费者提供更高的安全性和便利性。

Visa Checkout（Visa 线上付款方式）于 2019 年中旬开始采用新的 EMV® SRC 规范，支持参与使用该规范的支付卡品牌包括 Visa、万事达卡和美国运通。Visa Checkout 已在全球 26 个市场得以推广使用，拥有超过 4 000 万消费者账户，连接着 350 000 家商户和 1 600 家金融机构。

为拓展 Visa 在电子商务领域的应用，2017 年，Visa 公司和 PayPal 公司宣布将把在美国建立的合作伙伴关系扩展至亚太地区。这一合作将使 Visa 亚太地区的发卡银行能够更轻松地为持卡人提供 Visa 在线支付，Visa 持卡人能在任何可在线受理 PayPal 支付的地方使用 Visa 支付。同时，这项合作也将拓展 PayPal 在线下的那些可受理 Visa 支付的实体店内使用。

10.3.2　Visa 公司的主要业务

（1）信用卡。Visa 向其金融机构客户提供丰富的信用卡产品平台，可以满足从信用卡新客户到高端消费者，再到大型机构的各种支付需求。Visa 的信用卡平台还提供个性化积分回报系统、紧急替代卡、旅行协助和租车保险等增值服务，可以帮助发卡机构提高顾客忠诚度及使用率。

（2）借记卡。Visa 针对不同地域和消费水平的消费者细分群体，提供丰富的消费者借记卡产品。Visa 借记卡让消费者以电子支付的方式支配自有账户的资金，比现金和支票形式的付款更方便、更安全，且更灵活。Visa 的借记卡分为四大品牌——Visa、Visa Electron、Interlink 和 PLUS。

（3）预付费卡。Visa 还提供种类繁多的预付费卡产品，从而使金融机构可以为消费者提供可充值使用的预付费卡产品。针对尚未在银行开户的消费者群体，Visa 预付费卡解决方案是一种比现金和支票更加安全和方便的选择。政府和企业利用 Visa 预付费卡产品发放医保资金和医疗补助、失业救济金、员工工资以及其他福利金等。Visa 还提供预付费礼品卡，在任何受理 Visa 借记产品的商户均能使用。预付费产品更好地满足全球旅行者的需求，并为他们提供了电子支付特有的便利和安全，免除了现金和支票所造成的麻烦。

（4）商业支付解决方案。Visa 为小型、大中型企业及政府机构提供了一整套商业支付解决方案。Visa 的商业支付平台包括针对小型企业的 Visa 商务信用卡、Visa 商务借记卡和 Visa 系列商业信贷卡；针对大中型企业及政府机构的 Visa 公司卡、Visa 采购卡、Visa 商务卡、Visa 会议卡、Visa 车队卡、Visa 分销卡以及 B2B 和供应链管理的产品和服务。

10.3.3　Visa 验证

1. Visa 验证概况

为了提高电子支付活动中的安全程度，Visa 推出了安全系数相对较高的"Visa 验证"服务，帮助消费者采取预防措施，避免 Visa 卡账户被不法分子在互联网上盗用。图 10-8 是 Visa 的验证标志（有此标志的网站即是通过 Visa 验证的合法网站）。

Visa 验证服务是一项身份核实服务，能准确核对支付交易双方的身份。这项计划采用精密的加密技术，防止未经授权的人士查看持卡人的私人资料，以避免支付卡号码、到期日、付账资料等落入不法分子手中。这项新服务让发卡银行进行网上检测程序时，运用密码、数字证书、生物特征等方法，核实持卡人身份，让网上交易更安全，而且整个过程只需数秒就可完成。

图 10-8　Visa 验证的标志

"快捷方便"是 Visa 验证服务的宗旨，消费者无须下载软件，或改变购物习惯。已登记使用密码的消费者在网上 Visa 验证服务参与商户购物，点击"购买"按钮后，电脑荧幕便会自动出现 Visa 验证视窗，情况有如在销售点签单一样。Visa 验证服务随处可用，无论在家中、办公室，或使用任何互联网设备，消费者的个人、交易资料都会受到密码保护。

Visa 验证服务要求持卡人购物时验证身份，有助于防止支付卡被盗用，以及避免出现争议。据估计，Visa 验证服务能够消除 50% 的网上追讨或争议性开支。Visa 验证服务令不法分子即使盗取了支付卡号码，也一无所获。

2. Visa 验证服务机制

Visa 验证服务由两个主要程序组成——登记程序和网上购物程序。

要享有 Visa 验证服务的好处，持卡人首先须完成简单的登记程序，并且向发卡机构申请建立个人密码。只要成功登记，持卡人在网上惠顾 Visa 验证计划的参与商户时，支付卡便会获得确认，准许交易进行。持卡人每次在参与计划的商户购物时，都必须输入密码核实身份。

登记之后，持卡人可以沿用惯常的购物程序，惠顾网上已参与 Visa 验证服务计划的商户，先选择所需的商品，然后执行网上交易程序。持卡人输入购物资料后，点击购买按钮，在商户交易处理系统内的外挂软件程式便会启动，开始身份核实程序。Visa 验证服务会确定持卡人与金融机构的身份资料。

如果 Visa 卡账户已经在 Visa 验证计划登记，持卡人会看到电脑屏幕出现一个视窗，要求持卡人输入密码。系统会识别密码，然后发出身份核实信息。身份核实后，商户会收到核实结果，确认交易，然后执行支付批准程序，并且把常规的购物确认信息传送给持卡人，确定交易已获受理（参见图 10-9）。

Visa 验证服务使用的全球身份核实技术，称为"3D-Secure"，是一套全球通用的支付处理方案。3D-Secure 是灵活、技术中立的网上支付批核平台，采用高度精密的加密技术，阻止未获授权人士查看持卡人的个人资料，借此避免他人截取持卡人的敏感交易支付资料。

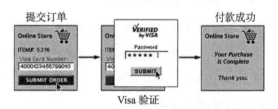

图 10-9　通过 visa 验证进行在线付款

3D-Secure 涵盖支付结算过程的三个资料端——核实发卡机构、持卡人身份资料的发卡机构端，核实收单机构、商户身份资料的收单机构端，以及协助以上两端以点对点核实形式，交换交易数据的协作端。这项技术进一步保障资料保密传输，并且确保传输的资料维持不变。不同区域与地区的市场，可以因应本身的情况，调节 3D-Secure 的技术规格。

3. 3D-Secure 交易原理

3D-Secure 是一个开放性的标准，包括三个不同的域。

（1）发卡方域：包括持卡人（浏览器）和其发卡机构（ACS 服务器、注册服务器 ES）。

（2）单方域：包括商户（MPI 插件）和其收单机构（验证服务器）。

（3）中间操作域：包含目录服务器（DS）和验证历史服务器（AHS），由 Visa 负责发卡机构和收单机构之间的验证信息交互。

在进行 3D-Secure 交易前，用户需要完成一个注册过程。

（1）持卡人访问发卡机构的 3D-Secure 登记网页。

（2）持卡人提供信用卡的卡号、有效期及其他个人信息，以便登记网站进行核实。同时，发卡机构之间建立一个共享的秘密信息，如密码、个人私密问题等。

（3）发卡机构对用户提供的信息进行验证，确认登记人是持卡人，并向持卡人返回一个 3D 密码。如果是智能卡，验证过程要确认持卡人在登记的同时确实拥有该智能卡。

（4）发卡机构存储验证信息，并把信息提供给 Access Control Server。

至此，持卡人就可以利用 3D-Secure 支付进行网上购物了。在整个登记过程中，Visa 并不参与。

有了 3D 密码，持卡人就可以利用 3D-Secure 进行网上支付协议，它利用 SSL 在加密传输和数据完整方面的特点，同时又弱化了数字证书给客户带来的不方便性，采用持卡人使用口令来进行身份认证的方法，保证交易的安全。

3D-Secure 将身份验证和授权分为两个阶段。持卡人在登记注册的过程中，提交自己的银行卡信息，并获取 3D 密码，以后在进行网上支付时，持卡人将在身份验证页面内向发卡行提交 3D 密码。3D 密码就是标识该持卡人的身份信息，类同于传统交易中借记卡的密码或信用卡的签名。持卡人确认交易时，发卡银行将对持卡人进行身份确认，验证 3D 密码无误后，发卡行使用 CVV 计算方法计算出 CAVV 值，并通过持卡人传到商户，再从商户传到收单机构。收单行构造交易授权请求，并将 CAVV 置于授权请求内，传回发卡行。发卡行利用收单行传来的交易数据与传来的 CAVV 进行匹配，如果一致，则发卡机构确认已经对持卡人通过了身份验证，并据此将授权响应传到收单行。

4. 利用 3D-Secure 进行的电子商务交易流程

利用 3D-Secure 进行的电子商务交易流程如图 10-10 所示。

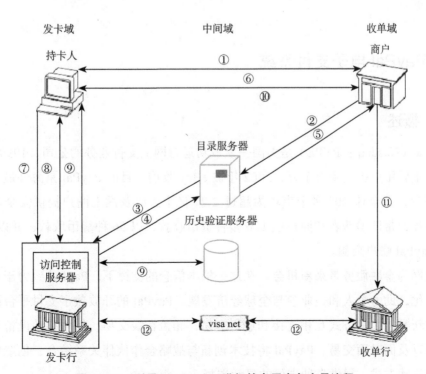

图 10-10 利用 3D-Secure 进行的电子商务交易流程

其中，图 10-10 中数字序号含义如下。

① 持卡人登录商户网站，浏览商品，输入订购有关信息。

② 商户通过 Visa 的目录服务器检查发卡机构是否参与了 3D-Secure。

③ Visa 目录服务器通过发卡机构检查认证该卡是否已参与 3D-Secure。

④ 发卡机构的访问控制服务器（ACS）确认该卡是否已参与 3D-Secure。

⑤ Visa 目录服务器将发卡机构的 ACS 地址告知商户插件。

⑥ 商户插件将持卡人服务器定位到 ACS，同时附上交易信息，待持卡人进一步确认。

⑦ 发卡机构的 ACS 要求持卡人输入用户名和密码。

⑧ 持卡人在发卡机构中输入密码。

⑨ 发卡机构的 ACS 验证密码，产生带有发卡机构数字签名的包含本次验证的 CAVV 的响应信息，该信息同时传递到 Visa 的历史验证服务器和持卡人的浏览器。

⑩ 发卡机构将持卡人重新定位到用户插件，并将响应信息通过持卡人的浏览器传递给商户。

⑪ 商户验证 ACS 响应信息内的数字签名，将交易信息和认证结果递交给收单机构。

⑫ 收单机构向发卡机构要求授权，发卡机构接收收单机构的请求，验证并通过 Visa 向收单机构发送授权交易，收单机构将交易结果返回给商户，商户确认交易并向客户发送收据。

10.4 PayPal 电子支付系统

10.4.1 概述

PayPal（Nasdaq：PYPL）是美国一家成功运营网上支付业务的公司，1999 年 11 月成立，两年后用户扩大到上千万，2002 年被 eBay 收购。目前 PayPal 是海外最大的第三方支付平台，在全球 200 多个市场为超过 2.77 亿个人以及网上商户提供安全便利的网上支付服务，帮助消费者和商户以 100 多种货币收款，以 56 种货币取款，并以 25 种货币持有 PayPal 账户余额。

互联网为金融服务带来新机会。在这一根本信念的支撑下，PayPal 致力于实现金融服务大众化，助力个人和企业参与全球经济发展。PayPal 的开放数字支付平台让账户持有人通过新颖强大的方式互相连接和进行交易，涵盖在线交易、使用移动设备交易、应用内交易以及面对面交易。PayPal 将技术创新与战略合作伙伴关系结合，创造更好的资金管理和移动方式，提供各种支付的灵活选择。

10.4.2 系统工具

PayPal 为广大网络商户提供了丰富的卖家工具，以及一系列安全保护措施。

1. 网站支付工具

网站支付工具，也就是卖家工具，能够方便卖家进行支付管理，主要有以下几种类型。

（1）电子邮件支付。一个 PayPal 账户的持有人输入收款方的 E-mail 地址和支付金额，并选择一个付款账户（信用卡、银行账户或 PayPal 账户，PayPal 账户包括那些没有在 PayPal 登记信用卡或银行卡账户的用户，PayPal 为他们开通并管理一个虚拟账户）。如果用户要从 PayPal 账户提款，就必须在自己的 PayPal 户头提交一个银行转账操作，才能将钱转到指定的银行账户。PayPal 的用户检验是：收到 E-mail 的同时也收到款。实际上，邮件系统只是一个通知系统，完全独立于现金的流动。

（2）移动支付。在我国，iOS 和 Android 移动设备均可使用 PayPal 应用。在 App Store 或 Android Store 中找到 PayPal 并将其安装到移动设备上，然后只需登录 PayPal 账户就可以进行移动支付了。

（3）通过 PayPal.Me 付款。这是 PayPal 全新推出的无忧收付款方式。如果收款人有 PayPal.Me 链接，就可以分享该链接，通过 PayPal 轻松向他们付款。用户可以选择借记卡或信用卡作为首选付款方式，也可以使用 PayPal 余额付款。

2. 发票工具

PayPal 的发票功能使客户能够通过 E-mail 方便地发送专业的商务发票。发票的类型可以是商品发票，也可以是服务发票。发票功能提供购买商品的明细账单，自动计算付款总额和税款；能够非常方便地生成发票，检查之后便可通过 E-mail 发送，并且可以保存至多 10 个通用模板；而且速度快，顾客能够尽快地收到发票，相应商家就能够更快地收到付款。

3. eBay 工具

作为 eBay 的子公司，PayPal 为 eBay 的卖家和买家提供了丰富的适用于拍卖环境的付款工具，包括如下。

（1）拍卖标识：通过设置，在 eBay 用户的拍卖商品列表中自动或手动加入 PayPal 支付标识。

（2）售后服务管理：在商品被售出后，PayPal 将会帮助卖家管理所有的售后工作，包括付款计算、发票、运输以及反馈信息管理等，但仅限于从 eBay 售出的货物。

（3）拍卖截止时的 E-mail 通知：无论是拍卖商品或是"一口价"商品，只要有买家确认购买,PayPal 就会给买家发送通知邮件提醒他及时付款。

(4)首选 PayPal 付款可以使你有机会使用 PayPal 提供的 PayPal 借记卡赢取现金回馈。赢取 1% 的现金回馈必须符合 PayPal 的奖励规则。

(5)为购物者理财:为顾客提供激励性的措施,以此使其在 eBay 上代售的商品更有竞争力。PayPal 的买方信用使顾客拥有不断增长的购买力。这是一种便捷、灵活、安全的增加高价商品销售量的方式。

4. 报告工具

(1)历史记录:可为卖家和买家提供在线浏览收款和付款记录,并可将历史交易记录下载并保存为多种格式类型的文件。

(2)结算和对账系统:自动结算并且每日对账,察看并可打印最多过去三个月的账户交易信息。在每个月的报表中记录了当月每天所有收款、付款以及服务费用,以及借记卡和信用卡的收款和付款。

(3)高级搜索:能够方便地查找到特定的一笔交易或一批交易。

(4)定期下载历史记录:确定下载间隔时间,定时下载每天的交易日志。

(5)运输和纳税:为使用 PayPal 购物车、捐赠和"现在购买"的顾客自动计算所需的运费。

10.4.3 服务用户协议

《PayPal 服务用户协议》包括有 14 个方面的内容:付款服务和资格、付款、使用资格、账户余额、提现、注销账户、PayPal 买家保障、错误和未经授权的交易、PayPal 买家保障、受限活动、您承担的责任——我们可以采取的行动、与 PayPal 的争议、总则、定义。

"PayPal 买家保障"规定,"物品未收到(INR)""与描述显著不符(SNAD)",如果符合 PayPal 买家保障的条件,并且 PayPal 就补偿申请做出了对客户有利的裁定,PayPal 将补偿物品的全部货款和原始运费。如果客户无法直接与卖家协商来解决问题,则可以前往"调解中心"提出争议,将争议升级为补偿申请。如果买家与卖家无法达成一致,则可以在提出争议后的 20 天内将争议升级为补偿申请。

争议一旦升级为补偿申请,PayPal 将会做出有利于买家或卖家的最终裁决。PayPal 可能要求客户提供的文件包括收据、第三方评估、警方报告或 PayPal 指定的任何其他文件。如果 PayPal 做出对买家或卖家有利的最终裁定,双方均应遵守 PayPal 的裁定。PayPal 通常会要求买家自付费用,将其声称"与描述显著不符"的物品退还给卖家,并且要求卖家接受退回的物品并向买家全额退还购物金额和原始运费。

PayPal 在其《PayPal 合理使用规则》里列出了一系列禁止的行为,包括一切违法行为，涉及毒品、麻醉品、香烟、色情淫秽物品的行为，涉及侵犯商标权、版权等的行为，涉及武器弹药等的交易行为，涉及庞氏骗局等传销的行为，涉及旅行支票、汇票交易的行为等。同时，PayPal 还列出三类需要预先获得 PayPal 批准的活动，包括接受捐赠、珠宝类产品、出售酒精饮料、处方药，以及游戏、体育博彩等活动。

《PayPal 服务用户协议》中还规定，使用 PayPal 的用户不得出现"受限活动"，共 24 种，包括：任何违反法律、法规规定的活动；任何侵犯他人版权、专利、商标等知识产权和隐私权、形象权等的活动；销售假货；提供虚假信息等。对于参与了"受限活动"的用户（无论是付款方还是收款方），PayPal 会采取措施加以惩罚，如停止用户对 PayPal 的访问，对用户 Pay Pal 账户内的资金进行冻结等。

10.5 快钱电子支付解决方案

10.5.1 快钱简介

在移动化、场景化、数据化这一趋势下，快钱公司结合各类消费场景，运用互联网技术、大数据等前沿技术打造创新型金融科技平台，面向企业客户与个人用户提供包括支付、定制化行业解决方案、金融云、增值业务等高品质、多元化的金融科技服务，同时不断将金融科技辐射到更多产业和场景中去，从而赋能企业和用户，带来智能、高效、个性化的金融科技新体验。

快钱公司自 2004 年成立至今，已覆盖逾 4 亿个人用户，650 余万商业合作伙伴，对接的金融机构超过 200 家。公司总部位于上海，在北京、天津、南京、深圳、广州等三十多地设有分公司，并在南京设立了金融科技服务研发中心。2016 年，中国银联发布二维码支付标准，快钱成为首批支持机构。2017 年，快钱完成 PCI DSS 认证工作，顺利获颁 PCI Attestation of Compliance 全球支付卡行业普遍认可的权威数据安全标准认证证书。2018 年，快钱公司凭借以大数据为驱动的金融科技服务，荣膺"2018 卓越竞争力年度金融科技平台"奖。2018 年，快钱交易类客户投诉事件 682 件，在交易总笔数占比 0.000 16%，其中 99.7% 的投诉事件得到圆满解决。

10.5.2 快钱的产品和服务

快钱是以个人应用和企业应用为中心来规划产品和服务的。图 10-11 反映了快钱提供的各类服务产品。

针对个人用户，快钱开发了可以覆盖个人公共事业缴费、信用卡还款、游戏充值等的便利应用。此类应用的推广主要依靠互联网传播和包括商业银行在内的合作伙伴推广。具体业务包括如下。

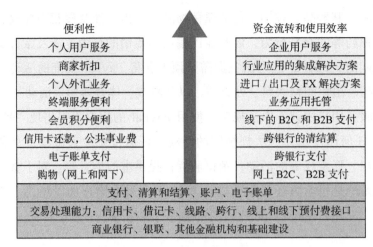

图 10-11　快钱提供的服务产品

（1）网上信用卡还款：用户可以 7×24 小时方便地还款，而且免费。

（2）手机优惠充值：提供低至 9.4 折的优惠充值，让利用户。

（3）优惠券：用户可以在线领到各种行业、各种商家的优惠券。

（4）公共事业缴费：用户可以通过网络和社区缴费终端在线缴纳公共事业费用，也可以利用网络订报。

快钱特别注重开拓和覆盖传统行业，为企业全面运用电子商务提供基础服务和行业解决方案，提高企业资金的流转和使用效率。图 10-12 是其在支付平台基础设施上提供的企业服务产品。

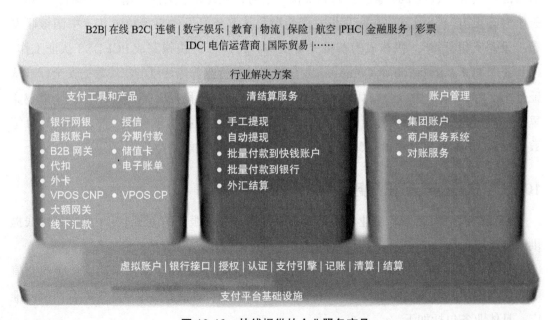

图 10-12　快钱提供的企业服务产品

10.5.3 快钱行业解决方案示例

1. ICAP 集中支付清算系统

为满足连锁、电子商务、集团型企业等跨区经营企业对支付信息和企业管理信息整合的需求，快钱公司与多家银行合作，开发了具有自主知识产权的综合集中支付清算信息平台 ICAP2008（以下简称"ICAP 支付平台"），在全国范围内为连锁、电子商务、集团型企业提供支付清算和流程优化一站式服务。目前，快钱 ICAP 综合支付清算平台已经为近 30 个行业提供服务支持。快钱 ICAP 支付平台如图 10-13 所示。

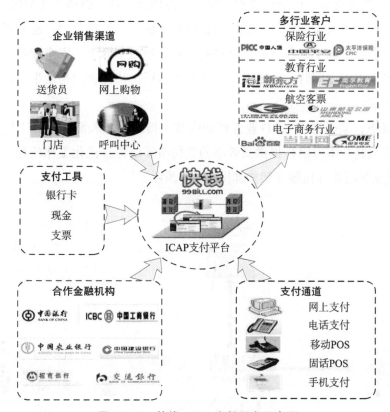

图 10-13 快钱 ICAP 支付平台示意图

ICAP 支付平台有以下特点：

（1）支持多样化支付通道。ICAP 平台为客户提供多样化的支付通道，网上支付、电话支付、移动 POS、固化 POS 和手机支付等。

（2）支持全面支付工具。ICAP 平台丰富的支付终端支持全面的支付工具，覆盖现金、银行卡、支票等。

（3）建立广泛金融机构合作。ICAP 平台的合作伙伴覆盖五十多家银行和金融机构，拥有近十大类、超过 240 个银行接口。

（4）一站式支持所有销售通道和模式。快钱 ICAP 平台支持商户各种销售通道和销售模式对应的支付需求，各支付渠道的收款信息都无缝集成到企业运营和财务系统中。

通过支付工具和渠道整合、资金流和信息流整合、支付清算系统和商户运营系统整合，快钱公司 ICAP 提供完善的流程优化及管理增值功能，为商户带来高度的效率和方便。提供完善的业务及管理优化增值功能，有力地支持了商户的快速发展和多个传统行业集团型商户的电子商务转型。

2. 支付清算外包服务案例

世界 500 强的某公司在国内为大量电子商务企业提供 COD 服务（送货上门、代收货款）。以前货物妥投后，传统的流程是配送员返回分公司，财务手工对账、缴纳现金、财务再手工入账。核对无误后，分公司将款项经由银行汇给总公司，总公司再次人工核对后，将款项划拨给电子商务客户，这样的流程显然效率低下，安全性差，还存有高昂的汇款手续费用支出。同时，由于支付清算能力落后，往往在交易发生一周后才能给电子商务企业结款。

在此背景下，某公司将 COD 业务线的收款支持、清算和商户结算工作整体外包给快钱公司，快钱联合多家银行提供高效率的支付清算服务，优化工作流程，时间缩短到 2～3 天。其支付清算外包服务架构如图 10-14 所示。

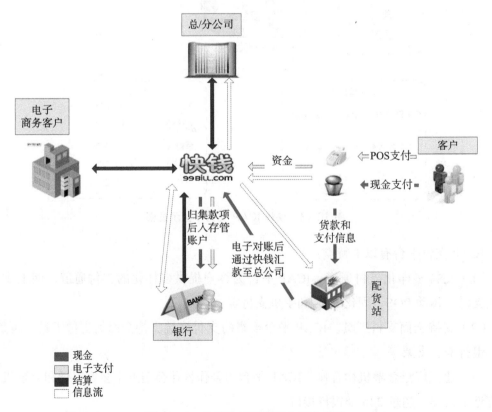

图 10-14　快钱支付清算外包服务架构

在图 10-14 中，共有快钱、某公司、银行、电子商务客户四个参与方，相互关系如下。

（1）快钱与银行：合作提供 POS 集中收单和现金收款信息服务、现金归集和代发服务。

（2）快钱与某公司：快钱为某公司整合资金流和现金流，提高财务和管理工作效率。双方在银行设立共同存管账户。

（3）某公司与电子商务客户：提供 COD 服务（送货上门、代收货款）。

（4）快钱与电子商务客户：代某公司与客户进行资金清算。

图 10-14 的支付清算流程如下。

（1）客户收到货物后通过移动 POS、银行卡或现金支付。

（2）银行卡资金通过快钱进入共管账户，交易信息通过 POS 采集纳入快钱管理后台；现金由配送员将货款带回配送站，配送站电子对账后通过合作行将货款汇入共管账户；交易信息同样通过 POS 采集纳入快钱管理后台。

（3）结算。根据配送员在 POS 终端上输入的信息，可直接将收款定位到各家电子商务公司；对账后，快钱直接完成各家电子商务公司的付款结算。

10.6 中国银行电子支付安全的实践[⊖]

10.6.1 中国银行的科技进步

中国银行作为百年老店，有历史的传承，有很多经验，也有很多惯性。要适应互联网络时代的转换，它面对了更多的挑战。2018 年，中国银行在业务创新发展、全球化服务能力建设、技术架构转型、科技体制机制创新等方面取得了阶段性成果。根据国际财务报告准则，中国银行 2018 年集团营业收入突破 5 000 亿元，同比增长 4.14%；实现本行股东应享税后利润 1 801 亿元，同比增长 4.45%。

2018 年，中国银行科技资源投入进一步加大，信息科技固定资产预算达到股改以来的最高水平，信息科技服务能力持续增强。全行以手机银行、交易银行、智能柜台为载体，加快推动全行数字化转型。手机银行客户数突破 1.4 亿户，交易金额突破 20 万亿元，客户体验和市场口碑大幅提升。

2018 年，中国银行全球化系统建设圆满完成，实现全球系统版本统一、集中部署和一体化运营，IT 产能同比增长 16.6%。建成私有云、大数据、人工智能三大平台，投产智能投顾、智能客服、智能风控、量化交易等重点项目，新技术研究运用能力不断提

⊖ 雷锋网. 中国银行安全实践案例：为何你能放心用手机银行转账 500 万 [EB/OL]. (2019-07-31)[2019-08-23]. http://www.360kuai.com/pc/9e312b3727fb5a2d2?cota=3&kuai_so=1&sign=360_57c3bbd1&refer_scene=so_1.

升，金融科技发明专利申请量排名全球金融业第二位。

10.6.2　电子支付安全面临的困境

银行为了控制交易风险或者信用风险，最擅长采用的手段是给客户增加条件。中国银行做手机的交易认证，原来是要双因子认证，要密码，而且密码要有大小写字母，还要有 8 位数字，并要求客户三个月换一次。但这还不行，银行还要求客户带着自己的动态令牌，转账时输入一个 OTP 6 位实时在变的数字密码。这些措施都是为了保证交易安全，但也给客户带来了极大的不便。怎么能够在保证客户良好体验的同时，又能有效地防范交易风险，成为中国银行网络金融部慎重思考的一个重要问题。

10.6.3　问题解决的思路

电子交易安全符合木桶原理。木桶原理最重要的是不能有短板，短板决定了能装多少水。但是木桶原理对于客户体验而言，还有一个更重要的点，就是木桶不能有长板。如果木桶有一块板子非常长，对于这个木桶能装多少水其实没有任何影响，但是对使用的便利性就会产生巨大的影响。怎么才能保证电子支付的安全，同时又能够提升体验的效果，这是银行管理的永恒话题。

金融科技是解决风控和体验矛盾的利器。就像解决任何一个我们在互联网新时代遇到的矛盾一样，电子支付必须利用新的金融科技。金融科技不仅是一种科技，更是多种科技相互融合的产物，如人工智能、大数据、云计算、物联网、移动互联技术，把这些科技手段有效结合起来，才能够收到风控和体验矛盾解决的最大效果。

反洗钱就是一个典型的例子。在中美贸易争端的形势下，很多涉及美国的金融业务受到了影响，尤其是以美元清算、结算相关的金融业务受到了很大的挑战。有一段时间中国银行纽约分行里面坐满了做反洗钱的员工，因为工作实在太多了，一年就新增了 70 位员工。他们没有工位，最后只能坐到食堂做反洗钱的工作。

反洗钱的原理很简单，就是做一个识别模型，制定一定规则，根据这些规则看一笔交易有多少交易风险，然后再做相应的核查，进而评估风险。如果风险满足银行的要求，这笔交易就可以做。

但是，这里有两个非常大的问题：第一，成本太高；第二，效率太低。用人工智能来解决这个问题，还是用大数据来解决这个问题，或者用其他什么方法来解决这个问题？经过实践，发现任何单一的技术都解决不了这个问题。只有充分运用现在手里掌握的各种先进科技的有机融合，才能解决这个问题。这个案例非常成功，替代了原来坐在食堂里的 70 位员工。

所以，网络安全的防御不是靠某一项技术，也不是靠某一个系统，它是一个安全的防护体系，包括规章制度、系统硬件软件、平台、专业的安全防护软件。要保证真正的安全，就要回到木桶原理，不能有短板。现代科技给了我们多种选择，通过系统的眼光，体系化地去考虑安全问题，就可以融合各种不同的技术手段解决安全防控问题。中国银行正是利用实时分析、大数据（内外部数据、人的行为数据、人的时序数据、数据标签等）、人工智能（语音识别、知识库、智能机器人）技术，通过对客户、账户和渠道的综合分析，构建了覆盖实时反欺诈、智能反洗钱和全面风险管理等领域的智能风控体系。

10.6.4 网御系统（交易反欺诈）的研发

大额资金的转移，以前的认证需要动态令牌。为了提高效率，中国银行与移动部门和一些认证机构合作，把令牌、证书都装到手机盾里，从而有效地防范了风险。但是，这些举措对客户产生了一定影响。就像手机盾，要求客户调 SIM 卡，要在里面装上证书，或者软证书，都牵涉到软件升级问题。有没有一种办法能够让客户无感，但同时中银也能有效防范风险？

为解决上述问题，中国银行网络金融部与腾讯公司合作，共同开发了网御系统（交易反欺诈）。

网御系统首先是一个事中交易监控系统，就是在交易进行的过程中布置风险防控，而不是事后，不是发生了再解决。基于机器学习平台实现构建的"网御"实时反欺诈平台，可以支持各类渠道高风险交易的事中风险防范。

第二，在客户认证环节，网御系统结合了有时序的、多维度的认证因子来认证这个客户的行为，这样就不需要有其他认证工具。例如，加入了客户的行为指纹后，行为指纹如果是静态的，就是在某一个片段的行为；但如果是结合了动态的维度，比如握手机的姿势，是左手握还是右手握，按键轻重和快慢，这些因子能够更好地证明是否客户本人在使用这个应用或这个 App 在做这笔金融交易；而不是随身携带的 OTP，也不是仅仅依靠输入密码，因为那些都有可能被钓鱼，但客户的行为是不可能被钓鱼的。现在，中国银行能够让客户利用手机银行向任何一个人转 500 万元，这在国内外的其他银行都是做不到的，因为风险太大，不需要双因子，不需要到柜台去签约收款账户，就让客户可以转 500 万元，就是因为采用了有时序的、多维度的认证因子。

第三，网御系统不仅解决了确认客户身份的问题，同时也解决了原来没有任何办法解决的电信欺诈问题。要确定是客户本人在做这笔交易，必须分析收款账户。收款账户的风险模型依靠原来中国银行的数据手段是做不到的，因为腾讯拥有海量的黑灰产数据，同时又积累了很多黑灰产对抗经验的模型，它对很多客户账户的风险等级有非常精准的定义。把这个因子引入，当客户做一笔交易时，银行就能有效地分析这笔交易是不是这个客户本人做的，是不是这个客户应该做的，进而就能知道是不是他应该转一笔钱，这就比原来"不管多少因子的认证"迈进了一大步。

运用这种新科技的手段，不仅结合大数据，更重要的是有人工智能、云计算、云网端安全防护体系。中国银行在过去一年累计监测超过 30 亿笔交易，其中阻断了超过 100 亿元的交易金额。这是什么概念？100 亿元也许是客户误操作或者理由不充分，银行于是阻断了。随机抽样打电话回访，是不是你做这笔交易，应不应该做这笔交易？90% 的客户最后都选择了放弃交易，其中有 3 000 多笔金额是 6 000 多万元。其他放弃交易的可以认为都是有问题的，不会是一个正常交易，放弃了就说明肯定有很多问题。虽然不能确认这 100 亿元是被欺诈的，但是可以相信其中很大一部分比例的阻断是非常有效的。运用新科技，中国银行的手机银行不需要携带动态令牌，直接可以转 500 万元，而且实时到账，这就是科技带来的力量。不仅有效地提升了效率，更重要的是有效地防范了支付的风险。

第四，解决了信用风险的防控问题。中银 E 贷产品是中国银行一款秒贷产品。所谓"秒贷"就是客户不需要申请，银行主动授信，贷款金额可以达到 30 万元，而且利率非常低。客户省去了以前烦琐要提交贷款资料，包括申请信用卡要提交收入证明，提交是否有共债、是否有其他借贷等。现在，中国银行通过大数据分析，不需要申请，不需要客户告诉住址、电话号码，只要是中国银行的客户，就可以对每个用户进行预授信，为客户量身定制产品和服务，从而使客户使用金融服务时享受到极大的便利。

开篇案例回顾

21 世纪初，欧洲和西方国家有超过 100 种电子支付系统在运转和使用。系统生产商都明白，虽然现有电子支付系统的数量可能会发展到几百种，但并不是所有的电子支付系统都能走向成功。实际上，许多早期的电子支付系统已然崩溃或者正在走向电子支付的坟墓。

一个电子支付系统的成功原因是多方面的。支付宝的成功有三点是 **Simpay** 公司没有做到的。首先是人才的选聘。将最出色的管理人员放到最重要的岗位上，是支付宝成功的关键。从第一任总裁邵晓峰，到第二任总裁彭蕾，再到第三任总裁井贤栋，支付宝的管理团队始终保持着不断开拓的创新精神。其次，需要有前瞻性的战略决策。在最近的三年时间里，支付宝确立了科技、责任、全球化三大战略，完成了 **B** 轮融资，对前沿技术的布局和储备进行了前所未有的投入，其在区块链专利方面已经领先全球。最后，是对整个市场发展的清醒认识。在电子支付领域，国内市场的竞争已经相当激烈，"走出去"成为支付宝拓展市场的重要思路。支付宝将自己的全球化战略准确表述为：全球本地化（Glocal），即"出海造船"（本地企业＋技术输出）模式。因为全球化的最大挑战恰恰在于本地化的落地。正是支付宝在印度、马来西亚等九国打造的九个本地钱包，串联起一个覆盖多个国家和地区的支付网络。

本章小结

1. 以 Visa 网络支付系统为例,对由信用卡组织运营的网络支付系统的支付机制进行了说明,并着重分析了"Visa 验证"服务模式和原理。

2. 以招商银行为例,对我国网络银行支付系统进行了分析,着重分析了处于高端的企业银行和个人专业版网络银行。

3. 分析了 PayPal 支付功能和支付机制。

4. 介绍了快钱的行业解决方案。

5. 介绍了中国银行电子支付安全的实践。

思考题

1. "Visa 验证"由哪两个环节组成,它们分别是如何进行的?

2. 通过本章的学习,联系前面所学的知识,请说明 Set 协议和 3D-Secure 支付标准有哪些不同?

3. 招商银行的企业网络银行是如何实现企业间的支付的?

4. 简述 PayPal 的支付机制。

5. 简述快钱支付清算外包模式。

6. 中国银行如何利用高科技强化电子支付的风险防控?

附录

我国部分电子商务国家标准

序号	标准号	标准名称	类别	状态	发布日期	实施日期
1	GB/T 37919—2019	电子商务产品执法查处取证规则	推标	即将实施	2019-08-30	2020-03-01
2	GB/T 37538—2019	电子商务交易产品质量网上监测规范	推标	即将实施	2019-06-04	2020-01-01
3	GB/T 37550—2019	电子商务数据资产评价指标体系	推标	即将实施	2019-06-04	2020-01-01
4	GB/T 37675—2019	农业生产资料供应服务 农资电子商务交易服务规范	推标	现行	2019-06-04	2019-06-04
5	GB/T 37401—2019	电子商务平台服务保障技术要求	推标	即将实施	2019-05-10	2019-12-01
6	GB/T 37146—2018	跨境电子商务电子舱单基础信息描述	推标	现行	2018-12-28	2019-04-01
7	GB/T 37147—2018	跨境电子商务电子订单基础信息描述	推标	现行	2018-12-28	2019-04-01
8	GB/T 37148—2018	跨境电子商务电子报关单基础信息描述	推标	现行	2018-12-28	2019-04-01
9	GB/T 36599—2018	电子商务交易产品信息描述 家具	推标	现行	2018-09-17	2019-01-01
10	GB/T 36601—2018	电子商务交易产品信息描述 玩具	推标	现行	2018-09-17	2019-01-01
11	GB/T 36602—2018	电子商务交易产品信息描述 塑料材料	推标	现行	2018-09-17	2019-01-01
12	GB/T 36603—2018	电子商务交易产品信息描述 煤炭	推标	现行	2018-09-17	2019-04-01
13	GB/T 31232.1—2018	电子商务统计指标体系 第一部分：总体	推标	现行	2018-06-07	2018-10-01
14	GB/T 36302—2018	电子商务信用 自营型网络零售平台信用管理体系要求	推标	现行	2018-06-07	2018-10-01
15	GB/T 36304—2018	电子商务信用 第三方网络零售平台信用管理体系要求	推标	现行	2018-06-07	2018-10-01
16	GB/T 36310—2018	电子商务模式规范	推标	现行	2018-06-07	2018-10-01
17	GB/T 36311—2018	电子商务管理体系 要求	推标	现行	2018-06-07	2018-10-01
18	GB/T 36312—2018	电子商务第三方平台企业信用评价规范	推标	现行	2018-06-07	2018-10-01
19	GB/T 36313—2018	电子商务供应商评价准则 优质服务商	推标	现行	2018-06-07	2018-10-01
20	GB/T 36314—2018	电子商务企业信用档案信息规范	推标	现行	2018-06-07	2018-10-01
21	GB/T 36315—2018	电子商务供应商评价准则 在线销售商	推标	现行	2018-06-07	2018-10-01
22	GB/T 36316—2018	电子商务平台数据开放 第三方软件提供商评价准则	推标	现行	2018-06-07	2018-10-01
23	GB/T 36317—2018	电子商务交易产品信息描述 家装建材	推标	现行	2018-06-07	2018-10-01
24	GB/T 36318—2018	电子商务平台数据开放 总体要求	推标	现行	2018-06-07	2018-10-01
25	GB/T 36061—2018	电子商务交易产品可追溯性通用规范	推标	现行	2018-03-15	2018-10-01
26	GB/T 35408—2017	电子商务质量管理 术语	推标	现行	2017-12-29	2018-04-01

(续)

序号	标准号	标准名称	类别	状态	发布日期	实施日期
27	GB/T 35409—2017	电子商务平台商家入驻审核规范	推标	现行	2017-12-29	2018-07-01
28	GB/T 35411—2017	电子商务平台产品信息展示要求	推标	现行	2017-12-29	2018-07-01
29	GB/T 34827—2017	电子商务信用 第三方网络零售平台交易纠纷处理通则	推标	现行	2017-11-01	2018-02-01
30	GB/T 19018—2017	质量管理 顾客满意 企业-消费者电子商务交易指南（采标）	推标	现行	2017-10-14	2018-05-01
31	GB/T 34051—2017	电子商务商品口碑指数评测规范	推标	现行	2017-07-31	2018-02-01
32	GB/T 34056—2017	电子商务信用 网络零售信用评价指标体系	推标	现行	2017-07-31	2017-11-01
33	GB/T 34057—2017	电子商务信用 网络零售信用基本要求 消费品零售	推标	现行	2017-07-31	2018-02-01
34	GB/T 34058—2017	电子商务信用 B2B网络交易卖方信用评价指标	推标	现行	2017-07-31	2018-02-01
35	GB/T 33986—2017	电子商务交易产品信息描述 食品接触塑料制品	推标	现行	2017-07-12	2017-11-01
36	GB/T 33989—2017	电子商务交易产品信息描述 旅游服务	推标	现行	2017-07-12	2018-02-01
37	GB/T 33992—2017	电子商务产品质量信息规范	推标	现行	2017-07-12	2018-02-01
38	GB/T 33995—2017	电子商务交易产品信息描述 家居产品	推标	现行	2017-07-12	2018-02-01
39	GB/T 33717—2017	电子商务信用 B2B第三方交易平台信用规范	推标	现行	2017-05-12	2017-12-01
40	GB/T 33245—2016	电子商务交易产品信息描述 汽车配件	推标	现行	2016-12-13	2017-07-01
41	GB/T 32873—2016	电子商务主体基本信息规范	推标	现行	2016-08-29	2017-03-01
42	GB/T 32875—2016	电子商务参与方分类与编码	推标	现行	2016-08-29	2017-03-01
43	GB/T 32928—2016	电子商务交易产品信息描述 家用电器	推标	现行	2016-08-29	2017-03-01
44	GB/T 32866—2016	电子商务产品质量信息规范通则	推标	现行	2016-08-29	2016-12-01
45	GB/T 32929—2016	电子商务交易产品信息描述 数码产品	推标	现行	2016-08-29	2017-03-01
46	GB/T 32702—2016	电子商务交易产品信息描述 图书	推标	现行	2016-06-14	2017-07-01
47	GB/T 32703—2016	预包装类电子商务交易产品质量信息发布通则	推标	现行	2016-06-14	2017-01-01
48	GB/T 32670—2016	电子商务交易产品信息描述 服装	推标	现行	2016-04-25	2016-11-01
49	GB/T 31951—2015	电子商务信用 网络交易信用主体分类	推标	现行	2015-09-21	2016-01-01
50	GB/T 32054—2015	电子商务交易产品信息描述 电子元器件	推标	现行	2015-09-11	2016-10-01
51	GB/T 31782—2015	电子商务可信交易要求	推标	现行	2015-07-03	2016-02-01
52	GB/T 31524—2015	电子商务平台运营与技术规范	推标	现行	2015-05-15	2015-12-01
53	GB/T 31526—2015	电子商务平台服务质量评价与等级划分	推标	现行	2015-05-15	2015-12-01
54	GB/T 31482—2015	品牌价值评价 电子商务	推标	现行	2015-05-15	2016-01-01
55	GB/T 30698—2014	电子商务供应商评价准则 优质制造商	推标	现行	2014-12-31	2015-08-01
56	GB/T 31232.2—2014	电子商务统计指标体系 第二部分：在线营销	推标	现行	2014-09-30	2015-04-15
57	GB/T 29622—2013	电子商务信用 卖方交易信用信息披露规范	推标	现行	2013-07-19	2013-11-30
58	GB/T 18811—2012	电子商务基本术语（采标）	推标	现行	2012-07-31	2012-11-01
59	GB/T 28041—2011	基于电子商务活动的交易主体 个人信用评价指标体系及表示规范	推标	现行	2011-10-31	2012-02-01
60	GB/T 28042—2011	基于电子商务活动的交易主体 个人信用档案规范	推标	现行	2011-10-31	2012-02-01

（续）

序号	标准号	标准名称	类别	状态	发布日期	实施日期
61	GB/T 26839—2011	电子商务 仓单交易模式规范	推标	现行	2011-07-29	2011-12-01
62	GB/T 26840—2011	电子商务 药品核心元数据	推标	现行	2011-07-29	2011-12-01
63	GB/T 26841—2011	基于电子商务活动的交易主体 企业信用档案规范	推标	现行	2011-07-29	2011-12-01
64	GB/T 26842—2011	基于电子商务活动的交易主体 企业信用评价指标与等级表示规范	推标	现行	2011-07-29	2011-12-01
65	GB/T 20538.2—2010	基于XML的电子商务业务数据和过程 第二部分：业务信息实体目录	推标	现行	2011-01-14	2011-06-01
66	GB/T 26151—2010	基于XML的电子商务发票报文	推标	现行	2011-01-14	2011-06-01
67	GB/T 26152—2010	基于XML的电子商务订单报文	推标	现行	2011-01-14	2011-06-01
68	GB/T 26360—2010	旅游电子商务网站建设技术规范	推标	现行	2011-01-14	2011-06-01
69	GB/T 19252—2010	电子商务协议样本（采标）	推标	现行	2010-12-01	2011-05-01
70	GB/T 24661.2—2009	第三方电子商务服务平台服务及服务等级划分规范 第二部分：企业间（B2B）、企业与消费者间（B2C）电子商务服务平台	推标	现行	2009-11-15	2010-02-01
71	GB/T 24661.3—2009	第三方电子商务服务平台服务及服务等级划分规范 第三部分：现代物流服务平台	推标	现行	2009-11-15	2010-02-01
72	GB/T 24662—2009	电子商务 产品核心元数据	推标	现行	2009-11-15	2010-02-01
73	GB/T 24663—2009	电子商务 企业核心元数据	推标	现行	2009-11-15	2010-02-01
74	GB/T 19256.8—2009	基于XML的电子商务 第八部分：报文设计规则（采标）	推标	现行	2009-05-06	2009-11-01
75	GB/T 20538.1—2006	基于XML的电子商务业务数据和过程 第一部分：核心构件目录	推标	现行	2006-09-18	2007-03-01
76	GB/T 20538.6—2006	基于XML的电子商务业务数据和过程 第六部分：技术评审组织和程序	推标	现行	2006-09-18	2007-03-01
77	GB/T 20538.7—2006	基于XML的电子商务业务数据和过程 第七部分：技术评审指南	推标	现行	2006-09-18	2007-03-01
78	GB/T 19256.9—2006	基于XML的电子商务 第九部分：核心构件与业务信息实体规范（采标）	推标	现行	2006-09-18	2007-03-01
79	GB/T 18769—2003	大宗商品电子交易规范	推标	现行	2003-07-08	2003-07-08

资料来源：中国国家标准化管理委员会. 国家标准全文公开系统 [EB/OL]. [2019-08-30].http://openstd.samr.gov.cn/bzgk/gb/std_list?p.p1=0&p.p90=circulation_date&p.p91=desc&p.p2=%E7%94%B5%E5%AD%90%E5%95%86%E5%8A%A1.

参 考 文 献

[1] 皮书说. 2019年《大数据蓝皮书：中国大数据发展报告No.3》解读[EB/OL]. (2019-06-17) [2019-08-24]. https://www.xianjichina.com/news/details_129042.html.

[2] 解读《关于深入推进商务信用建设的指导意见》[EB/OL]. (2019-04-22) [2019-08-24]. https://www.creditchina.gov.cn/zhengcefagui/zhengcejiedu/zhongyangzhengcefagui/201904/t20190422_153211.html.

[3] 杨坚争, 杨立钒. 电子商务基础与应用[M]. 10版. 西安: 西安电子科技大学出版社, 2017.

[4] 蒋奕平, 蒋宏. 国内电子商务标准化发展现状研究[J]. 中国标准导报, 2016(9): 39-41, 47.

[5] 唐宏斌, 覃晓宁. 一种下一代防火墙系统设计[J]. 电子技术与软件工程, 2019(4): 192-193.

[6] 2019年中国电子认证服务行业产业链及市场规模分析[EB/OL]. (2019-04-01) [2019-08-24]. http://market.chinabaogao.com/it/0414103402019.html.

[7] 谢旭阳. 互联网广告监管执法若干问题探究[EB/OL]. (2019-05-13) [2019-08-24]. http://www.sohu.com/a/313630749_99916761.

[8] 中国人民银行货币政策分析小组. 中国区域金融运行报告（2019）[EB/OL]. (2019-07-19) [2019-08-24]. http://www.pbc.gov.cn/goutongjiaoliu/113456/113469/3862882/index.html.

[9] 马方方, 胡朝阳, 冯倩茹, 等. 中国第三方支付系统金融风险测量方法及实证分析[J]. 统计与信息论坛, 2019(7): 54-60.

[10] 王春英, 陈宏民. 基于双边市场理论的第三方支付平台研究[J]. 现代管理科学, 2019(3):100-102.

[11] 苏浩伟, 邹大毕, 袁勇, 等. 二维码技术在公交支付领域的研究[J]. 信息技术与信息化, 2017(12):139-142.

[12] 王永建, 杨建华, 郭广涛, 等. 基于移动互联网的手机支付系统探究[J]. 移动通信, 2017(1):46-51.

[13] 张玉清, 王志强, 刘奇旭, 等. 近场通信技术的安全研究进展与发展趋势[J]. 计算机学报, 2016(6):1190-1207.

[14] 刘存丰. 通过两个案例看PayPal收款的风险及对策——基于出口商视角[J]. 中国市场, 2018(34):66-68.

[15] 李纪舟, 霍宏霞, 王瑜. 美国加强电子支付安全的主要举措及启示[J]. 信息安全与通信保密, 2015(3):48-51.

[16] 王艺然, 董美霞. 网络环境下电子银行的风险与管理措施[J]. 现代经济信息, 2015(5):331-334.

[17] 张武帅, 王东飞. 防火墙技术在计算机网络安全中的应用探究[J]. 电脑知识与技术, 2015(31):35-36.

[18] 刘春晓. 维护第三方网络支付安全 加强个人信息保护[J]. 金融科技时代, 2015(12):60-63.

[19] 虞洁颖. 支付宝网络支付的发展现状、问题及对策 [J]. 北方经贸，2015(11):169-171.

[20] 刘罡，杨坚争. 我国电子支付发展现状、面临问题与对策研究 [J]. 电子商务，2015(11):47-48,53.

[21] 关振胜. 公钥基础设施 PKI 与认证机构 CA[M]. 北京：电子工业出版社，2002.

[22] 董玉格，金海，赵震. 攻击与防护——网络安全与实用防护技术 [M]. 北京：人民邮电出版社，2002.

[23] 王铼，雍晓明. 对利用网络进行诈骗犯罪的侦查取证问题研究 [J]. 政法学刊，2010(1):79-83.

[24] 王锋，杨坚争，罗晓静，等. 电子商务交易风险与安全保障 [M]. 北京：科学出版社，2005.

[25] 最高人民法院经济审判庭. 合同法解释与适用：上下册 [M]. 北京：新华出版社，1999.

[26] 管有庆，王晓军，董晓燕. 电子商务安全技术 [M]. 北京：北京邮电大学出版社，2005.

[27] 杨坚争，万以娴，杨立钒，等. 电子商务法教程 [M]. 3 版. 北京：高等教育出版社，2016.

[28] 邓翠薇，王本英. 网络银行电子支付业务的法律问题 [J]. 西南金融，2002(12).

[29] 柯新生. 网络支付与结算 [M]. 北京：电子工业出版社，2004.

[30] 寿丽君，王吉昌. 浅谈 SET 安全电子支付协议应用于我国 BTOC 交易的关键所在 [J]. 经济师，2003(11):131-132.

[31] 孙森. 网络银行 [M]. 北京：中国金融出版社，2004.

[32] 谢琳，卢建军. 电子商务中第三方电子支付平台分析 [J]. 计算机应用研究，2003(12):149-151.

[33] Turban E, Viehland D, King D, et al. Electronic Commerce: A Managerial Perspective 2006 [M]. 4th ed. New Jersey: Prentice Hall, 2005.

[34] United Nations. 2002-01-24. Model Law on Electronic Signatures of the United Nations Commission on International Trade Law [C]. A/RES/56/80. Fifty-sixth session. Agenda item161.

[35] Board of Governors of the Federal Reserve System. 2001. Policy Statement on Payments System Risk. Docket Nos.R:1107-1110.

[36] O'Mahony D, Peirce M, Tewari H. Electronic Payment Systems [M]. 2nd ed. Artech House, 2001.

[37] Wright A. Controlling Risks of E-commerce Content [J]. *Computers & Security*, 2001,20 (2): 147-154.

[38] Xu Xi, Sung S Y, Ge L, et al. Virtual Card Payment Protocol and Risk Analysis Using Performance Scoring [R]. Parallel and Distributed Processing Symposium. Proceedings 15th International. San Francisco, CA, USA, 2001: 23-27.

[39] Stallings W. Network Security Essentials: Applications and Standards [M]. New Jersey: Prentice-Hall, 2000.